Santos Americanos

Santos Americanos
Conversando con los santos de América

ARTURO PÉREZ-RODRÍGUEZ Y MIGUEL ARIAS

LOYOLAPRESS.

CHICAGO

LOYOLAPRESS.

3441 N. ASHLAND AVENUE
CHICAGO, ILLINOIS 60657
(800) 621-1008
WWW.LOYOLABOOKS.ORG

Fotos de portada, de izquierda a derecha: Óscar Romero: David Sanger Photography /
Alamy; Laura Vicuña: www.wikipedia.com; Hurtado Cruchaga: www.padrehurtado.
com. Courtesy of the Hurtado Cruchaga estate; Martín de Porres: © The Crosiers/
Gene Plaisted OSC. De izquierda hacia abajo: María Meneses: www.santiebeati.it.jpg;
Juan Diego: © The Crosiers/Gene Plaisted OSC; Katharine Drexel: © Bettmann/
CORBIS; Kateri Tekakwitha: Joe Izzillo. Estatua: Miguel Pro: Enrique de la Vega,
www.catholic-sacredart.com.

Diseño de portada de Mia Basile y Kathy Greenholdt
Diseño interior a cargo de Renate Gokl

Library of Congress Cataloging-in-Publication Data
Pérez-Rodríguez, Arturo J.
  [Saints of the Americas. Spanish]
  Santos americanos : conversando con los santos de América /
Arturo Pérez-Rodríguez y Miguel Arias.
    p. cm.
  Includes bibliographical references and indexes.
  ISBN-13: 978-0-8294-2479-9
  ISBN-10: 0-8294-2479-2
  1. Christian saints--America--Biography. 2. Christian life--
Catholic authors. I. Arias, Miguel. II. Title.
  BX4659.A45P4718 2007
  282.092'27--dc22
  [B]

                            2007023367

Impreso en los Estados Unidos de América
07 08 09 10 11 12 Bang 10 9 8 7 6 5 4 3 2 1

A los santos y santas de cada día quienes,
en el silencio y lo ordinario de su vida,
descubren a Dios y se llenan de su misterio,
para así llevarlo a las demás personas.

A esos santos y santas que viven entre nosotros
y que a diario comparten su palabra y su ejemplo.

A ustedes, nuestros lectores y lectoras,
que buscan en la vida no sólo un desafío para vivirla,
sino un ejemplo para imitarlo.

De manera muy especial dedicamos
esta obra al padre Larry Craig (1947–2006),
que dedicó su vida sacerdotal al servicio
de las personas encarceladas.

Índice

Agradecimientos

Los libros no sólo son la obra de los autores, son el resultado de un trabajo continuo y dedicado de un grupo de profesionales que contribuyen con su talento y dedicación a hacer de la obra algo digno del tema y de los destinatarios.

Expresamos nuestro más profundo agradecimiento a Santiago Cortés-Sjöberg, quien editó la obra en su manuscrito original, así como traducciones, y coordinó la producción editorial a lo largo de todo el proceso. La calidad del trabajo final es el resultado de su dedicación y talento. A las diseñadoras Mia Basile y Kathy Greenhold por haber creado una portada bella e inclusiva que refleja lo que el libro presenta a lo largo de sus páginas. A Janet Risko, quien tuvo la paciencia de llevar a cabo la tipografía y producción gráfica de la obra. A William Petersen, quien con su ingenioso talento ha creado la imagen de nuestros santos y santas de América.

Nuestros traductores merecen un párrafo a parte, pues no sólo se requiere del conocimiento de ambos idiomas, sino también, una gran sensibilidad a la cultura regional de los pueblos de América, para reflejar en idioma propio de cada pueblo las expresiones y peculiaridades de las naciones. A Marina A. Herrera, Kris Fankhouser, Carlos E. Maciel del Río y José Owens, SJ, expresamos nuestra total gratitud por su cuidadosa labor y gran paciencia.

Introducción

El suelo del continente americano sigue floreciendo gracias al heroísmo de sus hombres y mujeres que marcaron, mediante la vivencia extraordinaria de su fe, una diferencia en la vida de las demás personas, generando a veces un movimiento de compromiso hacia las tareas de la evangelización y promoción humana, o bien, hacia una vida religiosa más fiel al Evangelio de Jesucristo. Una persona santa es aquella que vive la fe de una manera extraordinaria.

Años después, la exhortación apostólica *La Iglesia en América*, recordará a toda la Iglesia, no sólo la llamada universal a la santidad, sino también la necesidad de poner por escrito estos relatos.

La expresión y los mejores frutos de la identidad cristiana de América son sus santos [...] América ha visto florecer los frutos de la santidad desde los comienzos de su evangelización. Este es el caso de santa Rosa de Lima (1586-1617), la primera flor de santidad en el Nuevo Mundo, proclamada patrona principal de América en 1670 por el Papa Clemente X. Después de ella, el santoral americano se ha ido incrementando hasta alcanzar su amplitud actual. Las beatificaciones y canonizaciones, con las que no pocos hijos e hijas del Continente han sido elevados al honor de los altares, ofrecen modelos heroicos de vida cristiana en la diversidad de estados de vida y de ambientes sociales. Los Beatos y Santos de América acompañan con solicitud fraterna a los hombres y mujeres de su tierra que, entre gozos

y sufrimientos, caminan hacia el encuentro definitivo con el
Señor. Para fomentar cada vez más su imitación y para que los
fieles recurran de una manera más frecuente y fructuosa a su
intercesión, considero muy oportuna la propuesta de los Padres
sinodales de preparar una colección de breves biografías de los
Santos y Beatos americanos. Esto puede iluminar y estimular
en América la respuesta a la vocación universal a la santidad.

Entre sus Santos, "la historia de la evangelización de
América reconoce numerosos mártires, varones y mujeres,
tanto Obispos, como presbíteros, religiosos y laicos, que con
su sangre regaron [...] [estas] naciones. Ellos, como nube de
testigos (*Hebreos* 12:1), nos estimulan para que asumamos
hoy, sin temor y ardorosamente, la nueva evangelización. Es
necesario que sus ejemplos de entrega sin límites a la causa del
Evangelio sean no sólo preservados del olvido, sino más conocidos y difundidos entre los fieles del Continente.

— Juan Pablo II, *La Iglesia en América*, 15

La razón del título *Santos Americanos* es sencilla: somos un
solo continente, todos y todas somos americanos y americanas.
Aunque existen las diferencias, más fuerte aun es aquello que
nos une. Por eso, se puede decir que no hay diferencia entre
Centroamérica, Norteamérica, el Caribe o Suramérica. Somos
una gran familia, pues entre nosotros no hay fronteras porque
formamos una sola Iglesia: el Cuerpo de Cristo.

Esta obra que nos presenta conversaciones con personas santas, no ha sido privilegio de un grupo selecto, sino más bien,
una combinación de los estados de vida cristianos: matrimonio, orden sacerdotal, la vida religiosa y personas solteras. Las
edades son muy variadas, puesto que tenemos niños-adolescen-
tes que fueron un testimonio de la fe en Jesucristo, como José

Sánchez del Río o Cristóbal, Antonio y Juan, conocidos como los Mártires Tlaxcaltecas. En cuanto al estado de vida laico, Kateri Tekakwitha representa la vida entregada al servicio a los demás, indistintamente del grupo étnico o de la edad, pues en su continuo descubrimiento de los demás mediante el servicio, encontró la felicidad y nos motiva ahora a nosotros a buscarla.

Escribir acerca de los santos y santas de nuestro continente ha sido una experiencia fascinante y desafiante. Fascinante porque mediante la investigación y meditación en la vida de estas personas, con quienes establecimos una relación amistosa, descubrimos cosas nuevas acerca de ellas y de nosotros mismos. Además, la santidad es algo posible y realizable en las circunstancias de nuestro tiempo. Puesto que ser santo no es una cosa del pasado, se concluye que la vida y virtud de estas personas siguen siendo algo desafiante para quienes nos decimos cristianos. Ser santo o santa no es fácil, pero tampoco imposible. Los relatos de la vida de estos hermanos y hermanas nuestras llegan a ser tan intensos, que uno no puede más que sentirse muy orgulloso de sus hermanos y hermanas "mayores".

Pese a las emociones, la vida de los santos y santas desafía más de lo esperado. No son relatos piadosos y despistados de personas ajenas a su mundo, sino más bien, testimonios elocuentes de amor continuo a Dios y a las personas. Hubo momentos en que como autores pensamos que había "santos fáciles", sobre todo quienes no murieron mártires. No obstante, nos equivocamos. Vivir de manera heroica las virtudes cristianas requiere mucho más que buena voluntad. No podemos decir que resulta mucho más fácil imitar a Laura Vicuña, quien a una edad muy temprana desarrolló una intimidad muy profunda con Cristo y se sometía a penitencias severas, que a Oscar Romero, quien en sus años maduros sacudió sus propios esquemas y descubrió, en un pueblo oprimido por la falta de esperanza, que Dios le llamaba a ser la palabra de esperanza en el pueblo salvadoreño. ¡Vaya que lo fue!

El desafío que nos presentan estos miembros de la gran familia de Dios no termina en el relato de su vida y muerte, sino que continuamente nos lleva a confrontar nuestra vida a la luz de su fidelidad a Cristo. Al conocer la historia de su vida, y en ocasiones de su martirio, continuamente nos preguntamos: ¿De qué manera vivo el Evangelio hoy día, en medio de las circunstancias ordinarias de mi vida? Aunque somos personas distintas, en circunstancias distintas, ¿cuál es nuestra respuesta? ¿Tendríamos el mismo amor, valor y fe que ellos y ellas? Esta pregunta se hace inevitable. Pensamos en los mártires cristeros de México, que murieron al grito de ¡Viva Cristo Rey! Y también en quienes, como Alberto Hurtado Cruchaga, SJ, tuvieron temple de mártir y cuyas vidas se consumieron en la intimidad con Cristo y entrega sin límites a las personas más desprotegidas.

Santos Americanos cuenta la historia de estas personas reconociéndolas como parte de nuestra propia familia, pues hemos crecido en esa espiritualidad de "hablar con ellos y ellas". Los santos son, al mismo tiempo, nuestros intercesores ante Dios, los hermanos o hermanas grandes de la familia, indistintamente de su edad o nacionalidad; son compañeros de camino y los seguros confidentes no sólo de nuestros gozos, sino también de nuestras esperanzas. Este es el valor del catolicismo popular que crea lazos de comunicación con quienes nos han precedido en la senda de la fe. De ahí el origen de nuestros diálogos.

Santos Americanos nos presenta algo más que un relato histórico, puesto que, siguiendo la Espiritualidad Ignaciana, revive la historia, haciéndonos parte activa de ella mediante un diálogo inspirador y desafiante que conduce al lector o lectora a descubrir el contexto de una vida santa. Repentinamente nos veremos a nosotros mismos atendiendo personas necesitadas en el comedor de Virginia Blanco Tardío o bien, descubriendo el heroísmo y la entrega de Katherine Drexel, quien renuncia a una fortuna millonaria para educar a las comunidades marginadas de su tiempo.

Esperamos que niños y adultos encuentren en estos diálogos una razón inspiradora para abrazar la santidad como algo posible, y permitirse a sí mismos un desafío más para su vida, indistintamente del contexto o país donde se viva, pues los santos y santas de América son de nuestra tierra. No sólo forman parte de nuestros altares y altarcitos, sino que también aparecen en nuestros libros de historia, como educadores y científicos, como fundadores y como oradores, como madres y padres de familia, como adolescentes valiosos que con su sangre escribieron páginas gloriosas de la historia de la Iglesia en América. ¡Son el legado de nuestra fe!

Les invitamos a tomar parte activa en el diálogo con estos hermanos y hermanas en la fe. No tengan miedo de hacer sus propias preguntas y estén listos para aceptar las respuestas.

Santos Americanos

Conversando con los santos de América

CRISTÓBAL, ANTONIO Y JUAN

Cristóbal 1514 - 1527
Antonio y Juan 1516 - 1529
México
22 de septiembre
Beatos
Niños mártires de Tlaxcala,
laicos, adolescentes indígenas y
primeros mártires de América.

México

¡Hola muchachos! ¿Saben dónde está la Iglesia que conserva las pinturas del martirio de Cristóbal, Antonio y Juan?

¡Por supuesto que sí! Simplemente ven con nosotros y te llevaremos. Detrás de aquellos árboles que se ven allá a lo lejos, vive la familia que está al cuidado de la Iglesia. Ellos tienen las llaves del templo.

Gracias. ¿De dónde son ustedes?

Yo soy de aquí, de Atlihuetzía, y mis amigos son de Tizatlán. ¿De dónde eres tú? ¿Qué andas haciendo por acá en este pueblo pequeño? ¿Acaso, andas perdido?

No, no ando perdido. Vengo de un lugar que muchas gentes conocen como El Norte. He vinido aquí para hablar con esos muchachos porque les tengo un gran aprecio. Esperaba ver una iglesia grande, y mucha gente en peregrinación yendo a verlos. Ustedes han de saber que en realidad, ellos son los primeros mártires de México. Ellos no fueron reconocidos como tales durante un largo tiempo. Sin embargo, las cosas han cambiado recientemente. Igual que pasó con san Juan Diego, la gente de la región los conocía mejor que nadie y siempre los veneraron. Yo sólo quería sentarme y platicar un momento con ellos. A propósito, ¿cómo se llaman?

Muy bien. Soy Cristóbal, *para servirle.*

Yo soy Antonio y él es Juan, *a sus órdenes.*

¿Qué estás diciendo? ¡Cristóbal, tú estás bromeando! Ah, tienes razón. Debí haberlo descubierto cuando me dijeron cuál era su lugar de origen; sin embargo, los reconocí.

Discúlpenme por esto último. En realidad no quise faltarles al respeto.

Juan te vio primero y se sorprendió de que anduvieras por acá. Nosotros también tenemos interés de conocerte. Queremos saber qué fue lo que te trajo por acá. Ven, sentémonos aquí a la sombra de este árbol, así podremos platicar a gusto. Para la edad que aparentas tener, te notas un poco cansado. Te conduciremos enseguida a la iglesia para que puedas ver las pinturas.

De acuerdo, déjame comenzar contigo, Cristóbal. Tú creciste en este lugar. ¿Cómo era la vida por acá antes de que llegaran los españoles?

La vida era completamente diferente de lo que es ahora. En mi opinión era un mundo muy hermoso. Había jardines exuberantes, flores y árboles. Mi familia vivía muy contenta. Mi padre, Acxotécatl, y mi madre, Tlapazilotzin, eran muy buenos con nosotros. Yo mismo sabía que era el consentido de mi padre. Mis hermanos, Luís y Bernardino, buscaban causarme problemas por ese motivo. Podría decirte que se trataba de los celos típicos entre hermanos. No era nada serio, simples peleas fraternales. Mi padre quería que yo tomara su lugar, no solamente en la familia, sino también en la comunidad, y había sido educado para ello. Creo que puedo decirte que éramos una familia feliz. Nuestra vida cambió muy rápidamente cuando la "gente nueva", los españoles, llegaron a nuestra tierra.

Estos nos parecían personas extrañas con formas raras de comportarse. Tenían algo que más tarde supe que llamaban caballos. Cuando los montaban y corrían al galope, me parecían criaturas monstruosas. Tenían palos de fuego con los que podían matar a otros guerreros desde una gran distancia. En medio de esa gente extraña, venían unos pocos hombres vestidos con una túnica café, a los cuales se les estimaba mucho. Los soldados los llamaban *frailes*, o hermanos. Al principio, tenía la idea de que ellos tenían control sobre sus dioses. Más tarde, comprendería las cosas de forma muy diferente.

Un día, cuando mi padre y otros nobles platicaron con aquellos hombres blancos, me escondí para escucharles. Ellos traían consigo a una mujer que había aprendido su lengua y hacía las veces de intérprete. Algunos de nuestro pueblo no confiaban en aquellos hombres, pero cuando los españoles les pidieron a nuestros ancianos que les ayudaran a luchar contra los aztecas, nuestros hombres estuvieron de acuerdo. Recuerdo haber oído decir a mi padre que esa alianza aseguraría el futuro de nuestro pueblo. En adelante, nosotros viviríamos a salvo de los aztecas, que eran nuestros opresores y de cualquier otro pueblo. Mi padre se imaginaba que yo heredaría un reino nuevo.

Cristóbal, ¿qué cambió de todo aquello?

La alianza era fuerte. Derrotamos al gran pueblo azteca, con la ayuda de los españoles. Pienso que mi padre y los demás ancianos nunca se imaginaron que se produciría tanta muerte y destrucción. La gran ciudad de Tenochtitlán quedó rendida a sus pies y su gente se descorazonó. Al principio estábamos muy agradecidos de que dicho desastre no nos hubiera pasado a nosotros, pero al poco tiempo eso también fue cambiando. Los frailes vinieron y abrieron sus escuelas. Su manera de educar era muy diferente a la nuestra. Nosotros teníamos escuelas diferentes para los distintos talentos y oficios: escuelas para sacerdotes, artesanos, guerreros... para todos los estilos de vida. En cambio, la escuela de los frailes reunía a niños de todas las familias, fueran de la clase social que fueran. Mi padre pensaba que sólo sería conveniente enviar allá a mis hermanos. Él no pensaba enviarme a mí, pues quería educarme a la usanza antigua, y prepararme para ser cacique de mi gente. En ese entonces yo casi tenía doce años de edad. Como los hermanos querían a todos los niños en la escuela, yo también tuve que acudir al llamado.

Tienes razón, Cristóbal, al decir que las cosas sucedieron con mucha rapidez. Un mundo estaba terminando y otro estaba comenzando. Eso debió haber sido algo muy difícil de asimilar.

Yo siempre he sido curioso y me ha gustado aprender cosas nuevas. Ese pueblo veía el mundo de manera muy diferente a como nosotros lo hacíamos. Los frailes que yo conocí fueron muy buenos conmigo. Me atraía su forma de vivir en común. Mientras más aprendía acerca del hombre llamado Jesús, a quien los hermanos amaban tan profundamente, más creía que él nos ayudaría a conseguir un mundo nuevo, un mundo mejor. Esto me emocionaba bastante y por ello, pedí ser bautizado. Yo, Cristóbal, hijo de Acxotécatl, guiaría a mi pueblo mediante el ejemplo. Me emocionaba mucho todo lo que estaba aprendiendo y quería compartirlo con mi padre. Movido por mi entusiasmo, comencé a destruir las imágenes de los antiguos dioses y a remplazarlos con imágenes de Jesús y de María, su madre. Cuando mi padre se dio cuenta de lo que estaba haciendo, se le oscureció el semblante. Mi conducta le había disgustado y comenzó a verme de manera muy diferente.

Cristóbal, si te resulta difícil, no es necesario que me sigas dando más detalles. Yo sé que tu padre hizo un plan para sacarte de la escuela de los frailes y llevarte a casa bajo falsos pretextos. Cuando estuvo a solas contigo, te golpeó de manera muy fuerte y, más aún, te lanzó al fuego. Tu madre te libró de sus manos, pero como habías recibido golpes muy serios, fuiste creciendo cada vez más débil hasta que falleciste.

No me importa hablar contigo de todo esto. Yo perdoné a mi padre. Estaba comenzando un mundo nuevo y diferente. En realidad, conduje a mi pueblo. Si quieres hablar con Antonio y Juan, simplemente tienes que despertarlos. Parece que se quedaron dormidos bajo la sombra de este árbol, mientras tú y yo platicábamos.

No estamos dormidos. Hemos estado escuchando todas las cosas que contabas, lo que pasa es que tú estás acaparando toda la conversación con nuestro amigo.

Esperen un momento. No quiero interponerme entre ustedes, ni dividirlos. Tampoco quiero que se susciten dificultades entre ustedes tres.

No te preocupes. Antonio tiene la costumbre de dar a conocer su opinión sin que se la pidan.

Juan responderá enseguida a tus preguntas y yo permaneceré callado.

Antes de que esto siga adelante, dime, Juan, ¿es cierto que tú eras sirviente de Antonio?

Sí, lo era. Estaba muy orgulloso de servir a la familia de Antonio. En realidad, puesto que nosotros éramos casi de la misma edad, éramos más amigos y compañeros que cualquier otra cosa. Nosotros entramos juntos a la escuela de los frailes franciscanos. Todos éramos tratados de la misma manera.

Simplemente que yo tendía que ayudar a Antonio un poco más que a los demás, pues esa era mi obligación. Los hermanos que nos enseñaron eran personas muy buenas. Su simplicidad nos impresionaba mucho. Tenían interés en aprender nuestras cosas, nuestras prácticas y creencias. Algunos de ellos hablaban nuestra lengua, así que nosotros no podíamos hacerles bromas. Eran muy distintos de los soldados que nos miraban con desprecio, como si fuéramos inferiores a ellos. Los hermanos nos decían que si teníamos algún problema con alguno de los soldados, se los hiciéramos saber y ellos se harían cargo de todo. Cuando los veía orar, me parecía que abandonan este mundo. La música que cantaban en común, el ritmo de sus voces al hacer oración, el sentimiento de que este Dios nuevo había dado su vida por cuidar la nuestra, me inspiraba tanto, que quería ser como ellos y hacer su trabajo.

Cristóbal, tú querías decir algo más. Parece que estás a punto de explotar.

Sí, es cierto. Nosotros sabemos que no pasaba lo mismo en otras partes de nuestro territorio. Escuchamos historias de grandes abusos, pero esos hermanos siempre nos trataron con gran respeto. Aprendimos acerca del hombre llamado Jesús, que vino a salvar a las gentes de todas partes. Él provenía de una familia muy humilde, no obstante, realizó grandes hazañas. Su amor por nosotros le costó la vida. ¡Qué acción tan noble! Los frailes nos hablaron de que Jesús era la Buena Nueva. Él era una buena nueva para nosotros. Antonio, deja de estar haciendo muecas delante de mí.

Está bien, ustedes dos ya se me adelantaron. Ahora, déjenme decir algo también a mí. Cuando los llamados Dominicos vinieron a nuestra escuela, nos pidieron que sirviéramos como intérpretes y catequistas, y que viajáramos con ellos hacia el sur de México, a Oaxaca. Juan y yo nos ofrecimos de inmediato como voluntarios. Yo dije muy valientemente, que nosotros, Antonio y Juan, queríamos ir con ellos y hacer lo que Dios, en cuyo nombre habíamos sido bautizados, quisiera de nosotros; incluso estábamos dispuestos a morir. Fray Martín nos dijo que sería un viaje difícil. No sabíamos como reaccionaría la gente de aquella tierra ante la Buena Nueva que les íbamos a llevar.¿No era verdad que Pedro había sido crucificado, Pablo decapitado y San Bartolomé desollado por la Buena Nueva?

Cuando llegamos a Tepeaca, Puebla, comenzamos de inmediato nuestro trabajo. Empezamos a recoger todas las imágenes y estatuas de los dioses para que luego fueran destruidas. Luego fuimos al pueblo de Cuauhtinchán, donde Juan y yo continuamos esa misma tarea. Yo entré a una casa, mientras Juan me esperaba afuera. Juan no se dio cuenta de que unos hombres venían detrás de él. Lo golpearon con tanta fuerza que murió instantáneamente. Cuando salí de la casa les dije que yo era el único responsable y en ese momento, también me golpearon a mí mortalmente.

Sí, Antonio, lo sé. Me dijeron que en las pinturas de la iglesia que estamos por visitar, aparece lo que me estás contando.

Ustedes tres se miran tan jóvenes e inocentes, y sin embargo actuaron de manera muy valiente. Cristóbal, yo…

¿Estás sugiriendo que somos débiles? ¡Nosotros provenimos de un pueblo maravilloso, de familias nobles! Fuimos educados para hacer cualquier cosa que nos fuera solicitada.

Amigos míos, yo no quise decir eso. Nosotros los adultos no ponemos suficiente atención en la gente joven como ustedes. Sus acciones, en particular, sirvieron como un buen ejemplo no sólo para los otros jóvenes de su edad, sino para la gente mayor. Ésta es la razón por la cual vine hasta acá, para hablar con ustedes y conocerlos un poco más. Tal vez ustedes no crean esto, y no estoy seguro si ya se los habrán dicho alguna vez, pero ustedes tres son grandes maestros. A pesar de ser tan tan jóvenes, tomaron muy en serio la fe cristiana. Su testimonio sirvió como una semilla de fe en la vida de mucha gente de su pueblo. La cosecha vendría unos años más tarde con Juan Diego y la santísima Virgen de Guadalupe. Me alegro mucho de saber que Fray Toribio de Benavente, uno de los primeros franciscanos que llegaron a México en 1523, fue uno de los que recogieron por escrito su historia. Cristóbal, de hecho tu hermano Luis, fue testigo de todo lo que ustedes sufrieron.

Oh sí, Fray Motolinía, como nos gusta llamarle, era un hombre muy venerado. Todos nosotros crecimos confiando y creyendo en él. Mi hermano se dio cuenta de lo que estaba pasando. Para él era muy duro hablar de estas cosas. Pero me siento muy orgulloso de lo que hizo.

Esto es verdad. Las narraciones históricas de Fray Motolinía son muy apreciadas. Siento mucha pena que no se le haya dado suficiente atención a su gran testimonio sino en los últimos años. La mayor parte del tiempo, san Felipe de Jesús fue considerado el primer mártir de México, cuando en realidad era un honor que les correspondía a ustedes tres.

Antonio, Juan y yo no estamos en disputa con nadie. Todas las cosas suceden de acuerdo al plan de Dios. Aprendimos a seguir a Jesús a partir del ejemplo de aquellos buenos frailes, y simplemente queríamos compartir la buena nueva que habíamos recibido. No nos comparamos con nadie más.

Me queda muy claro. ¿Piensan que es momento de que vayamos a la iglesia?

¿Quieres decir que no tienes más preguntas para Cristóbal, ni para Juan o para mí? ¿Esto es todo lo que tú querías saber? Yo pensaba que serías más curioso. Al menos podrías invitarnos a algún refresco helado para calmarnos un poco el calor del día.

¿Estás oyendo, Cristóbal? Te lo había dicho Antonio; no puedes estar quieto por mucho rato.

Claro que sí, para mi sería un placer. ¿Ustedes saben dónde podemos comprarlos?

Por supuesto, doña Cuca siempre tiene algo listo para nosotros.

JUAN DIEGO CUAUHTLATOATZIN

1474 - 1548
México
9 de diciembre
Santo
Laico, náhuatl, catequista,
visionario, esposo y primer
santo indígena de América.

México

Juan Diego, qué gusto poder encontrarme de esta manera contigo. Se ha escrito tanto acerca de ti, de tu vida y de todos los eventos que empezaron el 9 de diciembre y que terminaron maravillosamente, el 12 de diciembre de 1531... Al igual que todo el mundo, también tú has tenido tus críticos. La gente no sólo tiene una opinión acerca ti, sino también de aquellos sucesos. Probablemente estarás enterado de dicha controversia de forma muy personal, puesto que tú mismo habrás escuchado algunas de esas críticas. Sin embargo, eso lo podremos conversar más tarde. Yo solamente he querido sentarme y platicar contigo durante un largo rato. Tengo tantas preguntas, que probablemente no me las podrás responder todas ahora mismo, pero tal vez lo puedas hacer algún otro día. Supongo que tú también tendrás algunas preguntas que hacerme. Si te parece oportuno, hagamos que esta conversación no se centre demasiado en cosas de la historia, sino más bien en algo más nuestro: nuestra relación con Dios, lo que algunas personas llaman *espiritualidad*. ¿Te parece? Creo que cada uno podemos aprender del otro mediante de este diálogo de fe, más aún, podemos compartir algo de nuestra vida, de la manera en que Dios trabaja en cada uno de nosotros.. Pero, basta por ahora, que he estado hablando demasiado. Siempre he querido saber cómo vivías antes de recibir el bautismo. ¿Cómo era tu vida?

Amigo, ¿qué puedo decirte? Antes que todo, te doy las gracias por darte un tiempo para estar aquí conmigo. Tu vida es muy importante para mí y aprecio mucho poder disfrutar de este momento contigo. ¿Qué puedo decirte? Recordar los días de mi infancia y mi juventud me aflige y conforta a la vez. Yo fui educado en Cuautitlán. Algunos dicen que mi familia era de la clase más baja, la de los trabajadores insignificantes. Otros han dicho que éramos mercaderes y que por tanto gozábamos de mejores condiciones. Yo no entiendo por qué tienen deseos o necesidad de colocarme a mí y a mi familia en un determinado nivel de vida. Mi gente era un pueblo noble. Cada uno de nosotros teníamos un trabajo que contribuía a consolidar la vida de toda la comunidad. Los recuerdos que tengo de aquellos días cuando estaba en mi hogar, al lado de mis padres, son recuerdos muy gratos. Ellos me enseñaron a respetar a los demás, a realizar el trabajo con dignidad y a mostrar aprecio por nuestras costumbres. Nuestra familia acostumbraba visitar a los parientes y hacíamos unas comidas espléndidas en común. Mis amigos y yo jugábamos y nos hacíamos bromas unos a otros. Ellos sacaban partido de mi baja estatura y yo no les ganaba con tanta frecuencia como hubiera querido, pero lo mejor de todo es que éramos buenos amigos.

De mi niñez, recuerdo especialmente los sonidos que provenían de los templos. Es cierto que en ocasiones me aterrorizaban, pero aprendí a apreciar la manera en que ordenaban nuestra vida. No me avergüenza reconocer que tenía la sensación, o más bien que sentía, que todos los dioses estaban a mí alrededor. Los grandes festivales eran celebraciones emocionantes. Nuestra vida y nuestra fe en los dioses eran una sola cosa. Nos daban vida. Sabía quién era y a qué mundo pertenecía.

Esos recuerdos me confortan cada vez que pienso en el pasado, porque son un recuerdo de mi vida y de mi familia. Espero que cuando recuerdes a tu familia, encuentres también consuelo y fortaleza en tus recuerdos. Todo eso cambió cuando la "gente nueva" vino a nuestra tierra. Ninguno de nosotros comprendía lo que querían, ni entendíamos por qué actuaban tan cruelmente. Hubo una gran confusión y sufrimiento durante aquellos tiempos. Nos quedamos confundidos cuando los templos fueron destruidos y los dioses fueron maltratados y luego remplazados con un hombre muerto, todo ensangrentado, que colgaba de dos pedazos de madera. Además estaban las estatuas y las imágenes de hombres y mujeres que llamaban santos. No comprendíamos por qué incendiaron las grandes bibliotecas. Todos sufrimos cuando fuimos testigos del trato cruel que les dieron a nuestros sacerdotes, nuestros líderes y especialmente a nuestros ancianos. Algunos de mis amigos nos abandonaron y murieron durante aquellos días. Lo que ayudó fue conocer a los hombres de la túnica café. Se llamaban a si mismos *frailes*, eran sacerdotes franciscanos.

Recuerdo en particular a un fraile, Fray Toribio de Benavente, a quien llamábamos Fray Motolinía, "el pobre", a causa de su bondad. Fue al primer fraile que conocí. En algunas ocasiones veía a todos los frailes rezando juntos y admiraba mucho lo que hacían. Fray Motolinía era el único que respondía mis preguntas siempre que nos encontrábamos. Siempre tenía tiempo para mí y era muy paciente conmigo. Más que cualquier otra cosa, llegué a creer porque él creía muy sinceramente en esa persona llamada Jesucristo, el hombre colgado del madero de la cruz. Fray Motolinía también me hablaba de la madre del salvador, que se llamaba María y a quien tenían en muy alta estima. El fraile me enseñó cuánto bien habían hecho ese hombre y esa mujer. Comencé a sentir la presencia de Dios en ellos y quería estar siempre a su alrededor. Empecé a ir a la *capilla* y a la misa para estar con los frailes. Estar con ellos era a la vez algo extraño y fascinante: extraño, porque no entendía lo que estaban haciendo, y fascinante, porque sentía a Dios de una manera que nunca antes lo había sentido. Platicaba con mi esposa María Lucía de lo que estaba aprendiendo de ese buen hombre. Ella me decía que podía ver que en mí estaba ocurriendo un cambio. Cuando fuimos bautizados fue un gran día, un día muy feliz para nosotros. Cuauhtlatoatzin se convirtió en Juan Diego el día en que el agua se derramó sobre mí. Ahora me podría parecer a ellos. ¿Crees que es algo malo?

Antes que nada, gracias, Juan Diego, por platicar conmigo como si fuéramos amigos. Espero que podamos serlos de verdad algún día. No pienso que el hecho de que hayas querido ser como los frailes sea algo malo. Ellos te ofrecieron un buen ejemplo del Evangelio de Jesús y de todas las cosas que él nos enseñó. Todos somos influenciados por aquellos con quienes tenemos una relación especial. Me imagino que ellos compartieron contigo no sólo su conocimiento acerca de Dios, sino también la manera en que amaban a Dios y la forma en que veneraban a los santos, especialmente a san Francisco. Tal como dijiste, sentías la presencia de Dios por medio de ellos. Al igual que los templos de Tenochtitlán, construiste tu fe sobre tus experiencias espirituales del pasado. Ahora sientes el amor de Jesús en tu vida. Lo mismo sucede con nuestras familias. Por medio de ellas no solamente conocimos a Dios, sino también experimentamos el cariño y el interés de Dios por cada uno de nosotros. Sospecho que existen muchas cosas relacionadas con aquellos tiempos que no me has dicho todavía. ¿Acaso me quieres proteger o evitar que me escandalice? Juan Diego, dime algo acerca de lo que pasó cuando ibas de camino hacia la capilla donde orabas, platícame especialmente del día en que la Virgen te visitó.

¡Qué preguntas tan extrañas las tuyas! Yo no se si alguien me ha preguntado eso antes que tú. Precisamente antes del amanecer, cuando la noche y el día se encuentran, es para mí el tiempo más hermoso de todo el día. Es un tiempo en que el sueño está todavía en nuestros ojos. El aire tiene una frescura que te sobresalta. Yo despertaba antes que los pájaros comenzaran a saludar al sol de la mañana con su música. Tenía que dejar la casa en ese momento para poder llegar a la colina del Tepeyac y estar allá para que la luz de la mañana iluminara mis ropajes con su calor. Podía sentir lo que los hermanos franciscanos llaman el abrazo del hermano sol. ¿Quién no iba a llenarse de esperanza cuando estaba empezando otro día de vida? Muchas personas todavía estaban sufriendo y muriendo de enfermedades extrañas pero, en esos momentos, yo sabía que no estábamos solos.

El camino a Tlatelolco estaba casi a catorce millas, según la manera en que tú las mides, pero yo me sabía el camino de memoria. Normalmente era uno de los primeros que llegaban a la misa y a las instrucciones de la fe cristiana. Ahí, en la quietud de la capilla, iba a hablar con Jesucristo acerca del día, de mis preocupaciones familiares y de las de mi pueblo. Allí podía abrir mi corazón a Dios y sentir su amor por mí. Caminando de regreso a mi casa, me detenía a visitar a mis amigos que vivían por el camino, tomaba cualquier bebida fresca que me ofrecieran. Los olores de lo que cocinaban durante la mañana eran muy agradables. Recuerdo con mucho gusto aquellos momentos. Pero, veo en tus ojos que quieres conocer qué hubo de especial en aquella mañana, cuando ella, la Santísima Madre de Dios, vino a visitarme. Tú ya sabes demasiado. Déjame compartirte algo más.

La mañana de aquel día era igual que todas las demás. Escuché que los pájaros cantaban con más hermosura que de ordinario, pero enseguida escuché que una voz muy tierna pronunciaba mi nombre. Pensé que estaba soñando. Miré alrededor para ver quién andaba por ahí. La voz de la mujer me habló en el lenguaje de nuestro pueblo. Me acordé de la voz de mi madre cuando era muy joven. "*Juantzin, Juan Diegotzin*", me dijo la voz. Incluso ahora, al recordar aquel momento, mis ojos se llenan de lágrimas. Me habló con tanta amabilidad que me hizo sentir amado de una forma muy especial. Ella me llamó, "el más pequeño de mis hijos". Su tierna voz era como una caricia dulce que me llenaba de enorme deleite. Su voz y su amor me animaron a hacer cualquier cosa que me pidiera. Me envió con el obispo fray Juan de Zumárraga para darle el mensaje. Yo solamente quería que las otras personas tuvieran el mismo sentimiento, el mismo amor que fluía por medio de mí. Me veía a mí mismo como un simple sirviente sin importancia, a las órdenes de tan noble señora. Yo la llamé Niña Linda, porque es alguien muy querida para mí. ¿Me comprendes?

Juan Diego, has compartido conmigo tantas cosas sobre lo que estaba sucediendo y me has pintado un retrato hermoso de aquel día tan especial... Llevaste en tu corazón un mensaje ardiente de esperanza que te había entregado esa señora maravillosa. Sus palabras quedaron escritas en tu corazón. ¿Te sorprendiste por el trato que te dio el obispo Juan de Zumárraga?

No me acuerdo cuánto tiempo duré para llegar a la casa del obispo. Me sentía como un águila volando en picada desde la montaña. El calor del sol no me afectaba, aunque al momento de llegar y pedir ver al obispo, estaba sudando. Estuvo muy bien que me hubieran hecho esperar. Me calmé un poco y me repetí a mí mismo una y otra vez el mensaje que me había dado. Cuando me permitieron ver a don Juan, besé su mano y le manifesté mis respetos. Le transmití el mensaje de la Señora del cielo lo más tranquilamente que pude. Aunque no estaba viendo su rostro, puedo decirte por el tono de su voz, que el señor obispo no creyó en las palabras que le trasmitía. Me bendijo y se fue.

Me preguntaste si me había sorprendido la forma en que me trató; déjame que te pregunte yo a ti: ¿por qué razón el obispo había de creer a un pobre hombre como yo? Yo mismo no podía creer que estuviera frente a un hombre de Dios. No estaba sorprendido, pero mi corazón estaba dolido por la señora. Quizás podría encontrar a alguien más apropiado que yo para realizar esa tarea. Tal vez había cometido algún error. Las dudas empezaron a llenar mi corazón.

De regreso a mi casa, iba pensando en los sucesos de aquel día. La mañana me había parecido muy ordinaria y ahora que estaba cayendo la tarde, mi vida parecía ser muy diferente. ¿Era yo el mismo hombre que había saludado al sol? Mañana, ¿sería el mismo hombre? Recordaba lo que fray Motolinía me había dicho: "Debemos ser pacientes unos con otros". Yo tenía que ser paciente con el obispo y con mis vecinos. Tú sabes como el chisme y los rumores corren más rápido que el agua. Mientras iba de camino a mi casa, mis vecinos ya habían comenzado a hablar acerca de la visita al obispo. Caminé hacia mi casa entre las miradas frías y los rumores de quienes querían saber dónde había estado. Tampoco ellos me creían. Al entrar a mi casa cerré gustosamente la puerta. Una vez dentro, mi familia no me planteó demasiadas preguntas respecto aquel día. Me trataron de la misma manera que siempre. Conocían mi corazón. Lo mejor era que llegaba la noche y podría dormir. En los días siguientes no iba a poder dormir mucho.

Pensaba que tus amigos y vecinos habían abrazado de inmediato el mensaje que habías recibido. Había olvidado que ningún profeta es aceptado en su tierra nativa. La desconfianza, la duda, las habladurías son tan hirientes como el mismo rechazo. Debiste necesitar mucha valentía para llevar un día tras otro, aquella carga tan pesada.

¿Valentía? La señora noble me hizo una petición muy sencilla que cumplí gustosamente. Cada visita alejaba más mis dudas. Había aprendido desde niño que *flor y canto* era la única manera de decir verdades sobre la tierra. Ahí estaba la verdad de Dios. Cada visita nos unía más estrechamente. Me llené de valor cuando en la última visita que hice al obispo, abrí mi *ayate*, mi gran poncho hecho de fibra de maguey, y de pronto, la sala se llenó del aroma de las rosas que cayeron hasta el piso. El obispo me miró muy sobresaltado, casi diría que asustado que hasta pensé que había hecho algo totalmente incorrecto. De repente, se arrodilló y me pidió más información. Ahora puedo decirte que finalmente creyó cuando se arrodilló ante aquella maravillosa imagen de la Virgen. Para lo que sí necesité valor fue para dejarla allá, con él, en su pequeña capilla. Sólo quería estar en su presencia, continuar nuestra conversación, escuchar otra vez el sonido de su voz. Ella fue muy paciente y amable conmigo, aun cuando soy un hombre sencillo. Eso nunca lo olvidaré.

Ahora puedes entender por qué le pedí permiso al obispo para construir un pequeño lugar para mí, cerca del lugar donde habían puesto a mi Señora. Él me dio el permiso de inmediato. Pero, ¿qué sientes al oír todo esto?

Juan Diego, mi amigo, *mi carnal*. Me dijeron que tenías cuarenta y cinco años de edad cuando te encontraste por primera vez con la Virgen. Yo ahora casi tengo esa misma edad. Gracias a ti, la imagen de la Virgen ha sido parte de mi familia desde que tengo memoria. Nos enseñaron a llamarla *Madrecita*, cuando apenas empezábamos a hablar. Algunas veces me escondía en el cuarto de mi madre mientras ella oraba y escuchaba que le hablaba a la madrecita de cada uno de nosotros. Hablaba con ella como hablaba con mi *madrina*, mi abuela. Desde que murió mi madre, conservo una imagen de la Virgen en mi cuarto. Me siento muy seguro teniéndola ahí. Tú también me has ayudado a no sentirme solo. Aún cuando mucha gente venía a ver a tu Señora, ¿Jamás te sentiste solo?

¿Qué dices? ¿Qué si me sentí solo? Déjame decirte una cosa que nunca he compartido a nadie más. En la tranquilidad de la noche, o a veces un poco antes de que los primeros rayos del amanecer se perfilen sobre la montaña, la Niña Linda viene a visitarme. Nosotros teníamos que seguir platicando. ¿Te sorprende esto? ¿Pensabas que nuestra conversación se había terminado de tajo, o que ella me había dejado solo? No, *mi hijo*, ella nunca lo haría. ¡Por ahora es suficiente con esas preguntas! Conserva algunas para otra ocasión.

ROSA DE LIMA

1586 - 1617
Perú
23 de agosto
Santa
Laica, terciaria dominica,
primera persona canonizada del
continente americano y patrona
de América Latina.

Perú

Rosa, he querido tener esta plática contigo desde hace muchos días, pero siempre ha sucedido alguna cosa que me ha impedido hablar contigo. Si en algún momento pensé dejar de hacerlo, no fue porque dudara de ello, sino que debo admitir que tus penitencias, las que tú misma te inflingías, me resultaban muy dolorosas de leer. Tú ya sufrías enfermedades desde que eras niña, y entonces, en tu deseo de imitar al Señor Jesús, te inflingías a ti misma penitencias aún más severas. Hoy tengo el valor suficiente para verte cara a cara. ¿Me puedes hablar de todo eso?

Amigo, así que ¿yo, Isabel Flores de Oliva te asusté? Mira, ya era hora de que estuviera acostumbrada a tu reacción pues, al parecer, eso le ocurre con mucha frecuencia a la gente que comienza a conocerme más de cerca. Todavía estoy sorprendida, y hasta cierto punto desconcertada, porque de ninguna manera quería que alguien me tuviera miedo.

Bien, parece que los malentendidos y el sufrimiento son parte de tu historia. Estos dos temas comenzaron aún antes de que fueras una niña. He leído que te enfermabas con frecuencia, cuando eras una bebita, de modo que tus padres, Gaspar y María tuvieron que bautizarte en casa. Fueron ellos quienes te dieron el nombre de Isabel, inspirándose en tu abuela, Isabel Herrera. Ahora, aquí es donde tu historia comienza a complicarse. Existen algunos relatos que dicen que el piadoso arzobispo Toribio de Lima te confirmó con el nombre de Rosa; mientras que, otras versiones dicen que, por equivocación, te bautizó una segunda vez con ese nombre. Otras historias, también mencionan que eras tan hermosa y delicada como una rosa y que por eso, tu familia comenzó a llamarte con ese nombre. Como quiera que sea, el malentendido acerca de tu nombre y la debilidad física con que iniciaste tu vida, pusieron un poco más de misterio e interés en ella.

Ninguno de nosotros inicia de manera perfecta su vida. Piensa un poco en mi amigo san Martín de Porres. Nosotros crecemos a partir de lo que aprendemos en esas experiencias y así llegamos a ser lo que somos. La fe fue para mis padres algo muy importante; esa fue la razón por la que me bautizaron tan rápidamente. Debes recordar que, en ese entonces, esa fe estaba todavía siendo sembrada en la "nueva" tierra de Perú. La fe católica tenía apenas poco más de cincuenta años de estar por acá, en esta tierra de los incas, cuando nací. Los frailes dominicos apenas estaban comenzando a establecer raíces aquí, en medio de este pueblo noble. Cualquier malentendido o sufrimiento que sobrellevar debía ser entendido en relación a lo que aquellos pueblos indígenas tenían que soportar. Me sentía muy afligida por ellos. Recuerda que, gracias a la herencia materna, corría por mis venas sangre inca. Esta fe y esta sangre me dieron la fortaleza para buscar al Señor Jesús, a costa de lo que fuera.

Entiendo que tú madre tenía puestas grandes expectativas en ti. Proviniendo de una familia grande, con once miembros entre hermanos y hermanas, ella tenía la esperanza que te casaras con alguien de dinero, para así poder ayudar a tu familia. Después de todo, muchos muchachos se daban cuenta de tu belleza y venían a solicitar tu mano.

¡Todas esas son invenciones! ¡No eran tantos! Yo no prestaba atención a los cuentos de aquellos hombres. Mi madre no podía comprenderme, y no estoy siendo irrespetuosa con ella. Ella quería, como todas las madres, solamente lo mejor para sus hijos. Tuvimos muchos desacuerdos: ella quería que me vistiera con elegancia, y a mí me gustaba vestir con sencillez; ella quería que cuidara más mi apariencia, y yo hacía cosas para verme mal; ella quería que me encontrara con aquellos muchachos, y yo quería estar en la iglesia con el Santísimo Sacramento; ella quería que me casara, y finalmente lo hice, haciendo un voto de virginidad. Esos malentendidos sólo me ayudaron a convencerme, a fortalecer mi decisión de seguir lo que yo sentía en mi corazón: un amor profundo por Jesús, quien sufrió mucho por todos nosotros. Siempre tendré que estar agradecida con mi hermano Fernando, quien parecía comprenderme mejor. Él me sostuvo en aquellos momentos difíciles.

Sí, según entiendo, él te ayudó a construir una casa pequeña en el jardín de tus padres, donde finalmente viviste. Yo la conocí allá en Lima. Es un pequeño cuarto con apenas un techo. Sé que tu madre se quejaba, diciendo que era demasiado pequeño para que alguien viviera ahí, pero tú decías: "Es bastante grande para Jesús y para mí".

Ciertamente no hiciste las cosas de manera ordinaria. Me haces pensar que muchos de nosotros tenemos miedo de vivir una vida sencilla, y que pensamos que, teniendo muchas cosas, aunque no sean necesariamente costosas, esas cosas (mi tío acostumbraba llamarles *tiliches*), nos darían el verdadero sentido. Estoy seguro que no me gustaría que viniera gente a mi casa para ver de qué manera vivo y qué cosas son importantes para mí. La simplicidad puede ser pavorosa.

¿Y quién dijo que el seguimiento de Jesús iba a ser como un lecho de rosas? La vida sencilla solamente nos ayuda a alejar del camino el desorden y las distracciones. Una vez más, todo eso es superficial. Eso solo tiene significado si podemos descubrir que, vivir una vida simple es vivir simplemente para el Señor, tratando de seguirlo lo mejor que podamos. Significa tener espacio para Jesús o, mejor, dejar que Jesús permanezca en medio de todo lo que tenemos.

Rosa, continúas sorprendiéndome. ¿No te rendías al hacerlo? Eras una mujer joven con mucha determinación que se mantenía en su posición, de forma muy respetuosa, pero sin volverse atrás. Puedo imaginar que esos malentendidos en ocasiones te lastimaban.

Claro que sí me lastimaban. Mi familia, todas nuestras familias, significan mucho para nosotros. Nuestros padres tratan de hacerlo lo mejor que pueden. Finalmente, logran darse cuenta que cada uno de sus hijos tiene su propio camino y debe tomar sus propias decisiones. Yo amaba a mis padres y sabía que ellos me amaban. No me dieron todas las cosas que quería, pero tampoco conseguí todas las cosas que quería de Dios.

¿Qué quieres decir? ¿También luchaste con Dios?

No exactamente. Yo pensaba... pretendía, quería dedicar mi vida para Jesús como monja contemplativa en la clausura de un convento. Sentía que esa era mi vocación, ocultarme de todo el mundo detrás de los muros de un convento, pero eso no iba a suceder. Mis padres necesitaban ayuda financiera. Mis bordados y las flores que cultivaba en nuestro jardín proporcionaban dinero para mi familia. Le rezaba a santa Catalina de Siena para que me guiara, pues su vida fue un ejemplo especial para mí. Lo pude realizar gradualmente y encontré consuelo en el hecho que pude dedicar mi vida al Señor, como terciaria de la orden dominica, al igual que santa Catalina. Me concedieron tomar el hábito de santo Domingo y hacer mi profesión, viviendo en la casa que mi hermano me había construido; y así, continué ayudando a mi familia. El plan del Señor sería mi plan. Eso me dio fortaleza para hacer su obra.

Rosa, ¿cuál era la obra que el Señor te pedía?

El sufrimiento. Jesús sufrió muchos malentendidos de parte de quienes le rodeaban. Sabes que la gente de su propio pueblo no lo aceptó. Sus propios apóstoles no lo comprendieron. Ciertamente las autoridades religiosas lo miraron como si fuera un loco o un peligroso radical. Durante su pasión, soportó un gran dolor tanto en su cuerpo, como en su corazón, para salvarnos. Su muerte tortuosa nos trajo una vida nueva. Mi obra era compartir esos preciosos momentos de su vida. Yo quería ser su compañera, compartiendo su dolor. Tú ya supiste que los miembros de mi familia no me comprendieron, pues el temido clero de la Inquisición tampoco sabía qué hacer conmigo. Algunas personas decían que hacía *penitencia* o *mortificación*, pero yo lo consideraba una forma de caminar y compartir mi vida con Jesús.

Sufrir. No es común que alguien escoja sufrir. Normalmente, nadie quiere sufrir ningún tipo de dolor, ni mucho menos, se provoca su propio sufrimiento. Dicen que usabas una corona de espinas, un cilicio de metal pesado y una ropa interior llena de espinas. También que te privabas del sueño y de alimento, todo por seguir al Señor. ¿Por qué, Rosa? ¿Por qué?

¿Otra vez te estoy aterrorizando? Todos sufrimos. ¿Piensas que mi dolor era más grande que el de los pueblos indígenas que me rodeaban, o de los pobres que tenían que pedir limosna para conseguir una porción de comida, o que el de los niños abandonados, o de los que morían sin que nadie los consolara? Todos debemos encontrar el significado del sufrimiento, porque éste es parte de la vida de cada uno de nosotros. No debemos tener miedo a sufrir, sino miedo de no aprender a abrazarlo como parte viva de una vida plenamente humana, dedicada al Señor. Yo no hacía aquellas cosas solamente para sentir dolor, y mucho menos, para llamar la atención de los demás. Obedecía a mis directores espirituales cuando me pedían que dejara de hacer ciertas prácticas. Solamente quería ser capaz de sentirme más cerca de Jesús, el amor de mi vida y mi único amigo verdadero. La manera en que lo hacía, me atraía. Sin duda, no es algo atractivo para toda la gente. Todos debemos encontrar el significado de nuestro propio sufrimiento.

Rosa ¿Me estás diciendo que cuando sufrimos cualquier tipo de dolor, incomprensión o malestar físico, nos sirve para llamar nuestra atención hacia el Señor Jesús? ¿Qué los sufrimientos concentran nuestra atención en él y que, a continuación, nos dan realmente el poder para resistir?

Sí, pero no sólo para sobrellevar lo que está sucediendo en el momento presente, sino más importante aún, para transformar esos momentos difíciles en algo vivificante, en experiencias provocadoras para nosotros y para quienes nos rodean. La pasión cruel de Jesús nos trajo una nueva vida. Sus sufrimientos tienen significado. Nuestros sufrimientos, cuando los aguantamos como él lo hizo, se convierten en una fuente de inspiración y de aliento para los demás. ¿Ahora comprendes por qué hice lo que hice?

Sí, lo comprendo, pero es difícil de aceptar. Quizás soy más miedoso de lo que pensaba. Tendré que seguir meditando en esto porque tú, Rosa, me desafías de una forma muy profunda. Pero, puedo ver que cuando moriste, muchas personas fueron a tu funeral. Había una multitud enorme de personas. Así, muchas personas experimentaron la nueva vida, gracias a tu voluntad de abrazar completamente tu vida. En realidad, ellos comenzaron a vivir.

¡Lo has entendido! Yo sólo estaba viviendo mi vida, plena y totalmente, nada más. ¡Valor, amigo mío, valor! ¡Todo lo que tienes que hacer es vivir tu vida! ¡No tengas miedo!

Roque González, SJ

1576 - 1628
Paraguay
17 de noviembre
Santo
Sacerdote jesuita, fundador de
reducciones, defensor de los
nativos, misionero y mártir.

Paraguay

Pásate, en un momento seguimos conversando. Sólo permíteme ir a saludar al padre Provincial. Vuelvo en seguida.

Está bien, gracias.

Anda, cuéntame. Además de la belleza natural que tenemos aquí en Asunción, Paraguay, ¿qué te trae por estas tierras del sur de América?

El deseo de conocerlo en persona y escuchar de usted mismo lo que ha pasado entre los guaraníes de Paraguay, a quienes usted sirvió con amor y dedicación hasta el final.

¡Estos sí que nos llevará algo de tiempo! ¿Has comido algo? Porque ya lo sabes, con hambre no se piensa bien, y es bueno tener el estómago lleno, cuando se puede, claro; y disponerse uno a lo que Dios nos pide que hagamos, que en este momento, es precisamente platicar. ¿Tienes hambre? ¿Quieres comer algo?

¡Estoy muy bien, gracias! La hospitalidad de sus hermanos jesuitas es muy buena. ¿Qué más puedo pedir?

¡Al fin alguien habla bien de nosotros! Últimamente ha habido personas, sobre todo conquistadores y encomenderos, que no están muy satisfechos con lo que hacemos a favor de los indígenas guaraníes. Algunos de ellos nos han acusado de estar en contra de su Majestad, el Rey, y de predicar insubordinación a los indígenas, cuando lo que realmente hacemos es enseñar el Evangelio de Jesús y cumplir las disposiciones del Rey.

¡Padre, va muy rápido! ¿Qué hizo de niño? Perdone que lo interrumpa, pero no quisiera perder detalle.

Nací aquí, en Asunción, Paraguay, en 1576. Me considero un criollo, aunque no lo parezca. Mis padres, Bartolomé González de Villaverde y María de Santa Cruz, son naturales de España. Mis diez hermanos también han nacido aquí en Paraguay.

¿Diez hermanos?

Sí, y también tengo hermanas. Fuimos una familia promedio que, gracias al oficio de mis padres, tuvimos acceso a la educación y gozamos de una economía familiar estable. La mayoría de mis hermanos varones se dedicaron a la política y al gobierno de las Colonias españolas. Sólo Pedro y yo, tu servidor, nos inclinamos por la vida sacerdotal. Mis hermanas se casaron con conquistadores y así florecieron sus respectivas familias, no sólo en Paraguay sino también en Argentina.

¿Cómo es que teniendo la posibilidad de conquistar tierras y poder, se decide por la conquista de las almas? Imagino que en su lugar, cualquier persona tomaría el camino opuesto.

Gracias a mi vida familiar pude educarme en las ciencias y humanidades de mi tiempo. Esto fue debido a la influencia de los padres Jesuitas que habían llegado a Paraguay en 1552. Fueron ellos quienes me educaron en la mente y el espíritu. Así nació en mí la vocación de servicio a una edad temprana, el amor por la instrucción de los indígenas y por transmitirles los conocimientos que adquiría en la escuela jesuita. De hecho, desde mi adolescencia fui amigo de los guaraníes, y fue durante estos años de amistad que comencé a aprender su idioma. Por cierto, algunas veces se asustaban de lo mal que hablaba al principio su idioma, y como imaginarás, las bromas no se hicieron esperar.

Fue durante mi adolescencia cuando también conocí a Francisco Solano, aquel obispo franciscano que recorrió las tierras de América. Vi con mis propios ojos la forma en que calmó una multitud y la manera tan entregada en la que habló en guaraní. Supe entonces que quería hacer lo mismo que él. Luego de los estudios realizados, 23 jóvenes recibimos la ordenación sacerdotal, entre ellos, mi hermano Pedro y yo, que entonces tenía 22 años. Me permito añadir que entonces aún no era jesuita, sino diocesano. En aquella ocasión se aprovechó la visita del obispo para que nos ordenara a todos juntos. ¡Esa sí que fue una fiesta de todo el pueblo!

¿Cómo? ¿Entonces no ha sido jesuita durante toda su vida? ¿Cómo es que realiza dicho cambio?

Como te dije hace un momento, primero fui sacerdote diocesano, pero luego de unos años me di cuenta de mi inclinación a vivir en la comunidad religiosa de los jesuitas. Sin embargo, todo comenzó en 1603 con la llegada del nuevo obispo designado para Paraguay. Era un franciscano con nombre de jesuita: Martín Ignacio de Loyola, que por cierto, era sobrino nieto de Ignacio de Loyola, fundador la Compañía de Jesús. Dado que entonces yo era párroco de la catedral, me correspondió darle la bienvenida a Asunción.

Fue este obispo quien, mediante la implementación del Sínodo de Asunción, celebrado en 1603, apoyó pastoralmente la creación de las Reducciones. Debido a que era un hombre muy organizado pidió que creciera este método evangelizador. Apoyado en el mismo Sínodo, pidió a los sacerdotes que aprendieran guaraní, pues así podríamos dar una mejor enseñanza. En realidad, este Sínodo certificó ante la Iglesia y la Corona española la labor que veníamos realizando. Por si fuera poco, este mismo

Sínodo pedía respeto a las costumbres, un horario definido de trabajo y el trato digno para con los nativos. Respetaba y promovía su derecho a contraer matrimonio libremente y también a volver a su cacique, si por alguna razón decidían abandonar la Reducción. Por si fuera poco, mucho antes de este Sínodo, el Papa Pablo III, en 1537, había pedido ya la abolición de la esclavitud en América, excepto que no le hicieron caso.

Después del Sínodo el obispo me nombró Vicario General y eso me apenó mucho porque yo no quería cargos. Además, ya estaba en una etapa de discernimiento para unirme a la Compañía de Jesús. Luego del proceso, ingresé al noviciado en Tucumán, el 9 de mayo de 1609. Como novicio jesuita, mi primera misión se realizó entre los Guaycurúes, que eran guerreros por naturaleza. Pero ahí fue una conquista espiritual y así comenzamos la primera Reducción que también contaba con un centro para hospedar a los huérfanos y a las viudas.

Luego de vivir un tiempo con ellos, de compartir su pobreza y aprender de su cultura, ganamos su confianza. Así les predicamos la Palabra de Dios, pues buscábamos su salvación y no sus bienes. Dos años después, en 1611, profesé mis votos perpetuos y desde entonces soy compañero de Jesús.

Recién ordenado comencé a trabajar en la región de Jejuí, y mis hermanos guaraníes me aceptaron benévolamente. Junto a esta aceptación, también pude ver las injusticias tan grandes que se cometían contra ellos por parte de algunos conquistadores. Aquellas Reducciones, más que ser centros de crecimiento que favorecieran a los guaraníes, eran centros de explotación a favor de los encomenderos y sus respectivos conquistadores.

Padre, perdone mi ignorancia, pero usted habla mucho de Reducciones y no tengo idea a qué se refiera con ello. ¿Tienen algo que ver con su ministerio sacerdotal?

Las Reducciones surgieron como una manera de defender a los indígenas de los abusos de los conquistadores quienes, aliados con otras tribus de Brasil, los paulinos –les llamábamos así porque provenían de lo que hoy es Sao Paulo– se dedicaban a la caza de indígenas para luego esclavizarlos. Las Reducciones se fundaban lejos de las ciudades conquistadas y surgían como pueblos pequeños. Había una plaza, una iglesia, que era el edificio principal, y también un centro de educación.

En este centro no sólo enseñábamos el catecismo, sino que también les enseñábamos a leer y escribir castellano y guaraní. Además, era un lugar de oficios, pues se fabricaban instrumentos de todo tipo, incluyendo musicales. Era una escuela que incluía la ganadería, las técnicas de agricultura e incluso, pintura y escultura. Con mucho orgullo te digo, que de algunas de estas escuelas se fundaron orquestas de gran calidad musical, donde ellos mismos labraban sus propios instrumentos, entre ellos, el arpa, que es el instrumento nacional de Paraguay.

Si lo que se enseñaba ahí era bueno, ¿por qué hubo tanta saña contra esta labor?

Porque también enseñábamos a los guaraníes a defender sus derechos. Porque ahí los defendíamos de los mismos conquistadores y, apoyados en los edictos emitidos por la Corona española, defendíamos su derecho a la libertad, a no vivir en las colonias y a la propiedad privada. Al defender sus derechos, era lógico que enfrentamos problemas con algunos jefes de gobierno.

¿Esto sucedía en todas las reducciones?

No, no en todas. Hubo algunas que ya se habían fundado y funcionaban muy bien. Los indígenas vivían con armonía y respeto entre ellos. De hecho, sus mismos caciques apoyaban estas obras de crecimiento. Y humanamente hablando, esta era la estrategia principal. Había que convencerlos a ellos de que estos centros de vida eran para su provecho y que no los traicionaríamos. Costaba trabajo convencerlos, pero una vez que veían el funcionamiento, facilitaban y promovían mucho el desarrollo.

Padre, al escuchar su testimonio tiendo a pensar que usted era un organizador comunitario y no un evangelizador.

¡Mala apreciación, amigo! Mi trabajo como evangelizador también incluía organización comunitaria, para hablar en tus términos. Había que planear el nacimiento de los pueblos que hoy son grandes ciudades, como Posadas, en Argentina, que en sus orígenes se llamó Yaguapo. Ocupabas saber arquitectura y albañilería, carpintería y planeación. Realmente, los conocimientos académicos nos ayudaron a predicar el Evangelio desde otra perspectiva.

Fue en esta actividad donde trascendió mi sacerdocio y mi vida religiosa. Conmigo no sólo llevaba la esperanza, sino también, los talentos que Dios me había dado. Llevaba la Palabra de Dios y la imagen de la Inmaculada Concepción, a la que cariñosamente llamo "La Conquistadora", pues es ella quien conquista el corazón de los nativos de estas tierras, no mediante las armas, sino mediante el amor. Algo que favoreció mucho la expansión del Evangelio fue la actitud de las diferentes congregaciones religiosas que estamos sirviendo a los nativos. Nos interesamos por ellos y aprendimos su cultura. Vivimos en sus mismos lugares, compartimos su austeridad y a partir de ahí caminamos juntos. ¡Esa era nuestra tarea de evangelizadores!

¿Qué tan lejos llegaron?

¡Bastante lejos diría yo! Tan sólo en aquél tiempo, nuestra Provincia Jesuita abarcaba parte de lo que hoy es Brasil, Paraguay, Argentina y Chile.

Fue precisamente en 1628 cuando al Padre Alonso Rodríguez y a tu servidor nos asignaron la construcción de una Reducción en El Caaró. El 1 de noviembre levantamos la primera cruz y consagramos aquella Reducción a Todos los Santos. ¡A los pocos días, ya habíamos bautizado a tres niños!

Hacía ya tiempo que habíamos comenzado nuestra labor de convencimiento con los caciques principales de la región. La mayoría de ellos ya sabían acerca de nuestro modo de proceder, pero algunos de ellos se oponían a nuestra exigencia de que dejaran la hechicería, que abandonaran la poligamia y que aceptaran el cristianismo. Esto hizo que muchos brujos y hechiceros se volvieran en contra nuestra. También había algunos caciques que no nos aceptaban, pues esto implicaba para ellos un cambio de vida.

Aquella última dificultad la enfrentamos en El Caaró. Ahí todo parecía marchar muy bien, pero el cacique principal de Yjuí, de nombre Ñezú, fingiendo aceptación, convenció a los miembros de su tribu de que mataran a los "ropas negras", es decir, a nosotros. Así pues, el 15 de noviembre durante la mañana, luego de celebrar el sacrificio de la misa, mientras nos disponíamos a elevar la campana a lo alto de la torre y mientras me inclinaba para amarrar el badajo a la cuerda, con un hacha de piedra me golpearon fuertemente la cabeza y ahí segaron mi vida. Los demás golpes sólo lograron destrozar mi rostro, pues mi vida ya estaba, como siempre, en las manos de Dios.

El padre Alonso, al oír el ruido, salió de la sacristía y también fue asesinado a golpes. Dos días después, asesinaron a otro hermano nuestro, el padre Juan del Castillo. Por eso es que se nos conoce a los tres como los Mártires del Paraguay.

Padre, es fácil ver su voluntad firme de llevar adelante la obra de Dios. No en balde su corazón no ardió con el fuego que acabó con su cuerpo. Sin duda alguna usted es el hijo más grande de esta nación, sobre cuyo suelo se derramó su sangre. Usted no sólo fundó ciudades, sino que también defendió a sus pobladores. Siga intercediendo por quienes aún buscan un espacio digno en esta tierra.

¡Seguro que lo haré! Y tú, ¿qué harás por ellos?

MARTÍN DE PORRES

1579 - 1639
Perú
3 de noviembre
Santo
Religioso dominico, barbero,
labrador, enfermero y primer
santo latinoamericano de origen
africano.

Perú

¡Martín, qué coincidencia! Hoy, 3 de noviembre, es tu día de fiesta. A lo largo del mundo entero estás siendo recordado en cada lugar donde se celebra una misa. Imagino que en Lima, Perú, donde viviste, existe una celebración anual de tu vida en el convento de Santo Domingo, en la iglesia del Santo Rosario, donde se guarda tu cráneo. Me parece algo paradójico, puesto que durante tu vida trataste de vivir como un hermano dominico ordinario, sin ninguna notoriedad. Ciertamente eras mejor conocido por tu caridad y amabilidad hacia todo mundo. Ese hecho es bien recordado. ¿Cómo te sientes con tantas atenciones?

Hermano mío, antes que todo, gracias por tu atención y por este tiempo que has apartado para hablar conmigo. Sé que estás ocupado haciendo muchas cosas y que debes tener tanto por hacer en tu vida, que sólo quiero que te des cuenta que estoy muy agradecido por estos momentos que podemos pasar juntos. Me preguntas que cómo me siento con tantas atenciones. Pues me siento muy bien. Yo no me fijo en eso. Veo que la gente viene a conocer el amor de Dios. Veo que la gente viene a la iglesia, a la mesa del Señor, para ser alimentada por este maravilloso "pan del cielo". Tú ya sabes que desde mis primeros años, tuve un sentimiento y atracción especiales por este santísimo pan, el Santísimo Sacramento. Este sentimiento me condujo hacia Jesús, quien me alimentó con sus palabras y ejemplo. De hecho, llegó a ser mi constante compañía, sin importar donde me encontrara o lo que estuviera haciendo, barriendo la cocina del convento, dando pan a los hambrientos en las calles de Lima, o atendiendo las necesidades de los enfermos en sus casas. Él siempre estaba conmigo.

Jesús me abrió los ojos para ver a todas las personas y cosas que me rodeaban, a través de sus ojos. Durante el tiempo que pasaba con él en misa, cuando estaba en comunidad con mis hermanos, o cuando me encontraba solo, disfrutando de la quietud ante el Santísimo Sacramento, veía toda la vida que me rodeaba, por medio de sus ojos. Mi esperanza es que las personas no pongan atención en mí, sino que aprendan a ver lo que les rodea de la misma manera que lo hago yo. ¿Así lo haces tú?

Para ser sincero, no siempre. Tienes razón cuando dices que estoy muy ocupado haciendo muchas cosas. Ocupado haciendo la obra del Señor, o al menos pienso que es su obra, pero en ocasiones, en ese proceso, paso por encima de las personas. Nunca tiene uno tiempo suficiente. Hay…

Permíteme que te interrumpa, aunque sea por un minuto. Sabes que nosotros dos somos muy diferentes el uno del otro. Nuestras familias, nuestras vocaciones, y aún la manera en que practicamos nuestra fe, difieren demasiado. Sin embargo, eso no importa. Jesús nos ha tocado de una manera diferente. En cuanto a mí, aprendí a saber disponer del tiempo desde que era niño. Mi abuela, Ana Velásquez, siempre tenía tiempo para mí y para mi hermana menor, especialmente cuando mi padre, don Juan de Porres, nos abandonó. Yo era su hijo ilegítimo y jamás quiso reconocerme. Debo admitir que eso me causó muchos problemas. Durante un buen tiempo no quiso saber nada acerca de nosotros. Creo que fue por esa experiencia de sentirme abandonado por él, que me hice más sensible hacia quien se siente rechazado por los demás. Podía sentir su dolor porque conocía mi propio dolor.

Mi madre, por otro lado, hizo un esfuerzo para mostrarnos, mediante formas sencillas en la convivencia diaria, cómo vivir el tiempo que Dios nos da a cada uno. Ella me enseñó el arte de curar a los enfermos por medio de hierbas. Por mi parte, dedicaba harto tiempo a observar lo que ocurría a mí alrededor.

Pensándolo bien, caigo en la cuenta, que tal vez fue por eso que aprendí el oficio de peluquero, para así pasar tiempo con la gente y así estar atento a la manera en que las personas se veían a sí mismas. Comencé a verlos no desde su apariencia externa, sino desde el interior de su vida. Podía ver su dolor. Aprendí que no existen verdaderas diferencias entre ninguno de nosotros. Habrás escuchado decir que todos tenemos la sangre roja cuando sufrimos sangramos. Ciertamente, en más de alguna ocasión corté, por mis descuidos como peluquero, a algunas personas. Aprendí rápidamente a curar aquellos cortes.

¿Puede decirse que desarrollaste el arte de sanar, gracias a tus errores como peluquero?

De alguna manera, todas las cosas vienen juntas en la vida. Curar el exterior de nuestros cuerpos es en ocasiones más fácil que sanar lo que sucede en el interior. Esto siempre requiere de más tiempo. Debemos poner mucha atención a lo que nos lastima, a fin de no lastimar a los demás.

Martín, permíteme, por favor, preguntarte algo que será un poco delicado. Es algo de interés para mí en tanto que soy una persona de color. Por tu condición de hombre negro, la primera vez que lo solicitaste, no te admitieron como hermano dominico. Déjame citarte la ley de aquel tiempo: "Existen siempre leyes que debemos respetar. Esas indican que los indios, negros y sus descendientes, no pueden hacer profesión en ninguna orden religiosa, pues es sabido que son razas que tienen poca formación". Esas son palabras muy fuertes. Son palabras muy dolorosas, desde mi punto de vista.

Tú sabes que habían escrito otras muchas cosas acerca de nosotros, los mulatos, sobre la "gente de color", como dices. Eran mucho más feas e hirientes las palabras que me decían en mi propia cara. Debo admitir que me lastimaban tanto a mí como a mi familia y a muchas personas más. Sin embargo, amigo mío, en gran medida eso depende de cómo queramos obedecer a Dios. Eso nos ayuda mucho a centrar nuestra vida en la obediencia a la voluntad de Dios. Tú sabes que la palabra *obediencia* significa literalmente escuchar o poner atención. En este caso, yo estaba escuchando a Dios en mis superiores dominicos, quienes primero, me negaron la entrada como un hermano profeso. No obstante, me alegré de ser un *donado*, un miembro de la tercera orden de la comunidad.

También escuché a Dios hablándome en la gente que encontraba en las calles de Lima, quienes, no sólo tenían hambre de pan, sino de atención. Ellos querían, como todos queremos, que alguien los tratara con amabilidad, que los respetara y sí, que los amaran tal y como eran. Jesús dijo: "A los pobres siempre los tendrán con ustedes". Ciertamente eso era verdad. Yo vi y escuché a Jesús en ellos.

Escuché también su voz dentro de mí, animándome constantemente. Esa voz me llevó más allá de mi propio dolor, para buscar a quienes estaban siendo lastimados de cualquier forma. Esto es la obediencia: escuchar a Dios. Al tener tiempo para Dios, estaba curándome yo mismo y, a la vez, estaba curando a los demás. Si Dios me quería para que alimentara a un ratón, un gato o un perro, eso me gustaba. Si Dios me quería para que me detuviera y hablara con una prostituta al pie de la calle, para mí, mucho mejor. Si Dios quería que visitara a una persona enferma, así fuera un mulato o un español; para mí eso era algo muy bueno. Si Dios quería que encontrara un sitio para niños abandonados, su voluntad habría de cumplirse. Todo lo que tenía que hacer era escuchar constantemente, ser obediente. Mi dolor no me impediría escuchar y poner atención. ¿Me explico? ¿Te aflige algo?

Martín, ciertamente eres muy directo al hacer preguntas. Sí, hay cosas que me afligen. Supongo que todos sufrimos, ¿verdad? No podemos ir por esta vida sin ser lastimados de una u otra manera. Si me veo en mi espejo interior, debo reconocer que también he lastimado a los demás. Tienes razón al decir que el dolor puede convertirse en un obstáculo en nuestro camino hacia el Señor.

Sí, amigo mío, lo que quiero es que no solamente comprendas eso con tu cabeza, sino que también lo sientas de corazón. Solamente nos podremos sanar si no nos aferramos a nuestro dolor, y si derrumbamos las murallas que rodean nuestro corazón. Esto siempre supone cierto riesgo.

¿A qué te refieres, Martín?

Solamente cuando sentimos el gran amor del Señor por nosotros, así como estamos tú y yo en este momento, podemos sanarnos a nosotros mismos y a los demás. A pesar de las dificultades que pasó mi madre, sentí su amor por mí, por mis hermanas y, por supuesto, por mi padre. Recuerda que él regresó con nosotros y nos dio lo necesario para vivir. Creo que el amor logró sanarlo. Siento el amor de mi padre al estar frente al Santísimo Sacramento. En la presencia de Jesús puedo sentir que su amor invade todo mi ser. Es difícil de explicar, de describir y compartir contigo. Sólo sé que era una fuerza tan grande, que yo quería que los demás también la sintieran. Sentía que todas las demás personas eran mis verdaderos hermanos y hermanas, y que tenía el honor de cuidarlos. Una vez más, nosotros, tú y yo o cualquiera, no somos en realidad diferentes. El amor de Dios que viene por medio de nosotros, nos congrega. A través de nuestra conversación hoy, no solamente nos vemos el uno al otro, sino que también vemos al Señor en el otro. Te veo frente a mí y veo a Jesús en ti, tal y como eres en este momento. Espero que no solamente me veas a mí, Martín de Porres, sino que también veas a Jesús por medio de mí.

Martín, tengo curiosidad de saber una cosa. No está realmente fuera del tema que estamos hablando.

¿Solamente tienes curiosidad de conocer una cosa?

Por supuesto que no, pero la única que está en este momento en mi mente es sobre la costumbre que tiene la gente de vestirse como tú. Déjame explicártelo. Algunas personas hacen alguna promesa, una *manda*, a Dios solicitándole algo que realmente necesitan en su vida. Por ejemplo, cuando un niño pequeño está muy enfermo, sus padres prometen vestirse como tú, con tu hábito religioso, si intercedes ante Dios y el niño se cura. Algunos adultos también han hecho lo mismo. Luego de ser curados, se visten durante un cierto tiempo, un mes, seis meses, o un año, con un hábito religioso semejante al tuyo. Más aún, algunos suelen llevar consigo una pequeña escoba. ¿Qué piensas acerca de todo esto?

¿No te parece un poco curioso? Más bien les sugeriría que hicieran lo que dice san Pablo: "Vístanse de Cristo"; y no me refiero a que usen los vestidos que él usaba, sino que se asemejen a él en su forma de vivir. Puedo comprender que su fe es lo que los mueve a pedir ayuda a Dios, y vistiéndose de ese modo, demuestran que están actuando con gran decisión. No puedo decir que eso, sea bueno o malo. Las personas expresan su fe de diferentes maneras. Si hacer esa *manda* les permite acercarse más al Señor, entonces estoy totalmente de acuerdo en que lo hagan. Si ellos quieren seguir mi ejemplo, y servir a los demás de forma parecida, me parece magnífico. Estoy a su servicio.

Ahora me doy cuenta por qué te llaman Martín de la Caridad. Nunca juzgas a nadie. Nunca te fijaste en el color o el título de alguien, o en si ellos eran ricos o pobres. Solamente viste al Señor caminando y trabajando a lo largo de las calles de Lima. Te lo encontraste diariamente en todo lo que hacías. Tengo mucho que aprender de ti, hermano Martín. ¿Me puedes prestar tu escoba? Hay algo que necesito limpiar en mi propia vida.

6

ANDRÉ DE SOVERAL, SJ

1572 - 1645
Brasil
3 de octubre
Beato
Sacerdote jesuita,
misionero y mártir.

Brasil

¡Padre André! ¡Padre André! Perdone que pierda el aliento pero es que aquí, en Brasil, el calor es muy fuerte y además vengo corriendo porque no quiero perderlo de vista. Sé que se va a las tierras de misión en la región de Cunhaú, que es donde tiene su parroquia, y quiero hablar con usted antes de que se vaya. Pero... antes de proseguir, ¿habla español o sólo portugués?.

Cualquiera de los dos idiomas me es familiar, así que podemos hablar en tu idioma. No te preocupes.

¡Perfecto! No hay nada como hablar el mismo idioma e interesarse por el mismo tema. Luego de que me he documentado acerca de su vida en portugués, me parece un tanto extraño hablar con usted en español. ¡Eso sí que es bueno!

Padre, ¿qué hace aquí en la selva, en medio de tantos mosquitos y un calor que parece insoportable?

Con esas expresiones no necesitas decir que eres extranjero. Aunque me molestan los mosquitos, no me molesta el calor, pues en mi natal San Vicente el calor es igual que aquí. Así es Brasil. Nací en un período muy difícil de la historia humana, en plena conquista de lo que entonces llamaron el "nuevo mundo". Aquí llegaron los portugueses a principios del siglo XVI, así que para cuando era adulto, ya se desarrollaban aquí algunos oficios, como el de la industrialización de la caña de azúcar, por citarte el más común.

En realidad era un mundo nuevo sólo para los conquistadores que solamente veían en nuestros pueblos un territorio para extender sus dominios, o bien, buscaban una manera de quitarles la riqueza a los nativos de esta tierra para luego llevarla a su rey europeo. En nombre de su rey y de sus ambiciones de dominio, la mayoría de los conquistadores cometían toda clase de maldades contra los nativos, a quienes en mi tiempo llamaban "colonos".

De cara a esta realidad, desde niño me impresionó la actitud de los religiosos jesuitas, quienes no parecían estar interesados en la riquezas de la gente, sino que más bien, estaban deseosos de aprender de ellas, su idioma, su manera de vivir y sus formas de organización social y de gobierno. Vivían con la gente, la defendían y también le enseñaban el portugués y algunas veces el castellano. En pocas palabras, se pusieron al nivel de la gente y fue así como comenzaron a predicar el Evangelio, logrando éxitos muy bonitos, pues se construían misiones que eran más bien centros de vida porque no sólo era la iglesia parroquial, sino también un centro de educación y evangelización que ofrecía múltiples servicios.

Así, con el deseo de imitar su ejemplo, realicé mis primeros estudios en un colegio jesuita de mi pueblo y creo que ahí fue donde comenzó mi vocación: ingresé en el noviciado jesuita de Bahía y después estudié latín y teología moral. Al concluir mis estudios, me enviaron a un centro catequético que tenía como método el aprendizaje del idioma de los nativos y de su cultura. Gracias a esta experiencia, realicé mi primera misión entre los nativos potiguares, pues ya había profesado mis votos perpetuos con los Jesuitas y también había sido ordenado sacerdote.

Me ha contado todo muy rápido y yo quisiera saber un poco más acerca de la situación política de esos años aquí en Brasil.

Tienes razón. La situación de la conquista de Brasil estaba mezclada con los conflictos religiosos que había en Europa en aquellos años. La Reforma Protestante de 1517 todavía era algo nuevo en el continente americano. Además, los conflictos religiosos que había entre los calvinistas y católicos se llevaron al ámbito político. Todo era rivalidad, no sólo en la religión sino también en la política y, por supuesto, en una desmedida ambición de conquistar tierras y personas, como si las personas fueran cosas canjeables.

En estos años, al menos en las zonas costeras, las actividades primarias eran la pesca, la ganadería y el cultivo de la caña de azúcar. De esto se beneficiaban, más que todo, los mismos conquistadores, pues la gente trabajaba en las fortalezas que se construían en los puertos, que era precisamente donde estaban algunos de los ingenios. Aquí, en la región de Río Grande do Norte sólo había dos: Potengi y Cunhaú. En su gran mayoría los colonos eran gente pobre y se sostenían de sus propios cultivos, como el del maíz. Por otra parte, la ganadería era fundamental no tanto para ellos, sino para los colonizadores que debían alimentar a sus soldados. Cuando éstos invadieron, muchos de los colonos se refugiaron en los mismos ingenios.

Cuando estas cosas sucedieron, ¿dónde estaba usted?

Era párroco de la comunidad de Nuestra Señora de la Candelaria, en Cunhaú, estado de Rio Grande do Norte. La experiencia que había tenido con los potiguares me había señalado el camino para convertir primero a los líderes y después, con la influencia de estos, anunciarles el Evangelio a quienes ellos tenían considerados como miembros de sus propias tribus o familias. Al vivir con y entre ellos también aprendí de otros grupos indígenas, no sólo de su religiosidad, sino también de su interés por la guerra. Había un grupo al que simplemente le teníamos miedo, los tapuias, porque sabíamos acerca de su manera violenta de proceder en relación a otros pueblos.

Entonces, ¿qué sucedió el 16 de julio de 1645?

Espero que recuerde todo, porque la verdad es que ese evento tan peculiar me parece que apenas sucedió. Recuerdo que durante esos años las tensiones entre católicos y calvinistas eran muy tensas. Aquí en Brasil, los calvinistas, aliados con los holandeses, no sólo querían apoderarse del terreno sino que también querían acabar con "la herejía papista". Quienes se fanatizaron con el calvinismo hicieron de esta causa su misión principal. Los medios para lograrlos eran dos: o que los nativos renegaran de su fe católica y se hicieran calvinistas o bien, que murieran a causa de su catolicismo.

Aquella mañana de domingo había llovido muchísimo y eso impidió que muchas personas asistieran a cumplir con el mandato dominical de celebrar el Día del Señor. No obstante, llegaron unas 70 personas a celebrar la santa Misa. Esa mañana también llegó al pueblo un conquistador alemán, Jacobo Rabbé. Trabajaba para los holandeses y esta vez venía acompañado de calvinistas, soldados holandeses, potiguares y de los temibles tapuias, quienes a su paso sembraban miedo y destrucción.

Cuando llegaron a la iglesia dijo que no tuviéramos miedo y Jacobo Rabbé se presentó diciendo que traía un mensaje de parte del Consejo Supremo Holandés y que lo comunicaría al final de la Misa.

Comenzamos la celebración de la Eucaristía. No obstante, al momento de la elevación del cuerpo del Señor, Rabbé dio la orden de que cerraran las puertas de la iglesia y de que nos mataran a todos. Así, tomados totalmente por sorpresa y a causa de la fe, comenzaron a asesinar a los feligreses quienes, como es de imaginar, no tenían arma alguna. Entonces interrumpí la Misa. Vi que la muerte nos alcanzaría muy pronto.

Aun así, mis hermanos y hermanas no renegaron de su fe, sino que valientemente se preparaban a bien morir mediante el arrepentimiento y la oración. Ante la posibilidad de salvar su vida, prefirieron perderla con tal de permanecer fieles a su fe.

Padre, aunque conozco la historia, me resulta muy difícil escucharla. No sé cómo habría reaccionado yo mismo. Quizá no hubiera tenido el valor de morir como sus parroquianos o, a lo mejor, al contemplar la manera tan heroica en que los cristianos dan testimonio de su fe, también me hubiera unido a ese testimonio.

Tienes razón. El haber estado ahí genera un dolor tan profundo que se hace inexplicable. Hay que verlo desde la fe y la resurrección. Al ver cómo aquellos recién evangelizados morían a causa de su fe, llenos de paz y sin ansiedades, le pedí a Dios por ellos y se los encomendé. A la vez, dentro de mí también estaba el deseo de acompañarlos hasta el final porque, si a mí no me hubieran matado, me hubiera sido muy difícil seguir viviendo en una Iglesia de mártires sin haber sido uno de ellos.

En medio de aquella tragedia, les pedía que se arrepintieran de sus pecados y al mismo tiempo procuraba ayudarlos a bien morir. Aquella saña y crueldad con la que nos mataron fue algo horrendo. Finalmente, la muerte también me tocó a mí, cuando uno de los nativos me traspasó con un hacha de guerra. Así yo también me uní a aquella Iglesia de mártires.

¡Santo Dios! ¡Cuánto sufrimiento tuvieron que pasar! Sólo Dios sabe si continuaron tales acciones en contra de los nuevos cristianos…

¡Por supuesto que continuaron! Quizá no nos dimos cuenta de todas, pero sí de una que aconteció tres meses después, en Uruaçu. En ella martirizaron a unas 80 personas a causa de su fe católica. Estos murieron en uno de los ingenios que les sirvió como fortaleza. Primero los sitiaron, mientras que nuestros hermanos se preparaban para la muerte con ayunos y sacrificios muy fuertes. Cuando entraron los conquistadores holandeses, acompañados de grupos de indígenas, les exigieron que renegaran de su catolicismo para que así se les perdonase la vida. Pero ellos se negaron y dijeron que profesarían la fe católica. Con esto, firmaron su sentencia de muerte. Fueron asesinados de forma sanguinaria. Al hacendado Mateo Moreira le arrancaron el corazón por la espalda estando aún vivo, y murió diciendo: "Alabado sea el Santísimo Sacramento". A los demás cristianos, incluido el sacerdote Ambrosio Francisco Ferro, los asesinaron de manera sanguinaria: les sacaron los ojos, les arrancaron la nariz y los mutilaron, algunas veces llenando sus bocas con lo que les arrancaban.

Perdona que te lo describa así, como si fuera una carnicería, pero es que no hay otra forma de describir la realidad más que como verdaderamente sucedió. La muerte de estos cristianos constituye, sin duda, una gloriosa página de la historia del cristianismo en el nuevo mundo, particularmente en mi patria, Brasil, que se pierde en el espesor de sus selvas y el agua de sus ríos.

Padre, perdóneme por tantas preguntas, no quise entristecerlo... Yo mismo estoy sorprendido ante el valor de estos hermanos nuestros...

No es para menos. Esta historia no sólo es para leerse o contarse, es para vivirse. Anda, vuelve a casa y no pierdas el camino que has iniciado, porque la selva es muy peligrosa.

KATERI TEKAKWITHA

1656 - 1680
Estados Unidos
14 de julio
Beata
Laica, nativa americana
mohawk.

Estados Unidos

Kateri, hemos estado hablando durante los últimos días. Hemos logrado llegar a conocernos un poco mejor. Permíteme sintetizar lo que he aprendido de ti, y después, te pediré que me digas lo que te gustaría conocer acerca de mí.

Tu madre era una mujer cristiana del pueblo algonquiano. Como dijiste, fue fruto de la bendición que vino luego del martirio del padre Isaac Jogues y de otros misioneros, quienes habían muerto diez años antes de que la bautizaran. Parece que al poco tiempo del martirio de estos misioneros, la fe cristiana empezó a echar raíces.

Las tribus indígenas todavía tenían conflictos entre sí y frecuentemente hacían expediciones violentas a los territorios ajenos. En una de las incursiones que hicieron a tu aldea, tu madre fue capturada por los mohawks, quienes la dieron a su jefe como esposa. Gracias a eso, se escapó de la muerte. Tú naciste de la unión de ambos. Luego de cierto tiempo, nació tu hermano menor. Ellos tres murieron de viruela cuando apenas tenías cuatro años de edad. Aunque contrajiste la enfermedad, no moriste; pero quedaron marcas terribles en tu cuerpo y en tu rostro. Eso también perjudicó tus ojos, porque no podías ver muy bien. Por eso, te llamaron Tekakwitha, que quiere decir "la que se tropieza con las cosas". Al quedar huérfana, te entregaron a un tío, el nuevo jefe mohawk y a su esposa. Tu nueva familia emigró de la aldea en que habías nacido y se instalaron en un lugar nuevo. Tú nunca olvidaste lo que tu madre te enseñó acerca de la fe cristiana.

Permíteme interrumpirte un momento, pero es que estás hablando como si fueras un reportero. Estás diciendo cosas acerca de mí como si fueran simples sucesos, como si fueran relatos sin vida, sacados de un libro cualquiera. Quería muchísimo a mis padres. En nuestra sociedad india siempre fui reconocida como una algonquiana, a causa de mi madre, pero estoy orgullosa de haber sido educada también por los mohawks. Soy una mezcla de las dos culturas y de las dos espiritualidades de esos dos magníficos pueblos. Es como si esas tribus en guerra se hubieran unido en mí y en otros.

Sabes que mi madre profesaba la fe cristiana. Mi padre nunca lo hizo, pero sí creía en el Gran Espíritu que une a toda la creación. Aprecio y respeto el recuerdo de ambos. La creencia de mi padre insistía en que respetáramos la vida que había a nuestro derredor, para que pudiéramos vivir con el Gran Espíritu. Cuando era una niña pequeña, mi madre me enseñó a hacer la señal de la cruz de forma respetuosa y tranquila, y me enseñó a ver a Dios en todas las cosas que me rodeaban. Quería ser como ella. Cuando mis padres y mi hermano enfermaron, traté de ayudarlos lo mejor que pude. Sostenía a mi hermano pequeño para que pudiera dormir. Cuando todos ellos murieron de aquella terrible enfermedad, me sentí muy sola. Mi tío y mi tía vinieron por mí y me alejaron de aquel lugar infectado. Ellos, como mucha gente de nuestro pueblo, echaron la culpa de esa enfermedad y ese sufrimiento a la gente blanca. Esa fue en parte la razón por la cual mi familia se oponía a que estuviera en contacto, y que aprendiera algo más de su fe cristiana por medio de los sacerdotes de las túnicas negras. Pero la manera de ser de nuestras madres, queda impresa en nosotros. Jamás olvidé que mi madre amaba la fe. Eso era lo más importante para mí.

Cuando tuve la oportunidad de aprender algo más acerca de la fe cristiana de mi madre, gracias al padre Jacques de Lamberville, lo hice a escondidas. Como sabes, fui bautizada el Domingo de Pascua de 1676, cuando tenía veinte años. Tomé el nombre de Kateri, que es "Catalina" en la lengua de los mowaks. Pude darme mi propio nombre. Podía ser cristiana y al mismo tiempo algonquiana, una mujer india. ¿No te parece que todo el mundo debería ser capaz de decir quién es, y de nombrarse a sí mismo?

Nuestros padres siempre escogen el nombre para cada uno de sus hijos. Pero de algún modo, llega un momento en que cada uno de nosotros tiene que decir quién es. Sabes que actualmente en nuestra sociedad, cuando a muchas personas les preguntas quiénes son, comienzan hablando de lo que hacen. Es como si nuestro trabajo fuera nuestra identidad. Me gusta que digas: "Yo soy Kateri, una mujer india cristiana". Entiendo que aprecias enormemente haber recibido la fe.

Siempre hay que pagar un precio cuando uno acepta vivir cristianamente. Mi familia adoptiva me rechazó y me trataron como a una esclava. Mis amigos comenzaron a ridiculizarme. Más aún, alguien trató de arruinar mi reputación diciendo que yo dormía con un indio valeroso, pero no era verdad. Así que decidí dejarlos. Duré casi dos meses viajando cerca de trescientas millas hasta la misión cristiana de San Francisco Javier, cerca de Montreal, donde estaban los sacerdotes Jesuitas. En ese nuevo lugar me sentí realmente en casa. Hice mi primera comunión el 25 de diciembre de 1677. No podía recibir un regalo más grande que ese. Quería servir al Señor Jesús con toda mi vida.

¿Fue en ese entonces que quisiste entrar al convento y convertirte en una hermana religiosa?

Fue alrededor de ese tiempo. El sacerdote que me aconsejaba me dijo que era bastante joven e inexperta —aunque yo sigo sin estar muy convencida de aquello—. Verás, es verdad que leía y escribía con mucha dificultad, pero podía ayudar a los enfermos, a los ancianos y cuidar de los niños. Ellos tampoco podían leer ni escribir, así que éramos iguales. Mis amiga María Teresa y yo decidimos vivir juntas y dedicarnos a Jesús, sirviendo a los demás. Hacer pequeños actos de servicio por los demás me proporcionaba una gran felicidad, pero quería algo más. De vez en cuando, me marchaba a escondidas al bosque, sola. Allá tenía un lugar especial, donde había tallado una cruz en la corteza de un árbol. Sentándome e inclinándome ahí cerca de ese árbol y bajo esa cruz, podía sentir su presencia. Algunas veces, simplemente me arrodillaba al pie del árbol y pensaba en todo lo que Jesús estaba haciendo por mí. Había momentos en que el tiempo pasaba tan rápidamente, que la oscuridad me sorprendía y apenas me daba cuenta. En todo lo que existía a mi alrededor había mucha vida. Después de permanecer ahí, al pie del árbol, los animales pequeños no me prestaban atención y solamente se ocupaban de sus asuntos. Los pájaros iban y venían como si estuvieran observándome. El viento soplaba mi cabello y acariciaba mi cara, cada vez más suavemente. Podía sentir a Jesús a mí alrededor. Todos necesitamos lugares especiales para podernos sentir más cerca a Jesús. ¿No crees?

Sí, Kateri, los necesitamos. Recuerdo cuando estuve en un Centro de Espiritualidad Jesuita. Allí me alejaba un poco para estar a solas conmigo mismo, en una de las pequeñas capillas. Al caer la tarde, cuando la penumbra de la luz del día llenaba el cuarto con un brillo dorado, en la quietud, cuando nadie más estaba a mi alrededor, aprendí una vez más a respirar tranquilamente. En mi memoria, ese lugar era un sitio especial, y todavía lo es.

Por cierto, a partir de lo que me acabas de decir acerca del viento acariciando tu cara, ¿Puedo decirte que eres hermosa? Tu rostro está resplandeciente, aunque digas que quedaste marcada por la viruela.

Tú sabes, mi hermano, que Dios nos ama a todos. Recibimos muchos regalos durante esta vida. No veo mi rostro, pero me doy cuenta de que soy hermosa a los ojos de Dios. Mis días aquí con la Madre Tierra fueron muy intensos. Un día me puse muy enferma. Entonces el Miércoles Santo de aquel bendito año de 1680 —imagina, de todos las semanas del año, sucedió en la Semana Santa— Jesús vino a mí y me pidió ir a casa con él a su lugar especial. Quería que estuviera de nuevo con mis padres y mi hermano. El sacerdote que estaba junto a mí me vio morir. Escribió que después de mi muerte, mi rostro cambió: las marcas desaparecieron. Yo era tal y como Dios me había creado al momento de nacer. Pero, ¿Por qué brotan lágrimas de tus ojos?

Kateri, no lo sé. Las lágrimas vienen solas cuando quieren, cuando algo toca mi corazón muy profundamente. Tu simplicidad, tus sufrimientos y tu fe, manifiesta en todo cuanto haces, me impresionan demasiado. Mientras estás hablando puedo ver, en la belleza que irradia tu rostro, lo que Dios ha hecho por ti. También quiero recordarlo para ver esa belleza en los demás.

Amigo, ven aquí, toma mi mano. Recuerda que eres hermoso también a los ojos de Dios. Créelo siempre. No dejes que nada o nadie haga vacilar tu fe en este Dios que te ama. ¡Esto es lo que nos hace hermosos!

8

Juan Bautista y Jacinto de los Ángeles

1660 - 1700
México
18 de septiembre
Beatos
Laicos, nativos zapotecas,
esposos y mártires.

México

Sé que no debería estar hablando solo, mientras camino hacia el pueblo de San Francisco Cajonos. Las personas pensarán que estoy loco, pero es que estoy muy contento al andar por acá, en el sur de México. He pensando con frecuencia en la diversidad de México, en su variedad de climas, alimentos y tradiciones. Esto, sin duda, tiene mucho que ver con sus diferentes raíces indígenas y, aunque no soy un experto en el tema, me parece muy obvio que cada región tenga su propia historia. Gracias, Dios mío, por este lugar, por estas personas, por esta oportunidad de...

Señor, ¿usted está hablando solo o con Dios? Si usted va hablando solo, podríamos muy bien tomar parte en su conversación. Si está hablando con Dios, entonces lo dejaremos tranquilo.

Ni vi ni escuché que viniera alguien detrás de mí. Será que no estaba poniendo atención a lo que pasaba a mi alrededor. Pensé que era mi imaginación, pero ahora me doy cuenta que no. Por favor, acérquense y platiquemos. Con frecuencia doy gracias a Dios por las oportunidades que tengo de encontrarme cada día con personas nuevas.

Nosotros también estamos contentos de que andes por acá, en el estado de Oaxaca, esta tierra tan querida por nosotros. Yo soy Jacinto de los Ángeles y este es Juan Bautista. Estamos a tus órdenes.

¡Gracias, Dios mío! Yo vine hasta acá precisamente para buscarlos a ustedes dos.

Entonces, Dios te ha bendecido. A mí me parece que, en la enorme providencia de Dios, estaba contemplado que nos encontráramos aquí para aprender unos de los otros. Todos somos compañeros en este camino de la vida. Permítenos acompañarte hasta el pueblo, así podrás quedarte con nosotros, compartir la mesa y, más aún, si tú lo quieres, podrás quedarte a dormir. El camino no es fácil.

Me daría un gusto enorme. Gracias por la invitación.

También a mi esposa, Petrona, le dará mucho gusto conocerte.

Jacinto, si nuestro visitante come con tu familia esta noche, mañana nuestro huésped tendrá que quedarse y comer también con la mía. Me encantaría que nuestro nuevo amigo saludara a mi esposa, Josefa, y a mi hija. Ya no falta mucho para que lleguemos a San Francisco.

Juan, permíteme hacerte una pregunta acerca de tu familia. Tanto tú como Jacinto eran jefes tribales en medio del gran pueblo zapoteca. Sus familias tenían una posición honorable y respetada aún antes de que los soldados españoles y los misioneros dominicos llegaran a esta tierra. ¿Es cierto?

Provenimos de un pueblo noble. Nuestros antepasados tenían una comprensión rica de esta tierra y también del cielo enorme que está encima de nosotros. Cuando fuimos conquistados por la nación azteca, nos convertimos en parte de su imperio, pero no perdimos ni nuestra historia, ni nuestra identidad. Aprendieron de nosotros y a su vez, nosotros de ellos. Así funcionaba el mundo en aquellos días. Nacimos luego de toda la violencia y la sangre que trajo consigo la llegada de los españoles. No te olvides que nacimos cuarenta años aproximadamente después de su llegada. La vida ya había comenzado a cambiar. Los sacerdotes dominicos ya habían bautizado a muchas familias, incluidas las nuestras. Pienso que puedo hablarte en nombre de nuestras dos familias cuando te digo que ya habían abrazado la fe de los misioneros y la habían hecho nuestra. La tradición de nuestras familias está basada en la fidelidad. Debíamos ser fieles a nuestro propio mundo. Habíamos heredado una posición de liderazgo en medio de nuestro pueblo y esa era la manera en que vivíamos. Nuestras familias nos apoyaban en todo.

Juan tiene razón. Nuestras familias estaban muy unidas. Seguíamos las instrucciones y las enseñanzas de los frailes. No nos convertimos en encomenderos de la noche a la mañana. Ansiábamos tener ese cargo. Para lograr ese grado comenzamos siendo servidores del altar, luego jueces, consejeros, presidentes municipales, alcaldes constitucionales y entonces, y sólo entonces, encomenderos. Esa era la forma como se procedía de acuerdo a lo dispuesto por el Tercer Concilio Provincial Mexicano. Serviríamos y auxiliaríamos a los sacerdotes.

Queríamos que todo el mundo llegara a creer, tal como nosotros lo habíamos hecho. Pero ese no era el caso. Había un buen número de personas que seguían aún practicando las costumbres antiguas. Algunos eran cristianos solo de nombre o cuando les convenía. Yo sabía que un día verían finalmente la luz y cambiarían, pero había otros que opinaban lo contrario. Nuestra responsabilidad, la responsabilidad como fiscales, consistía en parte en guiar al pueblo a la fe. Habíamos dado nuestra palabra.

Disculpen lo impertinente de esta pregunta, pero algunas personas dicen que ustedes traicionaron su cultura y su pueblo, al estar buscando a quienes se mantenían en las creencias y las prácticas antiguas. ¿Qué piensan acerca de esto?

Jacinto, si quieres, contesto esta pregunta. De ninguna manera es una pregunta impertinente. ¿No crees que desde entonces, nuestros mismos vecinos nos lanzaron en nuestra propia cara esa acusación? Cuando llegaron los primeros frailes dominicos, aprendieron nuestra lengua y nuestras costumbres; aprendieron todo acerca de nosotros. También tenían que defendernos cada vez que los soldados buscaban más riquezas de las que nuestra tierra les podía ofrecer. Nosotros pudimos conocer a Dios en nuestro lenguaje y a nuestra manera. Logramos descubrir que la imagen de Dios que los sacerdotes nos enseñaban era la imagen de un Dios en quien podíamos confiar. Jesús, nuestro Salvador, también fue malentendido y no fue aceptado por todo su pueblo, no obstante él permaneció fiel a su palabra. Su palabra era verdadera.

Podíamos descubrir en la belleza de nuestras tradiciones religiosas una forma de expresar nuestra fidelidad a la Buena Nueva que habíamos escuchado. Comprendíamos que nadie era perfecto. Nos dábamos cuenta de eso en la forma como algunos soldados españoles vivían su vida y practicaban su fe. Al igual que cuando habían venido los aztecas, cuando nosotros habíamos aprendido de ellos y ellos de nosotros, ahora también todos quedaríamos enriquecidos. Esperábamos que volviera a suceder algo parecido. Esperábamos que nuestra manera de vivir fuera vista como la forma de ser fieles a nuestra historia, a nuestra cultura. Pero, como dices, algunos de los nuestros no estaban de acuerdo.

Juan, ¿podría decirse que en cierto modo te sentías rechazado por los tuyos?

No por todos, sólo por algunos. Eso era algo muy doloroso para nosotros.

Una vez más, siento que me estoy pasando de la raya y que les estoy haciendo preguntas muy personales, pero según sé, ustedes fueron entregados por sacerdotes que estaban bien seguros de que ustedes serían asesinados. ¿Es verdad?

Amigo, sentémonos aquí un momento. Esa es una cuestión muy importante. Juan y yo no la podemos contestar sin poner toda nuestra atención en el asunto. Seguro que hay personas que piensen eso, así que permítenos que te contemos los dos lo que de verdad sucedió. Los sacerdotes dominicos fueron testigos de todo esto.

El 14 de septiembre Juan y yo nos dimos cuenta que un tal José Flores, vecino de nuestro, pueblo solía ir a practicar una de las ceremonias religiosas de nuestro pasado, lo cual estaba prohibido. Como sabes, en un pueblo pequeño los rumores se propagan con gran rapidez, y nosotros pronto supimos acerca de José. Fuimos a la misión para hablar con los padres y la autoridad civil acerca del asunto. De allí regresamos todos a la casa donde se celebraba la ceremonia prohibida. Dispersamos a los que participaban en ella y nos llevamos las ofrendas que habían usado.

Jacinto, permíteme contarle algo más acerca de esto a nuestro amigo. Al día siguiente nos dimos cuenta que estaban planeando vengarse de nosotros. En la tarde apareció una gran multitud en la misión exigiendo que les devolviéramos las ofrendas y que Juan y yo les fuéramos entregados. De no ser así, atacarían e incendiarían la iglesia, y matarían a todos los miembros de la misión. En ese momento la casa de Juan ya ardía en llamas. Vimos en este suceso la providencia de Dios. Podíamos ver el ejemplo de la misma pasión de Jesús en esos eventos. Nos dábamos cuenta de que al ser entregados podríamos vivir las palabras de Jesús: "Padre, en tus manos encomiendo mi espíritu".

Al igual que Jesús, que se entregó voluntariamente a la multitud, Juan y yo estábamos de acuerdo con la decisión de ser entregados. Recuerdo que Jacinto le decía al sacerdote que él moriría por amor de Dios y sin usar las armas. Descubrimos que era la única manera en que los demás se podrían salvar y que la obra de la misión pudiera continuar. Nos confesamos y recibimos la comunión antes de ser entregados. Así tuvimos la fuerza suficiente para enfrentar esa situación. Amigo mío, ¿está usted llorando? Pero, ¿por qué llora?

Jacinto, Juan, yo estoy muy contento de que nos hayamos detenido. No podría continuar si no nos hubiéramos detenido. Las lágrimas en ocasiones vienen por sí solas cuando algún suceso nos toca de manera profunda. No tengo control sobre mí en esos momentos. Sé que fueron golpeados con porras, que su carne fue desgarrada con cuchillos y que sus corazones generosos fueron arrancados y lanzados a los perros. ¡Sus verdugos incluso se bebieron parte de su sangre, como si ustedes fueran enemigos derrotados! Los humillaron delante de su familia.

La violencia, sin importar la forma en que se presente, siempre me lastima profundamente. Me siento muy apenado por sus familias, quienes lo supieron y debieron haber sufrido junto con ustedes al saber que no podían hacer nada para ayudarles. De esa manera, se entregaron voluntariamente por todos. Al decir que estoy muy agradecido por su decisión, por su fe y por su ejemplo no estoy expresando mis sentimientos más profundos hacia ustedes. Yo espero que mis lágrimas digan más que mis pobres palabras. Me siento muy humilde en presencia de ustedes.

Juan, nuestro amigo necesitará muy pronto algo para comer. Debemos seguir adelante antes de que anochezca.

Jacinto, agradezco mucho tu interés por mí. Ya me siento bien. Ahora me fortalece mucho recordar la ceremonia tan impactante que el buen papa Juan Pablo II celebró, cuando fueron declarados beatos por la Iglesia universal. Al comienzo de la ceremonia, dos mujeres indígenas cargaban sus grandes incensarios y con ramas verdes bendijeron las cuatro direcciones del universo y, a continuación, al cielo y la tierra. Entonces el Papa quedó limpio y purificado de acuerdo a las costumbres antiguas de su pueblo.

Ustedes dijeron que siempre tuvieron la esperanza de que los misioneros y los pueblos zapotecas aprendieran unos de otros, y que su encuentro fuera mutuamente benéfico para ambos. Comprendieron que el camino espiritual de su pueblo también los podría conducir a la vida eterna. Murieron por la verdad de su pueblo y por la verdad de la Buena Nueva. Fueron fieles a su palabra. Me doy cuenta de que su esperanza se estaba haciendo realidad en ese momento. A lo largo de toda la ceremonia existía un sentimiento de armonía entre las formas indígenas y las eclesiales de hacer oración. Aquello fue realmente una bendición para la Iglesia entera. Su ejemplo nos sigue conduciendo a la fe. El papa Juan Pablo II dijo que "uno puede llegar a Dios sin abandonar su propia cultura, siempre y cuando uno se deje iluminar por la luz de Cristo".

Amigo, Juan y yo sabemos que la Buena Nueva del evangelio es para todos los pueblos. Ciertamente es un desafío vivirla, pero a la vez, también es nuestra fuente de fortaleza y nuestro consuelo. Todos somos hijos de Dios. ¿No será posible que cada uno de nosotros trate de vivir de esa manera?

Sin embargo, ahora debemos seguir adelante, porque estoy seguro de que mi esposa, Petrona, estará esperando nuestro regreso. Podemos seguir platicando mientras caminamos. Sigue a Juan. Él irá delante. Yo los seguiré.

9

Elizabeth Ann Seton

1774 - 1821
Estados Unidos
4 de enero
Santa
Esposa, madre, conversa,
viuda, fundadora religiosa,
educadora y primera persona
nacida en Estados Unidos en
ser canonizada.

Estados
Unidos

Madre Seton, ciertamente ha crecido mucho su hogar, aquí en Emmitsburg, Maryland, desde que fundó a las Hermanas de la Caridad. Es increíble pensar que usted nació apenas dos años antes de la guerra de la Independencia de los Estados Unidos. En ese entonces este país apenas estaba comenzando su lucha por la libertad. Me atrevería a decir que usted desempeñó un papel importante en los inicios de la Iglesia católica en los Estados Unidos.

Sólo puedo decir que todas las cosas tienen su comienzo de acuerdo al plan de Dios. Acostumbraba decir: "El primer objetivo que propongo en nuestro trabajo diario es hacer la voluntad de Dios; en segundo lugar, hacerlo a la manera como él lo quiere; y tercero, hacerlo porque es su voluntad". Los edificios que ves ahora ponen de manifiesto el crecimiento de nuestra fundación religiosa. Son tan hermosos que aún disfruto de la simplicidad de la Casa de Piedra que, como sabrás, fue nuestro primer hogar estable. Si te parece podemos sentarnos aquí en frente de la puerta; así podremos disfrutar de su vista maravillosa.

Madre, existe un dicho que aprendí hace mucho tiempo, y que me parece apropiado recordar mientras nos sentamos. El dicho dice: "El hogar es donde está el corazón". ¿Piensa usted que sea verdad?

¡Indudablemente que sí! El hogar siempre ha significado algo muy importante para mí; esta fue la parte más apreciada de mi herencia paterna. Mi padre, el Dr. Richard Bayley, provenía de la alta sociedad de Nueva York. Comprendes lo que quiero decir. Eran personas que tenían mucho dinero y que eran consideradas acomodadas por quienes no lo eran. Él fue el primer profesor de anatomía en Columbia College. Yo estaba muy orgullosa de él, al igual que de mi madre que era hija de un ministro anglicano. Ella murió cuando yo tenía apenas tres años de edad. Mi padre fue quien nos educó tanto a mí, como a mis dos hermanas. Él se volvió a casar, y así nuestra familia creció. Aprendí de mis padres la importancia del hogar. El nuestro siempre estuvo fundado en el amor de Dios y en la Sagrada Escritura. En especial, amaba los salmos, aquellas maravillosas oraciones que expresan todos los sentimientos del corazón humano. Considero que heredé de mi padre el amor al estudio. A mí me encantaba leer cualquier cosa que cayera a mis manos, pero finalmente siempre volvía a leer la Biblia.

¿Se casó a los diecinueve años?

Cuando me casé con William Seton me sentí bendecida. Estábamos profundamente enamorados. Él logró darnos todo lo necesario. Fuimos bendecidos con cinco hijos. Tuvimos la oportunidad de trabajar juntos para ir haciendo de nuestro hogar un lugar donde nuestros corazones podían crecer unidos. Sin embargo, no estaba del todo satisfecha. Había estado pensando que debía ocuparme de quienes tenían más necesidad que yo. Un día me levanté con una idea que compartí con mi suegra, Rebecca Seton. Juntas ayudamos a formar la Asistencia de Viudas Pobres con hijos pequeños, un proyecto que más tarde tendría para mí un valor profético.

Fue muy bueno que en aquellos primeros años de matrimonio William y yo hubiésemos podido colocar unas bases firmes para nuestra familia, porque cuatro años después de habernos casado murió mi suegro. Sentimos que era nuestra responsabilidad hacernos cargo de los siete hermanastros y hermanastras de mi esposo y a la vez, atender los negocios importantes de la familia.

Estoy segura de que todo eso fue una carga excesiva para mi esposo. No fue capaz de sostenerlos, los negocios fracasaron y su salud comenzó a empeorar. Pensamos que era mejor emigrar a Italia, con su clima más templado, y permanecer allá atendiendo un negocio de unos amigos, la familia Filicchi. Fue así como mi esposo, mi hija mayor y yo nos embarcamos rumbo al viejo continente con la esperanza que allá mejoraría la salud de mi marido. Pero mi amado esposo murió de tuberculosis en Italia. El plan de Dios era para mí ahora más evidente. En ese momento me asemejé a las viudas pobres de las Escrituras. Lancé mi suerte con el Señor.

Madre Seton, usted estaba sola en un país extranjero, sola con su hija, mientras que el resto de la familia estaba acá en Nueva York. Todo eso era un desafío enorme.

No estábamos tan solas. La familia Filicchi, con quienes residíamos, era muy amable y nos ayudaron bastante. Esa fue la voluntad de Dios para nosotros. Gracias a ellos fuimos introducidos en la Iglesia católica y comencé a descubrir la belleza de la fe católica. Era algo que fluía desde el fundamento de mi propia fe. Logré caer en la cuenta de la presencia real de Cristo en la Eucaristía. Es difícil de explicarlo. Mi propia fe anglicana floreció en la fe católica, en la cual fui creciendo hasta abrazarla. Deseaba ser católica.

Madre Seton, eso es algo que siempre he creído que nosotros transmitimos la fe unos a otros. Esto sin duda fue verdad en el caso de la familia Filicchi, quienes la guiaron hacia delante. Me encantaría saber qué reacciones se suscitaron a propósito de su conversión, cuando regresó a su casa. ¿Le ocasionó muchos problemas?

Aquellos no fueron momentos felices para mi familia. Debes recordar que provenía de un ambiente anglicano muy estricto. No se te olvide que en la historia de este país, los católicos no eran bien aceptados. Mi familia trató de disuadirme y de convencerme, diciendo que no sería bueno para mis hijos que cambiara mi fe. Le pedí a Dios que me guiara para tomar la decisión correcta. Al final, me decidí. Recuerdo muy bien la fecha: el 14 de marzo de 1805, Miércoles de Ceniza. Ese día fui recibida en la plena comunión con la Iglesia católica. Poco tiempo después hice mi primera comunión. Aquellos acontecimientos cambiarían mi vida.

Mi familia se sintió incómoda, lastimada y me rechazaron. Pero no me avergonzaba de ellos. Estaban siendo fieles a sus propias creencias, pero yo tenía que seguir adelante, para ser fiel a la manera en que Dios me estaba llamando.

¿Qué hizo para sobrevivir?

Salí adelante con la herencia de mi padre.

Según entiendo, usted me dijo que circunstancias económicas acabaron con todos sus recursos materiales. Si fue así, ¿a qué herencia se refiere?

Mi herencia era mi educación. Mi padre me había enseñado algo más que el puro estudio. Me había enseñado a ser ingeniosa y a tener iniciativa.

Abrí una escuela en la ciudad de Nueva York para sostener a mi familia. Durante ese tiempo mi cuñada se enfermó y me pidió que la recibiera. A lo largo de nuestras visitas, me expresó su deseo de hacerse también católica. Esto provocó un gran problema: estaba dividiendo a la familia. ¿Te puedes imaginar que estuve a punto de ser expulsada porque la legislatura estatal lo prohibía? En ese momento, los sulpicianos de Baltimore me invitaron a establecer allá una escuela para niños. Eso fue para mí algo providencial. Con la ayuda del arzobispo Carroll, pude organizar un grupo de mujeres jóvenes de la misma opinión que me ayudarían. Comenzamos a vivir juntas y a discernir cuál era nuestra vocación. Establecimos nuestra forma de vida religiosa según la regla de san Vicente de Paúl y empezamos a ser conocidas con el nombre de Hermanas de la Caridad de san José.

Según lo que sé, esa fue la primera nueva comunidad religiosa de mujeres fundada en los Estados Unidos. Al principio, comenzaron respondiendo a una necesidad, luego empezaron a vivir juntas, y de pronto, había nacido una nueva orden religiosa. ¿Y cómo comenzó lo de la llamada Casa de Piedra?

Una vez más, pensé que si esa era la voluntad de Dios, se llevaría a cabo. Esa es la manera como siempre he vivido y como he tratado de enseñar no sólo a mis hermanas, sino a todo el mundo. La Casa de Piedra es otro buen ejemplo de lo mismo. Mr. Cooper, un seminarista converso de Virginia, nos ofreció el dinero necesario para establecer una institución para la enseñanza de los niños pobres. Se compró una granja y así fue como llegamos a vivir en la Casa de Piedra. Ese fue nuestro comienzo. Fue ahí donde me convertí en la Madre Seton, que es como la gente me conoce comúnmente.

Otro comienzo. Usted fue la primera que inició el sistema de escuelas parroquiales en los Estados Unidos de América. Le debemos a usted la educación católica en este país, ¿verdad?

Tal como te lo dije, la forma en que he actuado es herencia de mi padre. Simplemente traje a la luz lo que me habían enseñado. Capacitaríamos maestros para que enseñaran a aprender a los niños y crearíamos nuestros propios libros de texto, adecuados a sus necesidades. Fui capaz de seguir trabajando con los pobres y con la población afroamericana de la ciudad. Mis hermanas y yo responderíamos a la voluntad de Dios ahí donde descubriéramos una necesidad.

Madre, usted hizo demasiadas cosas por la Iglesia católica en muy poco tiempo. Sé que escribió: "Ciertamente sabemos que Dios nos llama a una vida santa. Sabemos que nos da todas las gracias, todas las gracias abundantes; y aunque somos muy débiles por nosotras mismas, esa gracia es capaz de sostenernos a pesar de todos los obstáculos y dificultades".

Cada una de nosotras somos capaces de realizar cualquier cosa en nuestra vida con la ayuda de Dios. Eso es todo lo que hice. Soy una mujer ordinaria que aprendió de la vida y de la Sagrada Escritura que Dios nunca nos abandonará.

Madre, creo que podría decirle que usted vivió una vida apasionada. Se abrió a sí misma a los demás y permitió que el Señor obrara por medio de usted. Ése fue su ejemplo hasta el final de sus días, cuando tenía tuberculosis.

Sí, Dios está presente en todas las cosas. Esta enfermedad me debilitó, pero no me detuvo. Hice lo que podía hacer, así como tú también aprovechas todo lo que tienes para afrontar los desafíos de tu propia vida. Estamos aquí para darnos la mano, como compañeros en el viaje de la vida.

Madre Seton, este ha sido un gran momento para mí. Usted es maestra por naturaleza. Sus lecciones no provienen sólo de los libros de texto, sino de las experiencias de la vida que ha compartido conmigo. Me siento privilegiado de estar aquí con usted y aprendiendo estas lecciones. Ahora, ¿a dónde podemos ir?

Ahora quiero conocer algo de ti, de lo que el Señor te ha enseñado a lo largo de tu vida. ¿Me lo podrás compartir?

Félix Varela y Morales

1788 - 1853
Cuba
18 de febrero
Siervo de Dios
Sacerdote, escritor, intelectual,
defensor de los inmigrantes,
político y promotor de laliber-
tad de los esclavos.

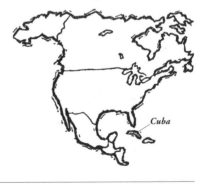

Cuba

¡Padre Félix! ¡Qué bien se vive en esta ciudad de San Agustín, en la Florida! Imagino que es un lugar ideal para la jubilación. Además, todo el sentido histórico que debe tener para usted como católico y promotor de la dignidad de los antiguos esclavos.

Caballero de fina estampa, ¿quién le ha dicho que me vine a esta ciudad por motivos de jubilación? No porque esté tocando el violín en este espacio tan florido, piense usted que sólo espero la muerte. ¡No! Espero la vida, pero una vida libre, tan igual que el espíritu que emprende su vuelo en el horizonte que se extiende sobre el mar Caribe y tan alta como las aspiraciones de quien anhela morir en su patria o al menos cerca de ella.

Padre, el motivo que me trae hasta este lugar es precisamente, no sólo escuchar la maestría con la que toca ese violín, sino conocer más de cerca la historia de un cristiano que, en su vida y ministerio, conjugó el don del sacerdocio con las tareas de la ciencia; la predicación del Evangelio con el establecimiento de la justicia y el derecho para todos y la predicación en la iglesia con la cátedra en la universidad. Es sólo el deseo de conocer más acerca de usted el que me trae hasta esta tierra donde, además, se erigió la primera parroquia católica de los Estados Unidos.

¡Así me gusta que sean los jóvenes! De espíritu crítico e inquieto. Capaces de criticar todo, hasta sus propias evidencias, que buscan una verdad, queriendo encontrarla, para luego, indagar aún más en esa verdad y descubrir en el centro de ella al ser divino que nos crea iguales y que nos da la libertad no como una totalidad, sino como una tarea que es precisa conquistar a diario. Libertad no sólo de cuerpo, sino del espíritu; libertad de palabra y de conciencia pensante; libertad de credo y valor para creer públicamente y en privado esa verdad que sostiene nuestros ideales de patria y libertad.

Padre... perdone que lo interrumpa. Sé que su vida ha estado llena de éxitos y logros de todo tipo, pero admito que me interesa mucho la historia detrás de los logros. ¿Cómo comienza su inquietud por las ciencias?

Antes de amar la ciencia, amé a mi pueblo y sus realidades, sin por ello glorificar las cosas inapropiadas. Comencé aceptando que era un criollo y jamás olvidé mi origen. Soy hijo de Francisco Varela, teniente español, y de Josefa Morales, santiaguera y ama de casa. Mi nombre completo es Félix Francisco José María de la Concepción Varela y Morales, pero me gusta que me llamen Félix.

Siendo descendiente de una familia militar, se esperaba que abrazara la carrera de las armas, pero mi vocación no era matar gente en nombre de Dios o de la libertad, sino salvar almas y librar otras batallas en nombre de Dios y de la libertad de mi pueblo cubano, sobre todo de sus esclavos africanos. Dado que mis padres murieron a una edad muy temprana, me trasladé a la casa de mi abuelo materno, precisamente aquí, a esta ciudad de San Agustín, en el estado de la Florida, entonces gobernada por España. Fue aquí donde un sacerdote tuvo la genial idea de enseñarme gramática, latín y a tocar el violín, y podría decir que el amor por la ciencia comenzó en esta experiencia de infancia.

Mi abuelo se desanimó porque le dije que quería ser sacerdote. Mis batallas serían otras. Además, no creo en las armas ni en la violencia. No son compatibles con el espíritu de Cristo ni con la Iglesia fundada por él. No obstante, la lucha por la justicia y el derecho a una vida libre y digna debe ser la consigna de todo cristiano. ¡Por supuesto que no tenía esta claridad de mente a mis 14 años!, sino que la adquirí mediante la madurez que viene con la edad y mediante la cercanía con los libros de filosofía, teología y demás ciencias del saber humano. De hecho, los años que pasé en el Seminario de San Carlos, en mi Habana natal, fueron estupendos en ese sentido. Cada vez veía más la posibilidad de crear un marco de diálogo entre las ciencias y Dios, entre la fe y el espíritu crítico, entre la Iglesia y el compromiso social, entre la teología como revelación de Dios y el pueblo pobre y digno como receptor de esa revelación comenzada hace ya muchos años.

Padre Félix, parece que usted no dormía y se la pasaba leyendo libros a diario. ¿Cómo combinaba el espíritu investigador y su vocación al sacerdocio?

¡Ese es precisamente un error común de muchos cristianos! A menudo quieren separar la vocación cristiana de las realidades humanas. Lo que anhelaba en mi vida era ser sacerdote, no sólo para que mi vida se transformara en la Eucaristía que he celebrado desde que fui ordenado sacerdote, a los 23 años, sino para que las tareas relacionadas al estudio, la educación de la conciencia y el espíritu de los jóvenes, sean una extensión de ese misterio celebrado y del Dios con quien me encuentro en mi vida de oración. Es precisamente en esa experiencia de intimidad con Dios, donde radica la fuente de vida que te lleva a los valles oscuros de las realidades humanas de nuestra época, para así restaurar la bondad que Dios nos dio al momento de crearnos.

Si bien es cierto que mientras viví en Cuba se me conoció más por mis logros académicos y por la edad tan joven en la que comencé a ser catedrático universitario, también es cierto que, para mí, el podio universitario fue lo que para ustedes es ahora el Internet: un portal de evangelización. Habrás de comprender que en aquellos años la educación no era un privilegio de todos, mucho menos de los esclavos, criollos o mulatos. Para mí, el educar a los ciudadanos cubanos era un deber cristiano, era una manera de defender la igualdad de todos. ¿Cómo esperas que predique la igualdad de los seres humanos en una sociedad que en nombre de Dios esclaviza a quienes tiene un color de piel diferente?

El creer en la educación como un medio de concienciación y liberación de los pueblos me llevó a poner en diálogo la realidad de mi pueblo y el Evangelio de Jesús. Fue así como concluí que, desde mi labor de catedrático, podría contribuir a una vida más justa e igualitaria para la patria que he amado desde siempre. Esto me llevó a estudiar el Derecho y las constituciones de otros países para así, en nombre de la ley y desde la cátedra, luchar por la libertad de quienes permanecían esclavos y de los pueblos conquistados por España. No sólo era el hecho de ser conquistados, sino la situación tan indigna en la que vivía la gran mayoría de conquistados. Para esta independencia había que usar todo tipo de medios: la discusión, la prensa, la cátedra, los libros y hasta la misma vida política, porque al final de todo era precisamente ahí, en los sistemas de gobierno, donde había que cambiar las leyes para comenzar a cambiar la práctica en la vida de los pueblos.

Creo que Dios me concedió vivir en un momento privilegiado de la historia humana. Había cada vez más interés por el valor de la razón, por la comprobación de las teorías científicas y filosóficas y, por supuesto, por el debate de las enseñanzas. Así fue que pudimos instituir en el Seminario–Universidad clases en castellano, y no en latín como se acostumbraba en Europa. No sólo preparábamos más sacerdotes, sino más ciudadanos capaces de servir a los intereses del pueblo, y no a los principios de un imperio que en nombre de Dios hacía estragos con sus hermanos. Toda esta nueva metodología de enseñanza no constituía, en modo alguno, desprecio por la lengua o la cultura europea, sino una reivindicación de nuestra propia nacionalidad y cultura.

Nuestra realidad nos llevó al estudio formal del Derecho y fue así como, en el Seminario de San Carlos, instituimos la primer Cátedra de Constitución en América Latina. El ver los derechos humanos no como un privilegio, sino como algo que de suyo nos corresponde, nos llevó a soñar con la independencia de nuestra tierra.

Debido a mi labor de enseñanza, en 1821 me eligieron diputado y viajé a España. Ante las Cortes españolas, pedí que se aboliera la esclavitud de los africanos no sólo de Cuba, sino de todo el Caribe. Además, pedí tanto la independencia de mi país, como la de toda Hispanoamérica. Por tales razones, se me condenó a muerte y tuve que huir del dominio español. Fue así como llegué a Nueva York en 1823.

¿Venía a trabajar de *mojado*?

En aquellos años no había tantos problemas migratorios como los hay ahora, pero sí trabajé con los mojados de aquel tiempo, entre los cuales me encontraba. Realmente el castellano casi no se hablaba. Gracias a Dios ya hablaba el inglés y conocía el francés también. Así pues, me fue relativamente fácil ayudar a los emigrantes irlandeses, alemanes y franceses que venían llegando desde principios del siglo XIX.

Además de ser *mojado*, como tú me has llamado, recuerda que en esos años ser católico en los Estados Unidos era bastante difícil. Había muchos estereotipos acerca de nosotros. Esto no facilitaba las conversiones y, además, había poquísimos sacerdotes. Yo mismo estaba circunscrito a la Arquidiócesis de Nueva York, que en ese tiempo abarcaba todo el estado de Nueva York y parte de Nueva Jersey. Nuevamente, mi sacerdocio adquiría una nueva dimensión. Había que ayudar a aquellos hermanos nuestros a quienes se les acusaba de traer todos los males a este país. Tanto así, que se les obligaba a vivir en barcos, debido a la situación económica tan pobre en la que vivían o porque la gente rehusaba familiarizarse con ellos. En lo particular, creo que era algo intrínsecamente contradictorio, pues los fundadores de este país habían sido expulsados de su país de origen debido a su religión, y ahora, sus descendientes rechazaban a los nuevos emigrantes no sólo por su religión, sino también por su nacionalidad. ¡En sólo unos cuántos años se habían olvidado la historia y su propia Constitución política!

El contacto con esta nueva realidad me ofreció la oportunidad de redescubrir mi sacerdocio como una vocación de servicio a los pobres y necesitados. Así pues, nos dimos a la tarea de construir iglesias para que sirvieran no sólo como lugares de celebración de la Eucaristía y los sacramentos, sino como centros de desarrollo humano. Les enseñábamos fe y ciencias, música y gramática y, por su puesto, teología para que conocieran aún más su fe.

La causa del Evangelio tenía un nuevo rostro. El hecho de poder trabajar con otros sacerdotes y con el mismo obispo de Nueva York nos llevó a expandir poco a poco la labor de la Iglesia, y a servir a los emigrantes y enfermos cuando nadie más quería hacerlo. De hecho, hubo una epidemia de cólera muy fuerte durante los primeros años que viví en Nueva York y la mayoría de la gente culpó a los emigrantes recién llegados de esa tragedia, cosa totalmente inhumana y pecaminosa. Por tal razón, nadie quería relacionarse con ellos. Pues a partir de ahí, puedo decir que los católicos fuimos los únicos que no abandonamos a los emigrantes, sino que más bien hicimos de los hospitales nuestros propios hogares y promovimos la tolerancia, respeto y aceptación con otras denominaciones cristianas.

Durante esos años, ¿se olvidó de Cuba?

¡Jamás! ¡Jamás he olvidado a Cuba! Mientras que en Nueva York continuamos la fundación y construcción de iglesias y escuelas, en 1929 se me nombró Vicario Episcopal de Nueva York, cargo que desempeñé con alegría y con el apoyo de otro hermano sacerdote, John Powers. Cuidamos de una diócesis en crecimiento e hicimos de la educación una manera nueva de extender la misión de la Iglesia y de llegar hasta los más pobres. Esta misma tarea nos llevó a la construcción y mantenimiento de asilos para auxiliar a las personas que alcanzaban la mayoría de edad.

Para el tiempo que nos tocó vivir, realmente hicimos cosas muy innovadoras. También tuve el privilegio de ser invitado como teólogo principal a algunos de los concilios locales. La creciente necesidad de conocer más acerca de la fe y las enseñanzas de la Iglesia me llevaron a volver a las publicaciones, mediante las cuales mantenía comunicación con mis conciudadanos cubanos y con la feligresía de Nueva York.

Así pues, aunque había salido de Cuba en 1821, nunca me olvidé de ella. No obstante, la batalla contra el asma me llevó a dejar Nueva York y me trasladé a Filadelfia, donde fundé el periódico *El Habanero*, órgano formativo e informativo mediante el cual mantenía vivos los ideales de la independencia y la formación de la conciencia y el espíritu de los jóvenes. Esta misma inquietud me había llevado a escribir una obra en tres tomos,

Cartas a Elpidio, con la que busqué contribuir a la liberación y formación de las conciencias de quienes después habrían de llevar a la patria a la independencia.

Mi labor como pastor de cuerpos y almas continuó. En los medios impresos descubrí un gran recurso para evangelizar y formar cristianos en la propia diócesis. A los niños había que darles información acerca de su fe, sobre todo a los de familias emigrantes, para que al crecer no perdieran el contacto con la fe de sus padres. A los adultos había que darles formación de conciencia y de virtudes.

En medio de tanto trabajo y atención a las necesidades de la Iglesia que crecía, sentí que mi salud se había debilitado mucho a causa del frío. El asma comenzó a ser una batalla cada vez más frecuente y finalmente vine aquí a esta tierra de la Florida, ahora parte de los Estados Unidos de América, donde comenzó mi lucha por la salvación de las almas. Gracias a Dios pude traerme mi violín para cantar la música y la historia de mi patria, como lo hacíamos en la filarmónica de mis años jóvenes o simplemente para recordar que un sueño es el inicio de las realidades más hermosas de la vida, como la libertad o la igualdad de todos los seres humanos, sin importar el color de su piel, su idioma o lugar de procedencia.

Padre, lo noto muy cansado. Permítame una pregunta más, ¿cómo le gustaría que lo recordáramos los hombres y las mujeres de hoy?

Como un cristiano, porque siempre lo fui. Como un sacerdote que amó a su Dios y a su pueblo y que nunca pudo concebir una separación en ambos amores. Fueron los talentos del gran Maestro los que me permitieron entrar en el mundo de la ciencia y, desde ahí, proclamar no sólo la verdad científica, sino la verdad fundamental del Evangelio. Al final lo difícil no es ser hombre o mujer de ciencia, sino una persona de virtudes evangélicas. Esa es la tarea de todo cristiano y quiero ser recordado como tal, sea en San Agustín o en mi amada Habana, a donde sé que volveré...

Una pregunta más padre, se lo prometo. ¿Dónde compró sus lentes rectangulares?

11

Pierre Toussaint

1766 - 1853
Haití
22 de enero
Venerable
Laico, esclavo liberado, esposo,
estilista y dedicado a los pobres
e inmigrantes.

Haití

Señor Pierre, ¡buenos días! ¡En verdad que hace calor en Nueva York! ¿Qué tal va el negocio de su peluquería?

En cuanto al calor, hay poco que podamos hacer. En cuanto al negocio, Dios no nos desampara.

¡Qué bueno que hoy no tiene muchos clientes en su peluquería! ¡Esto nos permitirá hablar con más confianza!

A propósito, ¿necesito hacer cita? Porque... no necesariamente he venido a arreglarme el pelo, al fin que me queda muy poco. Más bien, me gustaría que platicáramos un poco. He oído muchas cosas buenas acerca de usted y no he resistido la tentación de venir a conocerlo en persona.

No importa. ¡Siéntese y hablamos mientras le corto su cabello! Estas sillas de peluquero son muy cómodas y se prestan para que platiquemos un poco.

Yo sé que es un estilista de mucha categoría, señor Pierre, y me siento muy contento de estar aquí en su peluquería. Además, me parece muy bien que venga gente de toda raza a ser atendidos por usted. Esto más que darme alegría, me hace sentir privilegiado.

Gracias por expresar su opinión, y sólo le pido que no me diga "señor", pues no me siento muy a gusto con los títulos. Así pues, hablémonos como hermanos, con confianza y delicadeza.

¡Gracias por considerarme su hermano! Me gustaría saber cómo era la vida mientras crecía en la colonia francesa de Santo Domingo. ¡Espero no suscitar malos recuerdos!

Mi vida, como la de toda persona, tiene experiencias de un gran gozo y también de mucha tristeza. Yo nací en Haití, en una familia de esclavos. No todos los esclavos tienen la misma suerte que yo. Gracias a Dios, nací en el seno de una familia católica y practicante. Mis patrones, la familia Berard, nunca nos trataron como la mayoría de colonizadores trataban a sus esclavos. En ese aspecto tuvimos mucha suerte. De hecho, una vez que aprendí a leer y escribir gracias a mi abuela, que también era esclava, el señor Berard me puso al frente de la biblioteca de la plantación. En cierta manera, éramos como de la familia, pues nos trataba bien y por esa misma razón, aunque éramos esclavos, le teníamos cariño. Nos trataba tan bien que una de sus hijas incluso fue mi madrina de Primera Comunión.

Pierre, ¿cómo es eso de que su patrón es católico y tiene esclavos? Yo, que soy católico, entiendo que somos iguales y que no hay diferencia entre las personas. Como que hay algo que no cuadra bien.

Tienes razón, ¡tu mentalidad! Tú estás juzgando la situación de hace muchos años con la mentalidad de una persona moderna. Hay que ubicarte por lo menos a una distancia de 200 años para ver esa circunstancia que, aunque era mala, en ese tiempo se veía de manera muy diferente.

Pero la esclavitud es algo malo. Además, imagino que debió haber sido muy difícil ser católico y ver cómo algunos miembros de la jerarquía de la Iglesia también tenían sus esclavos.

No pierdas la calma, tranquilízate. La Iglesia también tuvo errores, pero como toda institución, maduró su pensamiento y forma de ser. No puedes juzgar toda la historia viendo sólo uno de sus capítulos. Era algo que no entendíamos, ciertamente, pero a la vez procuraba no amargarme con ello, porque me trataban muy bien y más que sentirme esclavo de alguien, me sentía empleado de ellos. Así vivíamos con cierta libertad. Es algo semejante a la Independencia de los Estados Unidos, mientras que la Constitución proclama que todos los hombres son iguales, hay quien defiende la esclavitud. Como dicen en la cultura latina: "Del plato a la boca, se cae la sopa". Además, la esclavitud era una práctica que se daba en Europa, y los franceses, que colonizaron Haití, la impusieron entre nosotros. Perpetraron así un gran mal, sometiendo a mucha de nuestra gente a condiciones de vida realmente deplorables.

Ahora entiendo su acento afrancesado. Creí que era sólo por la elegancia de su vestido y la prominencia con la que realiza su profesión de estilista. Puedo ver que es un hombre educado en la historia de su propia cultura. ¡Felicidades!

Gracias. Mi hermana Rosalía y yo vinimos en 1787 con los patrones franceses aquí, a Nueva York, en ese entonces capital de este país naciente. Nos asentamos en la colonia francesa de esta ciudad, que existía como privilegio concedido a Francia, ya que ese país había ayudado al ahora presidente Washington a lograr la independencia de los Estados Unidos. Fue aquí, en Nueva York, donde aprendí inglés. En ese entonces mi patrón me puso bajo tutela de un estilista de renombre, de quien aprendí el oficio que ahora desempeño.

Me parece curioso el que hable con tanta tranquilidad de la situación racial sin verse afectado por ella.

¡Claro que me afecta! ¡Me afecta muchísimo el ver cómo tratan a mis hermanos esclavos, puesto que debido a nuestra condición formamos una sola familia! Pero no me amargo por ello. En la medida que puedo, los ayudo para que compren su libertad y puedan sacar a su familia adelante. Así lo he hecho con mi hermana y otras personas más que llegan al puerto procedentes de Haití. Son personas que necesitan mi ayuda. Me alegra poder hacerlo, porque así puedo contribuir a que cambie la situación. Pero una cosa trae la otra. Debido al color de mi piel, no puedo abordar un carruaje de caballos. De hecho, no se detienen, así que ya ni intento que se detengan. Así pues, para ir a atender a mis clientes, tengo que caminar por la ciudad y eso me mantiene en muy buena condición. Y mira que a ti te vendría bien algo de ejercicio.

¡Tiene razón! El caminar es algo muy bueno, además, uno se relaja y puede disfrutar un poco más de la vida. Pero imagino que usted hace algo más que caminar, porque la gente no deja de venir buscándolo a usted.

¡Pensé que no te estabas fijando! Son personas que llegan a mi pobre casa a pedir ayuda. Mi esposa, Juliette, y yo les ayudamos en la medida que podemos. Dios ha sido generoso con nosotros y con mucho gusto compartimos lo que tenemos. Pese a que no tenemos hijos de nuestra propia sangre, luego de la muerte de mi hermana Rosalía, adoptamos formalmente a Eufemia, mi querida sobrina que aparece en esa fotografía, y que ha traído mucha alegría a nuestra vida. También la gente que ayudamos nos alegra de alguna u otra manera.

¡No sabía que estaba casado! Como siempre está caminando por la ciudad, pensé que sólo cuidaba de su patrona.

Sí, me casé hace ya buen tiempo. Pero no fue hasta que supimos que mi patrón había muerto. Unos años después de que nos instalamos en Nueva York, en 1791, el señor Berard regresó a Haití para ver qué podía recuperar de sus propiedades, pues había muchas revueltas de los esclavos en contra del maltrato y abuso al que eran sometidos por sus colonizadores. Como el dinero se le había terminado, decidió ir a recuperar algo, pero no consiguió nada. Estuvimos muy al pendiente de noticias suyas. Siempre que llegaba un barco de Haití iba al puerto a preguntar por el señor Berard, pero nadie me daba razón. Finalmente, en una ocasión, me entregaron una carta en la que notificaban su muerte.

Imagino que fue difícil, pues me resulta fácil notar el cariño que usted guarda por él.

¡Cómo no habría de ser, si él mismo nos había hecho parte de su familia! A pesar de que mi familia sanguínea se había quedado en Haití y ya no supimos más de ellos, él fue para mí como un hermano. Realmente había perdido un miembro de mi familia. A raíz de su muerte, la señora entristeció mucho e incluso se llegó a enfermar. Debido a la muerte de su marido, se quedó sin dinero y, gracias a Dios, pude pagar sus deudas así como su manutención.

¡Pero si usted era su esclavo! ¿Cómo fue que lo hizo?

Lo hice porque soy cristiano, porque ayudar a las personas es parte de mi fe. Ella no era mi ama, en el sentido que lo entiendes. Ella era una persona que me necesitaba. Además, como estilista ganaba buen dinero y mis clientes eran de familias muy prestigiosas. Con lo que ganaba podía ayudarle a ella y seguir ayudando a la gente que llegaba a mi casa para pedir ayuda. Finalmente, la señora murió en paz y en su lecho de muerte me concedió mi carta de libertad. Ya me la había ofrecido con anterioridad, al momento que quedó viuda, pero en aquél entonces no la acepté, porque si lo hacía, después ella no aceptaría que la cuidara. Mientras tanto, con lo que ganaba, podía seguir comprando la libertad de otras personas que la necesitaban más que yo.

Pero ella no fue la única persona a la que ayudó. Tengo entendido que su casa era algo así como un centro comunitario.

En efecto. En la casa, mi esposa y yo habíamos establecido una especie de banco popular mediante el cual prestábamos dinero a las personas. También era una agencia de empleo para que los recién llegados se ayudaran. Así como un lugar donde los enfermos y la gente muy pobre se podían hospedar. Nuestra casa era la casa de quien la necesitaba.

Entonces usted debió ganar buen dinero como estilista.

Creo que sí. En aquellos años a una persona que ganaba diex mil dólares al año se le consideraba rica. Considera también que los peinados y cortes de esta época eran algo muy elaborado y en promedio, mis clientas gastaban unos mil dólares por año tan sólo en el arreglo de su pelo. Así pues, mi trabajo no era sólo un pasatiempo que implicaba 16 horas de camino o de estar de pie, sino más bien un canal de gracia para que otras personas se beneficiaran de él.

Con el apoyo de mi esposa Julieta, y gracias a la generosidad de mis clientes, comenzamos la construcción de lo que ahora es la antigua Catedral de San Patricio. Para ella, aunque contribuimos con nuestro propio dinero, también contribuyeron mis clientes, católicos y protestantes quienes, mientras les cortaba el cabello, me compartían sus problemas y sus luchas internas de fe. Gracias a su confianza, me permitía recitarles de memoria algunos pasajes del Evangelio y ofrecerles alguna reflexión en torno a ellos.

Cuando eran católicos, les explicaba algunas cosas y, al parecer, nos entendíamos muy bien.

Es interesante saber qué le platicaban.

Recuerda que soy un estilista, no un periódico de noticias. Mi profesión me exige ser discreto y no andar platicando cosas aquí y allá. Cortar el cabello y hacer peinados es algo más que un oficio manual.

Con el dinero que juntamos también fue posible ayudar a Elizabeth Seton en lo que fue uno de los primeros orfanatos de esta ciudad. Por esos años también surgió una comunidad religiosa de mujeres afroamericanas en Maryland, con quienes también pudimos colaborar.

¡Ustedes eran una fuente de beneficencia pública! Y si tenía tanto dinero, ¿por qué no dejaba de trabajar?

La misma pregunta de todos… porque si dejo de trabajar no tendré dinero para ayudarles a los demás, por esa razón. Además, ¿cómo podría asistir diariamente a la santa misa, comulgar y visitar el santísimo sacramento, si no pongo en práctica lo que ahí se me enseña?

Pero si la iglesia está muy lejos de aquí…

¡No importa! Todos los días tengo una cita con el Señor. Siempre me espera y siempre lo encuentro.

¿Esa fue en la iglesia donde no lo dejaron entrar una vez?

¡No! Fue en la catedral de la que era benefactor. ¡Pobre ujier! La regañada que le han de haber dado. Él no me dejó entrar por el color de mi piel, ¡pobre hermano, el remordimiento que le habrá dado!

Mire, ahora es muy diferente, pues sus restos que fueron enterrados junto a la tumba de su esposa, Julieta, y su sobrina Eufemia, han sido trasladados por pedido del cardenal O'Connor de Nueva York. Los llevaron, no a la antigua catedral que usted ayudó a construir, sino a la mismísima Catedral de San Patricio, ¡la que está en la 5ª Avenida! Ahí dónde sólo dan sepultura a los arzobispos de Nueva York.

¿Cómo cambian las cosas verdad? Para que veas que los cambios son posibles. Creo que este gesto de la Iglesia es una manera de pedir perdón por los malos tratos del pasado y, a la vez, una búsqueda genuina de reconciliación pues mi pueblo ha estado aquí desde que comenzó el catolicismo en este país. Más que darme gusto por mí, me alegra por la gente que siente que también la catedral es su casa y que ahí tienen a un servidor y un hermano que los recibe.

¡Pero el estacionamiento es carísimo en Nueva York! Sale caro visitarlo, señor Pierre.

¿Qué no les enseñé a caminar?

12

Laura Vicuña Pino

1891 - 1904
Chile
22 de enero
Beata
Laica, adolescente, dedicó su
vida a la conversión de su madre
y la oración.

Chile

Hermana Inés, ¿es esta la escuela que atienden las hermanas salesianas de María Auxiliadora?

Sí, esta es. ¿Puedo servirle en algo?

Sí, hermana. Estoy buscando a Laura Vicuña.

¿Quién eres? ¿Eres su pariente?

No soy pariente sanguíneo, pero estamos emparentados por la fe. Su vida, tan breve como fue, me ha conducido hasta acá. Siendo alguien tan joven fue muy valerosa. Siento que su inocencia fue su fortaleza cuando tuvo que enfrentar tantas situaciones difíciles. Esta escuela fue como un santuario, un oasis para ella.

Bien, parece que la conoces más de lo que pensaba. Tal vez deberías hablar directamente con ella. Permíteme avisarle que la buscas. Puedes esperar en el jardín hasta que venga. Estaré por aquí por si necesitas alguna cosa.

La hermana me dijo que me estabas buscando. Yo soy Laura Vicuña, ¿en qué puedo ayudarte?

Laura, me da mucho gusto conocerte. La hermana Inés pensó que no importaría si hablábamos. Me agradaría conocerte un poco mejor. Mi esperanza es que otros, especialmente los adolescentes, conozcan algo acerca de tu valor.

Muy bien. Me agrada conocer gente nueva. Tengo muchos amigos de mi edad tanto aquí en Argentina, como en Chile, donde nací. Estas buenas hermanas realmente hablan bastante bien de mí.

Yo pienso que tu vida, todos tus trece años, revelan que el Espíritu de Dios está en ti, como lo está en otros jóvenes.

Gracias por decirme esto. Pienso que yo misma a veces soy como un espejo que refleja el bien que se encuentra en toda persona. Tienes razón al pensar que las personas jóvenes tienen dentro de sí la presencia de Dios. El Espíritu de Dios está con ellos, pero nos suceden muchas cosas que pueden empañar ese reflejo. Aun cuando nuestros padres nos guían con su ejemplo, tenemos que tomar nuestras propias decisiones acerca de lo que queremos vivir.

Laura, ¡eres muy sabia para la edad que tienes!

La vida a veces nos hace crecer más rápido de lo que queremos. Creo que eso pasó conmigo. ¿Puedo hablarte acerca de eso?

Ah sí, por favor, hazlo. Pondré mucha atención a todo lo que me digas.

Como te dije antes, nací en Chile. Mi padre, José Domingo Vicuña, pertenecía a una de las familias nobles de Chile. Era soldado cuando se casó con mi madre, Mercedes Pino. Como la familia de mi madre era pobre, a pesar de que ella lo intentó, nunca logró que la familia de mi padre la aceptara. La familia de mi padre incluso lo desheredó por casarse con mi madre. En ese tiempo, mi país estaba sufriendo una guerra civil. Mi padre se esforzó mucho para cuidar de nosotros. Cuando yo tenía dos años, él murió, creo que desgastado por la lucha de ser un soldado unido a una de las fracciones que estaban en guerra y por tratar de mantenernos a salvo.

Tras su muerte, mi madre no podía contar con ningún tipo de ayuda de parte de la familia de mi padre, así que decidió dejar

Chile, con la esperanza de darnos lo necesario a mi hermana y a mí. Vinimos acá, a la Argentina, cuando yo tenía ocho años y mi hermana Amanda, seis. Una madre hace cualquier cosa por sus hijos. Eso fue lo que hizo la nuestra por nosotros. Mi madre trató de encontrar trabajo como cocinera o lavandera. Ocasionalmente lo hacía, pero nunca fue lo suficientemente estable como para permitirnos vivir.

Encontró finalmente a un hombre rico, Manuel Mora, quien, después de que mi madre había trabajado para él, la invitó a que viviera con él en su hacienda. Aun cuando era muy exigente y violento, prometió hacerse cargo de ella y de nosotros, sus hijas. En aquel momento, no supe todo lo que eso significaba. Él acordó pagar por nosotros para que asistiéramos a un internado, atendido por las hermanas salesianas.

Laura, los dos sabemos que nada es gratis. Siempre hay que pagar un precio por las cosas.

El señor Mora sí se encargó de nuestros gastos. No fue hasta después de entrar en la escuela que me di cuenta del precio que teníamos que pagar.

Cuando tu hermana y tú vinieron a esta escuela, ¿fueron tratadas de malas maneras?

¡No, de ninguna manera! Yo amé esta escuela. Las hermanas hicieron que me sintiera muy acogida, y yo quería hacer las cosas lo mejor que podía. También me agradaba ayudar a mis compañeros de clase. Esperaba ansiosamente la llegada de nuevas estudiantes, para así ayudarlas a que conocieran a las otras niñas, o les ofrecía ayuda en sus estudios. Este fue un buen lugar para mí. Fue aquí donde hice mi Primera Comunión, un día muy especial para mí. Ocurrió el 2 de junio de 1901, cuando le dije al Señor: "Ah Dios mío, quiero amarte y servirte toda mi vida. Te doy mi alma, mi corazón y todo mi ser". Como las hermanas nos ayudaban de muchas maneras, quería ser como una de ellas. ¿Sabes que pedí entrar al convento cuando apenas tenía diez años?

Sí, lo sé. Tu director espiritual te dijo que debías esperar hasta que tuvieras más edad. Imagino que pensó que aún eras bastante joven para tomar dicha decisión. Pero te permitió entrar a la cofradía de las Hijas de María, aquel mismo año, ¿no es así?

Me imagino que tienes razón al decir que era bastante joven. Cuando hice mi Primera Comunión comencé a ver la vida de una manera diferente. Al año siguiente, en mi clase de estudios religiosos, aprendí el significado de los sacramentos. Cuando la hermana comenzó a hablarme acerca del sacramento del matrimonio y de lo importante que era, me di cuenta de lo que mi madre estaba haciendo al vivir con el señor Mora. Me di cuenta de que mi mamá vivía en amasiato, pues, a los ojos de Dios, no estaban casados. Fue para mí un momento difícil. Así como mi madre quería ayudarnos a toda costa, yo también quería ayudarla a salir de esa situación. Pensé: "Mi vida por su vida, era el costo digno". A partir de entonces mi oración tenía esa única intención. Mi madre había dejado de practicar su fe. No estoy segura si ella pensaba que lo que hacía era algo indigno, o malo o lo que fuera. Yo sólo sabía que mientras que ella quería que practicáramos nuestra fe, ella no practicaba la suya.

No me daba cuenta de que la recepción de la Santa Comunión, que parece ser un acto tan simple en la vida de cualquier persona católica, podría tener un impacto tan profundo. Pienso que muchos de nosotros, que somos adultos, consideramos la comunión como algo rutinario, o al menos, no vemos el Cuerpo de Cristo como una forma de vivir la comunión con los demás. Ciertamente tú sí lo sabes.

¿Es muy complicado o difícil de entender que así como Cristo nos ofrece su cuerpo, nosotros tenemos que hacer lo mismo por los demás? Yo ofrecería mi vida, mi cuerpo, todo mi ser, por mi madre, para que fuera capaz de cambiar su vida.

¿Qué pasó luego que te diste cuenta de todo eso?

No es fácil decirlo. Sucedió mientras estábamos en casa pasando las vacaciones de Navidad. Quise hablar con mi madre de todo eso pero no lo hice. Ella me dijo que podía orar, si quería hacerlo, como lo hacía en la escuela, pero que no dejara que el señor Mora se diera cuenta o me viera orando, porque se enfurecería. No quería que él se enojara porque sabía que golpearía a mi madre por nuestra causa. No estoy segura si mi madre supo que trató de abusar de mí. Cuando estábamos solas, era muy falto de respeto, pero siempre fui capaz de apartarme de su lado. En otras vacaciones, en un festival vespertino, el señor Mora me pidió que bailara con él pero no acepté hacerlo. Se enojó mucho con mi madre y la golpeó. Más tarde se rehusó a pagar mi pensión escolar esperando que mi hermana y yo termináramos por ser sus sirvientas. Las hermanas nos abrieron las puertas y nos dieron la enseñanza escolar de manera gratuita.

Ahora puedo comprender que no es fácil hablar de esto. No tienes que decirme nada más, si eso es lo que prefieres.

Gracias por tu amabilidad y tu comprensión, pero no tengo problema alguno en compartirte estas cosas. Existen tantas personas jóvenes que tienen que pasar por situaciones semejantes y que no saben hacia donde dirigirse... Tenemos que aprender a confiar en Dios y a hablar acerca de lo que haya sucedido. Cuando regresé a la escuela después de aquellos sucesos, estaba más convencida de lo que tenía que hacer. Le pedía a Jesús que me diera la gracia de hablar con mi madre, para tratar de convencerla de que dejara al señor Mora. Supe que ella pensaba que estaba haciendo lo correcto por nosotros, y que el señor Mora cambiaría algún día. Pero continúe orando a fin de que pudiera dar mi vida por la suya. El invierno de 1903 fue muy severo. Llovió demasiado, la escuela se inundó y muchos niños se enfermaron. También enfermé y no podía mejorar. Mi madre vino por mi y me llevó a una casa pequeña cerca de la escuela para poderme cuidar. Aun cuando permanecía todo el tiempo a mi lado, mi salud no mejoraba. El señor Mora vino para llevarnos de regreso a la hacienda, pero le dije que no quería ir. Pensando que le faltaba al respeto, me golpeó con mucha fuerza y se fue. Yo estaba comenzando a entender que Dios había escuchado mi oración, que estaba atendiendo mi petición. Aún cuando me sentía débil, estaba agradecida y contenta de que mi oración fuera escuchada. Mi madre no comprendía lo que estaba pasando y no sabía de donde me venía esa paz.

¿Fue entonces que le hablaste de tu oración?

Sí, fue entonces cuando le dije: "Mamá, me estoy muriendo y estoy contenta de ofrecer mi vida por la tuya. Yo se le pedí a nuestro Señor". Mi madre estaba impresionada. Las madres siempre están dispuestas a dar la vida por sus hijos. Ella me dijo: "Esa no es la manera como deben suceder las cosas". Pronunció entonces las palabras que anhelaba escuchar: "Laura, hija mía, por favor perdóname... ¡Oh! amado Señor, por favor perdona mi vida de pecado... Sí, volveré a empezar de nuevo". Y ella comenzó de nuevo: dejó al señor Mora y regresó a los sacramentos.

Laura, pienso que necesito corregir lo que había dicho un poco antes. No solamente tienes sabiduría más allá de tus años, sino que también tienes la fortaleza para poner tu sabiduría y tus convicciones en práctica. Hoy he aprendido mucho de ti. Mucha gente no pensaría que una niña de trece años podría enseñarme de manera tan clara. Laura, me has hecho pensar en Jesús, cuando él mismo era un niño. Recuerda que sus padres lo encontraron en el templo en medio de la multitud de los ancianos. Todo el mundo quedó admirado e impresionado por su comprensión de las Escrituras. Espero que nosotros nunca subestimemos la juventud.

Una vez más, eres muy amable. Recuerdo que una de las hermanas nos enseñaba que "con Dios, nada es imposible". Esto es verdad.

Laura, veo que la hermana Inés está de vuelta. Pienso que nuestro tiempo terminó. Gracias por tu honestidad y por tu apertura conmigo.

Regresa en cualquier momento. Me dará mucho gusto volver a verte.

13

Miguel Febres-Cordero, FSC

1854 - 1910
Ecuador
9 de febrero
Santo
Hermano de La Salle, educador
y catequista.

Ecuador

Hermano Miguel, ¡cuánto gusto conocerlo! Se ve muy bien con su hábito religioso. Me pregunto si con este clima tan agradable de Ecuador no le resulta muy caliente llevarlo puesto todo el día.

¡Siempre quise vestir un hábito de estos! Mira que a ti te vendría muy bien vestirlo. El llevar mi hábito me hace recordar el compromiso que tengo ante Dios de servir a mis hermanos más necesitados, sea visitándolos en su casa para confortarlos en su dolor, preparando niños para recibir a nuestro Señor Jesucristo por primera vez o aquí en la escuela con estos encantadores niños del Señor. Además, ¿cómo no habría de llevarlo puesto? Pero dime... ¿qué te trae por aquí, a la tierra de las flores y al centro del universo?

Hermano, ¡ahora veo que no sólo es maestro por lo que enseña en el salón de clase, sino también con su modo de vivir! Verá usted. Mi visita a este centro escolar de El Cebollar tiene como motivo principal el conversar con usted y ser testigo de su obra educativa en pro de los niños y jóvenes ecuatorianos a quienes ha educado durante más de 20 años.

¡Esa sí que es una buena tarea, y no como las que les dejo a mis alumnos! Lo ordinario es que el maestro asigne la tarea, no el alumno. ¡Mira cómo cambian las cosas con los jóvenes modernos! Te invito a que vayamos a una de esas piedras grandes para que nos sentemos, y podamos hablar. Habrás de dispensar que no tengamos una banca y un parque como la mayoría de las escuelas. Nuestros estudiantes son muy pobres y no podemos darnos esos lujos que para ti pueden ser ordinarios. ¿Qué quieres saber?

Dado que soy una persona muy curiosa, me gustaría conocer un poco la historia que hay detrás de su obra cristiana y profesional si, claro está, no le incomoda compartirla.

¡Claro que no! Para comenzar, nací a este mundo por gracia de Dios y el amor de mis padres, Francisco Febres-Cordero Montoya y Ana Muñoz Cárdenas. Nací con muchas bendiciones que muchos niños de mi tiempo no tenían. Nuestra situación económica era muy buena, pues mi padre era banquero y además profesor en el seminario. Mi mamá nos cuidaba en casa y, gracias a la fe de ambos, la educación y experiencia cristiana de mi hogar fue esencial para mi crecimiento en la fe.

Aunque mis padres se alegraron con mi nacimiento, también se pusieron tristes al ver que mis pies estaban un tanto deformes y no podía caminar. De hecho, no fue hasta que tenía cinco años, mientras estaba en el jardín de la casa contemplando los rosales, que sentí un impulso fuerte dentro de mí. Fue una experiencia religiosa que va más allá de mis palabras y mis fuerzas. De repente, me levanté y comencé a caminar. Aquello parecía un milagro.

Con mis primeros pasos físicos creció mi peregrinar en la fe. Fue entonces cuando me matricularon en la escuela y ahí pude seguir creciendo en lo que ya mi familia me había enseñado.

¿Le gustaba la escuela?

¡Siempre me encantó el ir a la escuela! Quizá fue porque a los nueve años me inscribieron en una escuela de los Hermanos Cristianos de San Juan Bautista de La Salle. El entonces Presidente del país había pedido en 1863 a los hermanos lasallistas que vinieran a Ecuador a fundar escuelas populares que educaran a la gente pobre y ellos aceptaron gozosamente esta tarea como parte de su misión. Como puedes ver, construyeron escuelas que contaban con muy pocos recursos y comodidades. Realmente reflejaban la pobreza evangélica con la que vivían los Hermanos. Se solidarizaron, mediante su vida y sus escuelas, con los pobres a quienes servían.

Mientras que fui estudiante no podía apartar de mí ese compromiso tan profundo con los pobres y el amor con que los hermanos lasallistas servían. Yo mismo, aunque venía de una familia prácticamente rica, donde no teníamos necesidades materiales, me sentí atraído por aquel ejemplo de amor cristiano. Había algo que, hasta la fecha, supera mis palabras que me provocaba el deseo de ser como ellos. En cierta manera, la escuela se hacía una extensión de lo que me enseñaban mis propios padres. Por tal razón me gustaba quedarme a ayudar a los hermanos en las diversas tareas escolares o a preparar la lección del día siguiente y, por supuesto, a jugar con los demás chicos. Creo que ahí Dios se fijó en mí y me extendió la invitación a ser un educador cristiano o, dicho de otra manera, a predicar su palabra en el salón de clases, educando la mente y el corazón de los niños y jóvenes.

¿Cuándo es que decide ingresar a la comunidad de los hermanos lasallistas?

¡Tú sí que haces preguntas! Parece que te pagan por hacerlas... Durante mis años de adolescencia, movido por el ejemplo de los Hermanos, manifesté a mis padres y hermanos que quería ser uno de ellos. Se opusieron por varias razones. Primero, éramos ricos y no nos faltaba nada y me dijeron que los hermanos vivían en una pobreza muy dura y que yo no tenía necesidad de ello. Lo que ellos veían como el obstáculo más grande, yo lo veía de una forma muy distinta. ¡Era precisamente una de las cosas que me atraían de aquella comunidad!

Después me convencieron de que me fuera al seminario, para que me hiciera sacerdote. Pero yo no quería ser sacerdote, sino hermano. Eso era lo que yo quería. A mi padre le resultaba difícil porque él mismo valoraba más el sacerdocio que la vocación de un "simple hermano". Además, era maestro del seminario y en cierta manera imagino que se "veía mal" tener un hijo en una comunidad religiosa donde no se ordenan sacerdotes. Finalmente acepté y me fui al seminario, pero gracias a Dios me enfermé y sólo duré tres meses.

Luego de muchas luchas con la familia, a los 14 años, dejé mi ciudad natal de Cuenca para ingresar al noviciado lasallista y desde entonces, visto su hábito con mucha alegría.

¿No le dio tristeza la oposición familiar?

En más de una ocasión lloré ante tal resistencia. Era como si habláramos idiomas distintos. Me dolía mucho el ver cómo mi familia sólo podía ver lo material, o el posible prestigio que les daría tener un hermano o hijo sacerdote. Para mí, lo más importante era ser un buen cristiano y descubrí que podía serlo siendo un buen educador de niños y jóvenes, no sólo en las ciencias y las humanidades, sino también en el conocimiento y la experiencia de Dios. Cuando alguien no entiende el origen de una vocación, duele mucho, pero hay que perseverar y pedirle a Dios que te ayude, porque Dios nunca te deja solo en tu lucha por ser discípulo de su hijo. Y como te darás cuenta, mis padres finalmente bendijeron mi vocación, aunque debo decir que no cesaron de invitarme a dejar la vida sacerdotal.

¿Cómo?

La tentación del tener y tener. Mi familia insistía en que la vida religiosa era muy pobre, que no tendría nada. De hecho, me tentaban con la riqueza para que dejara la vida religiosa. Eran muy ricos y al ofrecerme dinero y pertenencias en otro tipo de vida, pensaron que me convencerían. Fue por eso que mis superiores, para evitar esta continua tentación, me alejaron de mi familia transfiriéndome a Quito. Fue así como maduré mi vocación y concluí mis años de formación.

Tuvieron que haber sido años muy positivos, pues usted realmente marcó una nueva etapa en la historia educativa de Ecuador.

Realmente no tuve otra opción más que poner mis talentos a trabajar. Había que enseñar el idioma y no teníamos manuales, ni siquiera libros de texto. La pobreza se genera porque muchas veces hay falta de educación y esto genera falta de oportunidades. Comencé a preguntarme lo que debería hacer y cómo podía hacerlo desde mi salón de clase. Así fue como entendí que la Buena Nueva y la gracia de Dios también puede llegar a la gente mediante un libro. Mi responsabilidad no sólo era crear ese libro, sino preparar bien mis clases para encender en los jóvenes la chispa de la vida.

Esto fue lo que me llevó a crear los manuales de *Gramática de la lengua castellana*, mismos que después fueron adoptados como libros de texto nacional. Al ver el buen efecto que tuvieron, descubrí en el ministerio del libro una manera de contribuir a la vida de los demás. Por eso precisamente dediqué gran parte de mi tiempo a crear o reeditar libros de texto. Imagino que estás familiarizado con este trabajo, ¿no es así?

Sí, Hermano, pero usted con menos medios era más exitoso que la mayoría de los autores de hoy en día, porque la cantidad de libros que editó, incluyendo los de su autoría, fueron más de cien y esos son muchos. ¿Cómo le hacía?

La vida de un educador requiere de mucha disciplina y sacrificio. En ella, se combina no sólo tu capacidad intelectual, sino el amor que tienes por tu oficio y la manera en que descubres a Dios mediante lo que haces y en las personas a las que sirves. Esto mismo me llevó a emprender nuevos caminos y a prepararme para crear libros de texto, educación familiar y catequesis que contribuyeran al fortalecimiento de la vida familiar, de la fe y también de la educación en las letras humanas. Aunque esto tiene que ver mucho con inmensas horas de lectura y preparación, tu vida espiritual debe ir a la par de lo que haces. De lo contrario, te conviertes en una máquina que hace cosas, y no en una persona que se extiende por medio de sus acciones. Como cristiano, considero que la efectividad de mi trabajo depende mucho de mi relación con Dios y de cómo le permito que obre por medio de mí. Mi trabajo es ser su instrumento, porque realmente Dios es el educador por excelencia.

Hermano, perdone mi insistencia ante su vida personal. Pero ¿cómo distribuía su tiempo entre la catequesis, la visita a los enfermos, las clases, el catecismo con los niños de Primera Comunión y el estudio de los cinco idiomas que domina?

¡Cuando alguien sabe todo eso acerca de ti, imagino que ya no es vida privada! ¿No es así? Pero ante esto, hay que preguntarse: "¿qué talentos me ha dado Dios y cómo puedo ponerlos a trabajar?". Creo que todos tenemos cualidades que primero necesitamos reconocer, para después ponerlas a trabajar y así contribuir al crecimiento común. Busqué que esa fuera mi norma de vida.

¿Qué significó entonces para usted el que lo nombraran miembro de la Academia Ecuatoriana de Quito, de la Real Academia Española, de la Academia Venezolana y que lo condecorara la Academia Francesa?

Nada más allá de la alegría humana. En el fondo, era un reconocimiento a la labor de mis hermanos de comunidad, al trabajo que hacíamos y también una reafirmación del compromiso que ya había hecho de servir a mis hermanos. Todos estos títulos eran muy bonitos, pero mi título favorito era el de "preparador de niños para la Primera Comunión". Ese ministerio catequético lo hice durante 26 años y, créeme, me llenaba el espíritu de una manera impresionante.

El preparar a los corazones inocentes para que amen a Dios en su vida, a Jesús en la Eucaristía e invoquen a María como su auxilio y protección me impulsaba a no claudicar en la misión. Además, aprovechaba para infundirles mi amor al Sagrado Corazón de Jesús, a quien invocaba en mis momentos de preocupación o angustia. Les insistía en que esta devoción consistía en que propagáramos ese amor que Jesús nos tiene y que siempre mantuviéramos ese amor en nuestra vida.

Si su trabajo era tan bueno en Ecuador, ¿por qué se fue a Bélgica?
Por obediencia. No olvides que, como religioso, uno promete obediencia. Me destinaron a Bélgica en 1907, porque ahí estaban los miembros de mi comunidad que habían sido exiliados de Francia, debido al ambiente tan hostil hacia los religiosos que existía entonces en aquel país. Mis hermanos de comunidad

habían escrito textos en francés que necesitábamos traducir al castellano para utilizarnos en nuestras escuelas.

Aunque el trabajo se realizó, el frío clima afectó mi salud de manera considerable y me trasladaron a España. Pero mi cuerpo estaba tan debilitado que, cuando contraje una neumonía, no pudo contra ella. Finalmente, entregué mi vida al Señor el 9 de febrero de 1910. Finalmente, había concluido la misión encomendada.

Hermano, imagino que fue entonces cuando realmente descansó.

Un ser humano no se cansa de hacer lo que le hace feliz. Cuando sentía que mis fuerzas se agotaban en un trabajo, cambiaba de actividad y también recurría a Dios para que me fortaleciera. Continuamente me inspiraba en las hermosas palabras que Pablo dirige a los Filipenses: "Todo lo puedo en Cristo que me da la fuerza". De esta manera, mi oración y mi labor apostólica se hacían una sola realidad para que yo simplemente transmitiera la gracia que había recibido de Cristo Jesús.

Gracias Hermano Miguel. Si me permite, tengo una última pregunta, y si no la hago, no podré dormir el resto de mis días. Si su nombre de pila es Francisco, ¿por qué razón escogió el nombre de Miguel?

¡Ese es tema para otra conversación que con gusto podría retomar en otra ocasión! Por el momento, necesito preparar mis clases, porque luego también quiero ir a visitar a algunos enfermos.

14

José Gregorio Hernández Cisneros

1846 - 1919
Venezuela
29 de junio
Venerable
Laico, médico, maestro y
abogado de los pobres.

Venezuela

¡Oye, Mario Javier! ¡Ven acá porque necesito preguntarte algo! Como sabrás, apenas he comenzado a estudiar aquí en la Universidad Central de Venezuela y estoy buscando la oficina del doctor José Gregorio Hernández.

¡No hay problema! Está en el segundo piso al fondo del pasillo. No te extrañes al verla, pues encontrarás abierta su oficina y pensarás una de dos cosas: que es la biblioteca o bien, la celda de un monje cartujo.

¡Va pues! Muchas gracias.

Doctor José, ¿puedo hablar con usted?

Por su puesto que sí... pasa por favor. ¿Eres nuevo en la facultad de medicina? No te había visto antes por aquí. ¿Qué te trae por estos lugares?

El interés por conocer su persona y su trayectoria como médico. Hay muchas cosas que he leído y me han impresionado de sobremanera. Quizá decida seguir sus pasos.

Mi vida ha sido muy ordinaria por gracia de Dios y la verdad, que me ha gustado ser ordinario. A mucha gente le impresionan todos los libros que ves ahora, pero en realidad, eso no es lo más importante, tampoco lo que aprendes por medio de ellos, sino la manera en que por medio de ellos sirves a los demás. Esa es la tarea de quienes se dedican a la enseñanza, indistintamente de sus carreras profesionales. Primero, tienes ante ti el compromiso moral de educarte a la altura de las exigencias de tu tiempo, porque si no lo haces, el día de mañana serás un profesional mediocre, que prestará servicios mediocres a la gente y que no les servirás como se merecen. Estos libros en realidad no son una carga, son las herramientas de mi trabajo y para eso estoy aquí.

Lo entiendo, doctor, pero si es médico para qué quiere un libro de cálculo, si eso no es otra cosa que puras matemáticas.

En efecto, pero no ignores que las ciencias tienen una base común y hay que descubrir ese genio en la naturaleza. Las ciencias exactas no son una imposición del razonamiento humano, sino más bien, un descubrimiento del orden que guardan en sí desde el momento de la creación. Además, este libro lo escribí con un pariente ecuatoriano que se llama Miguel Febres-Cordero, pero como es de una orden religiosa y además, es muy humilde, usa sólo este pseudónimo de G. M. Bruño. ¿Por qué pones esa cara? ¿Lo conoces?

¡Pensé que lo conocía! Él jamás me dijo que tenía parientes en Venezuela. Mucho menos que fueran así de famosos.

¡No te preocupes! Es sólo un comentario al margen. Como te decía, la vida académica no es para que te separes de la gente, sino para que sepas acercarte a ella y responder a sus necesidades. Estos libros que parecen dar miedo son los que me han permitido aprender, mediante las ciencias exactas, el funcionamiento del cuerpo humano y de cómo este debe sanarse. Creo que así puedo ser un buen médico y servir a quien me necesite. La buena salud de las personas no sólo es un derecho, para mí, es una obligación.

Pero usted podría ganar mucho dinero con todo lo que sabe...

Sí, pero el dinero no ha sido el centro de mi vida. Es una tentación en la que caen muchos profesionales. Acuden a las escuelas no con la finalidad de servir o de realizar su vida en una rama específica de la ciencia, sino para hacerse ricos y esa, mi querido amigo, es una razón muy pobre para estudiar. El estudio profesional no es para hacerte rico, sino para ser más humano, para entender más nuestros procesos de cambio y posibilidades de crecimiento en los diversos campos de la vida. Uno estudia para resolver su vida de una manera diferente ante los problemas que a veces tocan a la puerta. Tu vida no puedes concentrarla en el dinero porque la empobrecerías demasiado. ¡Cuidado con ese peligro!

¡Gracias por el consejo! Analizando la manera en que habla, siento que no estoy hablando con un científico, sino con un sacerdote. Perdone que insista, pero ¿cómo es que con tantos grados profesionales que tiene, su oficina parece más bien una celda monástica? ¿Alguna vez pensó en ser sacerdote?

¡Siempre lo pensé! De hecho, a mi regreso a Venezuela, abandoné la carrera universitaria y regresé a Italia en 1908. Por recomendación de mi obispo, me integré al monasterio cartujo de Lucca, Italia, pero sólo duré 9 meses. Mi salud era muy débil y aun siendo médico, no me podía curar a mí mismo. ¡Ya lo había dicho Jesús! Imagínate, estaba tan flaco que sólo pesaba 44 kilos. Pero no desistí de entregarme a Dios. Quería ser sacerdote y después me integré al seminario de Santa Rosa de Lima en Venezuela, pero por la misma razón tuve que salirme también. Finalmente, en 1913 me enviaron a Roma, al Colegio Pío Latinoamericano a estudiar teología, pero el viento de

Roma me resultó bastante frío y, sin más, regresé a mi patria y me reintegré a la vida académica. Y desde entonces, aquí estoy sirviendo a Dios.

Esta ha sido la opción de mi vida. No recuerdo haber tenido atracción por el mundo del dinero, ni siquiera en mis primeros años de vida. Ciertamente en mi familia teníamos más de lo necesario para vivir, pero la vida en Isnotú, en el estado de Trujillo, no requería de tanto. Además, mis papás, Benigno y Josefa, contaban con una tienda de abarrotes y esto proveía lo necesario para vivir. Además, como buen español dedicado al comercio, mi papá era boticario y recetaba a la gente. Algo así como la farmacia de tu pueblo. Ahí acudía la gente a las consultas y las medicinas.

Aun así, el estudio del derecho me interesaba más que la medicina, pero mi papá me convenció de que estudiara esta última. Así pues, luego de concluir mi bachillerato en filosofía ingresé en la escuela de medicina y me gradué como médico en 1888. Un año después, por pedido del Presidente de la República, me fui a Francia a realizar estudios posteriores en diversas áreas para luego regresar a servir a mis compatriotas venezolanos. Sin más, emprendí mi viaje al viejo mundo, y no sólo aprendí medicina o ciencias sino también los idiomas propios del tiempo, pues estos me permitirían ofrecer un mejor servicio a mi país. Así pues, estudié en Francia y Alemania, aunque también viví en Italia, y después tuve la oportunidad de realizar estudios en Nueva York y España. Además de ser becado por mi país, tuve grandes maestros, entre ellos discípulos del científico francés Luís Pasteur, descubridor del antídoto para combatir la rabia.

¿Por eso es que en el mundo científico se le conoce como el "Pasteur Venezolano"?

¡Mira, tú si que estás metido en los chismes de la vida científica! Eso es lo que dicen mis colegas, pero realmente hice lo que se me pidió. Estando por concluir mis estudios en París, el gobierno venezolano me pidió que equipara un laboratorio de fisiología —la rama de la ciencia que estudia las funciones del cuerpo humano— y fue así como pude traer, entre otras cosas, el primer microscopio a Venezuela. Junto a otros colegas, comenzamos a hacer estudios científicos en el campo de la medicina. Esto fue creciendo, porque se me nombró catedrático de algunas asignaturas y con gusto las llevé adelante, pues al fin ese era mi servicio y para lo que había sido enviado a Europa. Admito que me gustaba mucho enseñar esas materias y pensaba en que los jóvenes médicos podrían hacer un gran cambio en la vida de los enfermos, y eso me animaba aún más.

Ya veo, pues su labor como científico, investigador, escritor, filósofo y buen conocedor de la música es notabilísima. ¿Cómo le hizo para lograr tantas cosas a lo largo de su vida?

Primero, nunca me propuse tener un lugar en la historia o hacerme famoso. El quitarme esa fiebre me ayudó a centrarme más en las investigaciones. Mi meta era que la gente más pobre se beneficiara de lo que estudiaba y aprendía. Debido a la gran cantidad de trabajo que tenía, a veces no tenía mucho contacto con los enfermos, así que fundé un consultorio popular para ofrecer mis servicios los fines de semana a la gente pobre que no podía pagar un médico. Una vez que has recibido tanto, no es posible que te quedes con ello, pues no es para tu provecho, sino para el provecho de los demás.

Ahí, al visitar a los enfermos en su propia casa, conocí "de primera mano" la situación tan pobre que vivían y lo mucho que se necesitaba crear buenas condiciones de vida. No es justo que la gente muera o que permanezca enferma por no poder ver a un médico. Ahí, en ese servicio a los pobres, Dios me estaba pidiendo que me entregara a él. Por mi parte, había querido ser sacerdote y dedicar mi vida a la sanación de las almas, pero Dios también quería que sanara sus cuerpos. Es por esa razón que no siempre me encuentro aquí en esta oficina, sino más bien en los barrios de la ciudad. En Francia, esta práctica me ayudó a ser eficiente como estudiante, pues conocía la realidad de los enfermos de primera mano y luego, basado en ella, podía realizar mis investigaciones en el laboratorio y la biblioteca de la universidad.

Sí, doctor, pero tengo entendido que usted no cobra y que, además, le compra la medicina a los enfermos.

¿Por qué debería cobrarles? De antemano sé que no tienen lo necesario para comer. ¿No crees que sería inhumano de mi parte el cobrarles? Te repito, no me hice médico para hacerme rico, sino para ofrecer un servicio. Comprarles la medicina era lo menos que podía hacer por ellos. Los enfermos sufren a causa de su enfermedad y no me parece justo que sigan padeciendo por no tener la plata suficiente para comprar su medicina. Si yo tenía un poco, ¿qué me costaba compartir lo que yo tenía? ¿Acaso no hacían eso los primeros cristianos? Lo que hacía no era extraordinario, simplemente buscaba ser el cristiano que Dios me llamaba a ser, acompañando a los enfermos en sus sufrimientos y aliviando sus dolores. Yo podía aprender de su paciencia y de su fe en que las cosas serían diferentes. Si realmente creía en lo que hacía y en que Dios ve por todos, entonces yo mismo estaba llamado a ser testigo de esa fe, como profesional y como cristiano.

¡No, pues sí! ¿Entonces qué andaba haciendo cuando lo atropelló el automóvil?

Iba precisamente a comprarle las medicinas a un enfermo. Crucé la vía del tren, y ahí, un carro me impactó y me golpeé tan severamente el cráneo que me encontré finalmente con Dios...

Ya por último, Doctor Hernández, me gustaría saber qué piensa acerca de lo que dijo de usted un colega suyo, el doctor Luis Razetti: "Creía que la medicina era un sacerdocio, el sacerdocio del dolor humano y siempre tuvo una sonrisa desdeñosa para la envidia y una caritativa tolerancia para el error ajeno. Fundó su reputación sobre el inconmovible pedestal de su ciencia, de su pericia, de su honradez y de su infinita abnegación. Por eso, su prestigio social no tuvo límites y su muerte es una catástrofe para la patria".

No tengo ninguna opinión al respecto, sino más bien una invitación. ¿Gustas acompañarme al consultorio popular? ... Tengo algunos enfermos que atender. Quizá puedas ayudar en algo.

15

Teresa de Jesús de los Andes

1900 - 1920
Chile
13 de julio
Santa
Carmelita descalza y mística.

Chile

A tus órdenes. ¿En qué puedo servirte?

Hermana, estoy aquí porque quiero ver a la Hermana Teresa de Jesús, si puede recibirme, claro. Me doy cuenta que hay muchos peregrinos con la misma intención que yo, que me sorprendería que pudiera disponer de unos minutos para atenderme. Además, no soy nadie importante, ni traigo conmigo ninguna carta de recomendación. Pero si la pudiera ver, quedaría muy agradecido.

Voy a hablar con la Madre Superiora y le presentaré su petición. No es la Hermana Teresa quien tomará la decisión de hablar con usted, esa es una decisión de la Madre. Por favor, pase y siéntese un momento aquí en la sala. Regresaré de inmediato.

Hola. Yo soy la Hermana Teresa ¿Eres tú quien desea verme? Siéntate por favor. La Madre Superiora me dijo que viniera a verte. No tengo claro cuál es el motivo de tu visita, pero confío plenamente en su decisión.

Hermana, voy a decir algo con todo respeto. Para ser una mujer de veinte años, me parece mucho más joven de lo que imaginaba. Tal vez esta no sea la mejor manera de iniciar una conversación, pero me siento muy sorprendido.

Bien, gracias por ser tan honesto. No es la primera vez que me lo han dicho. Más aún, cuando era niña, me decían que era la más bonita de mi familia. ¿Te sorprende que te lo diga?

Claro que sí. Me imaginaba que serías un tanto reservada, y ahora veo que te gusta hablar de manera franca y directa.

La gente joven, lo mismo que los ancianos, gustan de ser francos. Tratándose de la gente joven, esto suele considerarse como una locura, mientras que en la ancianidad, es visto como una virtud. Yo puedo decirte solamente lo que creo.

Debiste haber sido un reto difícil para tus padres cuando eras muy pequeña.

Mis queridos padres, Miguel Fernández y Lucía Solar, me llamaban Juanita. Fui una persona muy favorecida. Mi familia vivió una vida muy cómoda. No solamente no carecíamos de nada, sino que disponíamos de más recursos que la mayoría de las personas. Sin embargo, también mis padres tenían sus propios problemas. Mi padre se preocupaba demasiado tratando de ser exitoso en sus negocios. Por esa razón, dejaba prácticamente sola a mi madre para que cuidara de nosotros. Probablemente, como la mayoría de los padres, los míos consiguieron su santificación al irme educando.

¿Qué quieres decir con esto?

Mira, acabas de mencionar que debí haber sido alguien difícil de controlar. Eso es verdad. Cuando era pequeña, era una niña testaruda, presuntuosa y engreída. Quería hacer las cosas a mi manera y me ponía de malas y me encaprichaba cuando no lo conseguía. Era alguien muy temperamental. Me encantaba hacerle bromas a mi familia. Y aunque no les resultaba grato, a mi me parecía divertido.

Ahora tendré que ser más cuidadoso con cada cosa que te diga o pregunte.

No te preocupes demasiado. Así era antes, pero ahora ya no. He aprendido a moderar mis tendencias o, mejor dicho, he aprendido a ver la vida de forma muy diferente a como la veía en aquellos días. Todavía sigo siendo muy feliz, pero mi felicidad ahora proviene de una fuente diferente.

¿Por qué? ¿Qué te sucedió? ¿Qué te hizo cambiar?

¿Cuál pregunta quieres que te responda primero? Mira, no te olvides que yo sé lo que me quieres decir. Tal como te lo dije, mis padres tenían sus propios problemas, sin embargo, eran buenas personas. Desde que tenía seis años iba con mi madre a la iglesia para asistir a misa. Veía la devoción y el amor que mi madre sentía cuando recibía el precioso Cuerpo del Señor Jesús. La miraba fijamente cuando se arrodillaba en silencio. En esos momentos parecía alguien completamente diferente.

También yo quería recibir ese pan consagrado. Pero tuve que esperar hasta los diez años de edad para hacer mi Primera Comunión. Fue a partir del momento de mi Primera Comunión que pude escuchar al Señor y hablar con él. Pensé que él hablaba de esa manera con todo el mundo. Comencé a experimentarlo como mi amigo y compañero. Hablaba diariamente con él cuando recibía la Sagrada Comunión. Mi vida parecía ensancharse. Era la misma y no obstante estaba cambiando, estaba creciendo.

Hermana Teresa, ¿de qué le hablabas? ¿Qué te estaba sucediendo? ¿Qué otras cosas hacías?

¿Por qué siempre me planteas muchas preguntas al mismo tiempo? Estás comenzado a confundirme.

Discúlpame, hermana. Me doy cuenta de que este es nuestro único encuentro y que disponemos de poco tiempo. Me estás describiendo una relación muy personal que mantuviste con el Señor mediante de la Sagrada Comunión.

Claro que sí. ¿Esto también te sorprende? La comunión es algo muy personal para todos nosotros, a condición de que abramos nuestro corazón para estar atentos a la manera como Jesús habla con cada uno de nosotros. No soy diferente a tio alguien más. Llegué a descubrir a Jesús como el amor de mi vida. Al amarlo comencé a ver mi mundo tal como él lo veía. Él dirigió mi atención hacia los pobres. Estos se convertirían en mis compañeros, mis amigos en esta jornada de la vida. En ese aspecto, María, la madre de Jesús, fue para mí una gran ayuda. De ella aprendí a cuidar de los demás, de ahí que puedo intuir las preguntas de la gente en sus rostros. Así antes de que los interrogues, ella y yo ya lo hemos conversado. Siento su voz dentro de mí. Somos una familia.

Hermana Teresa, ahora ya nada de lo que me cuentes me resultará sorprendente. Continúa por favor. Por el momento no tengo más preguntas que hacer.

Lo que comenzó a debilitarme fueron mis frecuentes enfermedades. Normalmente me dejaban muy debilitada físicamente, pero también me permitían disponer de más tiempo para estar con el Señor. Algunas veces llegué a pensar que él estaba celoso y quería que pasara más tiempo a solas con él. No me rehusaba.

Pasar más tiempo a solas con él pronto se convirtió para mí en un deseo. Esto ocurrió cuando buscaba ingresar a la vida de clausura en el convento carmelita de los Andes. Ahí fue donde me di cuenta de que podría *ser* para los demás. Recuerdo lo que escribí a la superiora del convento: "La vida de una carmelita es sufrimiento, amor y oración y ese es mi ideal. Mi reverenda madre, mi Jesús me ha enseñado esas tres cosas desde mi infancia".

Ahora, solamente tengo una pregunta más que hacerte. ¿Cómo podías *ser* para los demás mientras estabas viviendo una vida contemplativa alejada de todo mundo?

La vida contemplativa no consiste en escapar de los demás. Cuando entré aquí por primera vez para hacer una visita, experimenté una gran paz y felicidad. Todavía es algo difícil de explicar. Descubrí claramente lo que Dios quería de mí. Me sentía muy entusiasmada de venir a vivir aquí mi vida.

Sin embargo, para responder más directamente a tu pregunta, te diré que vivir dentro del monasterio no me separa de quienes viven afuera; este encuentro es una prueba de lo que te estoy diciendo. La hermana que te atendió en la puerta dijo que te presentaste diciendo que no eras alguien importante, que no traías contigo cartas de recomendación. Nos pudimos reunir porque la Madre Superiora pidió que viniera a verte. Puede ser que lhaya pensado que podría ayudarte a descubrir que Jesús te ama tal como eres y no como los demás quisieran que fueras o, más aún, como tú mismo quisieras ser. Cada vez que lo recibes en la Sagrada Comunión, eres abrazado por él y por quienes lo aman.

Ser una persona contemplativa es ver la transparencia de la vida. Somos capaces de ver más allá de las falsas apariencias, y descubrir quienes somos verdaderamente ante el Señor. Él es nuestro compañero, nuestro amigo común.

Hermana Teresa, corrígeme por favor si estoy equivocado, pero a partir de lo que me estás diciendo, puedo descubrir que todos estamos llamados a ser contemplativos, a ver en Jesús la transparencia de la vida, a descubrirnos tal como somos, y no como desearíamos ser.

Es cierto. Eso es justamente lo que quiero decir.

Creo que estoy comenzando a descubrir otra cosa acerca de ti.

¿A qué cosa te refieres?

Ingresaste al convento y en seguida caíste enferma. Apenas estabas terminando tu noviciado cuando te diste cuenta que Jesús te quería toda entera para él y que pronto te llamaría a su presencia. Estuviste ahí solamente por once meses. Profesaste tus votos perpetuos cuando estabas a punto de morir. Ahora me doy cuenta que eras una mujer contemplativa aún antes de traspasar los muros del claustro. Estabas constantemente en contacto con el amor de tu vida, y el convento te permitió "casarte" con Jesús.

Es la pura verdad. Detrás de estas paredes podía proclamar mi amor por Jesús ante el mundo entero.

Eso fue lo que sucedió. Quién hubiera pensado que una joven mujer religiosa que vivía detrás de estas paredes llegaría a tener tanto impacto entre la juventud, y no sólo entre la gente de su país, sino en toda la comunidad eclesial. De esa manera predicaste el amor de Jesús viviendo una vida retirada, y por eso es que las personas se sienten atraídas a este lugar. Recuerdo que en una de tus cartas escribías: "Cuando amo es para siempre. Una carmelita nunca olvida. Desde su pequeña celda, acompaña a las almas que ha amado en el mundo". Las personas se sienten atraídas hacia este lugar por tu amor a Jesús.

Solamente esperaría que sean capaces de sentir no solamente que yo les amo, sino que Jesús les ama mucho más. ¿Qué más puedo decirte?

Nada más. Tienes razón, Hermana Teresa. Es más que suficiente por ahora. Me has dejado con mucho que pensar durante un buen tiempo. Si me lo permites, y si la Madre Superiora lo autoriza, me gustaría regresar y hablar más ampliamente contigo en otra ocasión.

¡Por supuesto que sí! La Madre pensó que a lo mejor me pedirías eso, así que me encargó te dijera que puedes regresar en otra ocasión. Siempre serás bienvenido en esta casa. Pero ahora es tiempo de ir a misa. Me gustaría que te quedaras y participaras con nosotros. Te puedo enseñar cuál es el lugar para los visitantes en la capilla. A la salida, la Madre tendrá preparada una comida para ti. Espero que no te imagines que tendrás que permanecer en silencio.

Silencio es lo que necesito precisamente ahora. Agradezco mucho la hospitalidad que me ofrecen.

16

MIGUEL AGUSTÍN PRO JUÁREZ, SJ

México

1891 - 1927
México
23 de noviembre
Beato
Sacerdote jesuita, defensor de la
fe y mártir.

¡Padre Miguel! Pero, ¿qué hace en ese uniforme de obrero de los años veinte? ¡Estamos en pleno siglo XXI!

¡Calladito, a lo que has venido! Este uniforme es sólo para despistar al enemigo, nada más. ¡Lo que hay bajo el uniforme es un simple instrumento del Señor que intenta dar consuelo a los perseguidos a causa de su fe! ¿Has venido a confesarte?

Sí, pero no exactamente, padre. Vengo a hablar con usted para hacer una confesión de mi propia fe en Jesús y en la Iglesia. ¡He oído y leído tantas cosas de usted que realmente tenía muchísimas ganas de encontrarlo "en sus meros moles"! Es muy impresionante conocer lo que la gente ha dicho y escrito acerca de usted. Además, la sotana negra y el rostro tan formal con los que aparece en su fotografía pueden dar la apariencia que usted es una persona seria y difícil de abordar, pero veo con alegría que no se equivocaron al resaltar en usted la cualidad del buen humor.

Modestia a parte, tocayo. Te puedo decir tocayo, ¿verdad?

Me puede decir como quiera, pero yo no tengo toda la lista de nombres que usted tiene: José Ramón Miguel Agustín. Yo simplemente me llamo Miguel.

¡El sufrido y unos cuates! ¡No te sientas menos; no es para tanto!

Padre, me ha impresionado mucho tu experiencia familiar. Prácticamente es una persona que murió como niño, que murió como joven y que volvió a morir como un sacerdote muy joven. Mira, para usar sus propias palabras, "se la voy a barajar más despacio". Según tengo entendido, tus papás, Josefa y Miguel, bebieron contigo la "gota fría" en muchas maneras, no sólo en tu natal

Guadalupe, Zacatecas, México, sino también cuando fuiste al Tianguis y te comiste no sé qué frutas que te pusieron al borde de la muerte. Quizá por esa razón decidiste no ser vegetariano. He oído que don Miguel, ante una imagen de la Santísima Virgen, ya desesperado y quizá esperando perderte, oró diciendo: "Madre mía, devuélveme a mi hijo". ¡Y ella lo hizo! Tu mismo padre, cuando años más tarde fue a reconocer tu cadáver al hospital al que llevaron tu cuerpo y el de tu hermano Humberto, le dijo a tu hermano Edmundo, que lloraba: "¡Cálmate hijo; no es así como uno ve los cuerpos de los mártires!".

Pues sí, tocayo. Ese era mi papá. Era un minero profundamente humano, de manos duras y de corazón muy blando. No le importaba expresar su fe de esa manera. En aquella ocasión de las frutas estaba mucho más triste que aun cuando vio mi propio cuerpo, quizá porque supo la razón por la que me mataron, porque yo era un cura de los que el gobierno no quería.

He leído que en tus años jóvenes, dado que tu papá trabajaba en la industria minera, te inclinaste mucho por el mundo laboral. A pesar de que la pobreza no azotaba aun tu hogar materno, te encariñaste mucho con el mundo obrero porque conociste de cerca sus necesidades, su pobreza y también la riqueza de su fe. De hecho, ahí también por poco y pierdes la vida. Nuevamente, invocaste a la Santísima Virgen y de alguna manera tu pie se liberó de aquellos rieles en la mina y de los vagones que se venían sobre ti.

¡En efecto! Nadie muere en la víspera, sólo el guajolote, y en aquella ocasión tampoco era mi día. Además, había tenido una infancia muy buena como para perderla así de rápido. Me gustaba hacer todo tipo de travesuras y, dado que todavía no tenía hermanos varones, jugaba con mis hermanas. De seguro ya has oído de cuando descabecé sus muñecas y mi papá me puso una, que para qué te platico. Además de eso, me suspendieron mis "domingos" hasta que con ellos pagué el daño causado. Así crecí, entre el buen humor, la música, el drama, la fe, el trabajo en la mina y también, preguntándome si la vida matrimonial era para mí porque, como podrás ver, soy un tipo muy guapo. ¡Y modesto!

Por cierto, creo que mi vocación al sacerdocio nació durante unos ejercicios espirituales que viví con los padres Jesuitas y con la ayuda del director espiritual. Después lo consulté con mi familia y mis padres me apoyaron. Ya tenía dos hermanas en la vida religiosa, así que los que se quedaron en casa se alegraron porque habría más comida para ellos. Creo además que, en esta despedida al seminario, mis hermanas religiosas se dieron cuenta de que Dios había escuchado su plegaria. En cuanto a mi madre, a menudo la escuché quejarse con Dios del hijo que había recibido de él, y sólo le dije que no se preocupara, que le echara ganas y que, dado que mi nombre era Agustín, pues también podría esperar que algún día me convirtiera. No creas que le agradó mucho mi ejemplo, pero al menos valió la pena mencionarlo.

Ingresé en el noviciado que estaba en El Llano, Michoacán, el 10 de agosto de 1911, precisamente cuando México comenzaba lo que sería la primera revolución del siglo XX. Dada la situación tan hostil que había contra la Iglesia, promovida por el gobierno en turno, "nos llegó el pitazo" de que venían a saquear el noviciado y nos disfrazamos para así poder salir del país. Tu humilde siervo se disfrazó de charro y creo que aquí comenzó mi carrera con los disfraces. Primero nos fuimos a Zamora y de ahí a Guadalajara. Esta fue la última vez que vi a toda mi familia, cuando fueron a despedirme a la estación del tren. Imagínate lo difícil del asunto: tus padres te dan la bendición entre el gusto por tu vocación y la tristeza porque te marchas; tus hermanos, que te quieren mucho, te abrazan y desean lo mejor. Es un momento en el que tu corazón se hace jirones y tu espíritu es lo único que lo salva. Nos despedimos y ahí comenzaron mis viajes al extranjero, primero a Los Gatos, California; luego a España; después Bélgica; más tarde a Nicaragua; y finalmente regresé a Bélgica donde fui ordenado sacerdote y casi concluí mis estudios teológicos, excepto que nunca presenté el examen final.

¿También estuvo de mojado en Califas?

¡Sí!, pero en ese tiempo la cosa no era como lo es ahora. No había HR-44, 245i y todas esas cosas que se han inventado ahora. Los jesuitas estadounidenses no hablaban español y nosotros no hablábamos inglés, ¡pero qué bien nos divertíamos juntos! Después, por las dificultades de no hablar el idioma, se nos envió a España donde estudié filosofía y retórica. Habrás de saber que nunca fui una lumbrera en cuestión de libros, pero tampoco fui una persona tonta ni floja, simplemente la vida académica no era mi don. Me gustaba lo práctico. Me gustaba andar con la raza. Aun así, mi experiencia en España fue muy buena. Partimos para allá en 1915 y fue como dice la canción de *El Chubasco*: "se va a embarcar en un buque de vapor". ¿Quieres que te la cante?

No, padre, mejor ahí la dejamos con el asunto de la música. ¿Qué tal la experiencia en España?

Te diré. Durante mis años de formación me daba espacios para visitar a los obreros y de paso catequizarlos. Una epidemia de gripe azotó el mundo en esos años, pero especialmente a España, así que también iba a visitar a los enfermos y a compartir con ellos algunos de mis trucos con tal de arrancarles una sonrisa en medio de su sufrimiento. De hecho, como soy un tipo muy práctico y me encanta hacer reír a la gente hasta en sus momentos más críticos, los enfermos me pedían que los visitara. Como habrás de comprender, era un tipo muy solicitado.

¡*Rediez*! Entonces… ¿Aprendió a hablar con la zeta?

Mira, tocayo, mejor cállate. Pórtate bien y dedícate a lo tuyo. No empieces. Déjame continuar…

Lo que no esperaba en mi vida fue la misma enfermedad. También esta tocó a mi puerta y la tuve que recibir. Siempre sufrí de úlceras muy fuerte, tan extremas que el sólo hecho de comer me resultaba muy doloroso. Cuando estudiaba teología en Bélgica y compartía mis fines de semana con los obreros, en medio de esta apostólica experiencia, tuvieron que operarme, ¡No una, sino tres veces! En la segunda operación les pedí que mientras me operaban me permitieran leer un libro de Derecho Canónico. Imagínate. Me salió el buen humor: "A mal tiempo, buena cara". Esta acción realmente es muy Jesuita, acuérdate de lo que hizo nuestro padre Ignacio, a quien le rompieron la rodilla, sin anestesia, para volverlo a operar. ¡Ese vasco sí que era duro de quebrar!

Como te mencioné hace un momento, ya ordenado sacerdote y sin haber presentado mi examen final de teología, los hijos de Ignacio me enviaron a México por temor a que muriera en Bélgica sin poder siquiera despedirme de los míos. Lo triste de esto es que mi mamá ya había muerto. Lo sabía. Llegué disfrazado de comerciante al Puerto de Veracruz, México, en 1926. Imagínate lo chulo que me veía: de corbata, sombrero de catrín, saco, zapatos de charol, reloj de bolsillo y un buen cigarro. Chula cosa. ¡Salí de charro y volvía de comerciante! De ahí tomé el tren para reunirme con mis familiares en Guadalajara, que a la fecha estaban en la ruina, pues el gobierno les había confiscado lo poco que había. En ese mismo lugar me había despedido de ellos unos años atrás.

Ya conoces la historia. La Revolución Mexicana había quedado atrás, pero había un gobierno totalitario. Este mismo gobierno, dirigido por el general Plutarco Elías Calles, culpaba a la Iglesia de todos los males de la nación y él mismo prometió "erradicar la fe católica". Parte de su plan fue incluso la creación de una Iglesia Católica Mexicana, esto es, sin estar en comunión con el Papa, obispo de Roma. ¡Imagínate! Sin más, este mismo general promulga la Ley Calles, declarando suspensión de culto, expulsión de los religiosos, cierre de templos y expropiación de algunos bienes de la Iglesia, entre otras cosas. El gobierno había tocado la fe de la gente y una gran cantidad de personas, en defensa de sus derechos, se levantó en armas y nació así el movimiento armado que se conoce como "Los Cristeros". De igual manera, hubo movimientos pacíficos que lucharon por la defensa de la fe y que, desde sus propias circunstancias y al marco de la ley, defendieron el derecho universal a expresar tu fe. Entre estos estaban mis dos hermanos Humberto y Roberto. Fue exactamente lo que hizo tu paisano Anacleto González Flores allá por Guadalajara, por Tepa y ranchos circunvecinos.

Por mi parte, me sentí muy bien de estar en mi patria y de estarlo como cura. En medio de esta persecución comencé a ser el "cura de barrio que siempre había querido ser". Nos dábamos cuenta de la persecución y de la gente que moría a causa de su fe, y eso no puede más que encender tu sangre en amor apasionado por la Iglesia y por el mismo Jesucristo. Imagínate, había que darle la Primera comunión a un "niño de 80 años", absolver a las personas moribundas, llevar la comunión a los enfermos, confesar adultos y bautizar niños. También había que predicar el Evangelio y la doctrina de la Iglesia a los obreros, disfrazado como uno de ellos y en sus propios talleres, celebrar los sacramentos con las familias, a escondidas y, además, huir del gobierno y atender las comunidades religiosas clandestinas. ¡Estaba en mis meros moles!

A ratos andaba de galán –tú sabes, uno que es guapo–, acompañando muchachas para evadir a la policía secreta que me andaba pisando los talones. En otras, les hice creer en sus propias narices que era uno de ellos, abrí mi chaqueta, como quien muestra una identificación personal y me pasé a la casa donde me esperaban para celebrar la Eucaristía. La más buena de estas fue cuando me aventé de un taxi en movimiento. ¡Gracias a Dios pude despistarlos, pero qué porrazo me di contra el suelo! Yo mismo me sorprendía de lo que Dios estaba haciendo mediante mi humilde persona; además, siempre tuve muy en claro que no era yo el actor, sino su instrumento.

Padre, perdone que lo interrumpa. Pero, me gustaría leer un párrafo de una carta de su puño y letra que escribió el 11 de junio de 1926:

> Estoy admirado de lo que el Jefe Mayor hace por mi medio: ¿enfermedades?... ¿achaques?... ¿cuidados?... pero si no hay tiempo ni de pensar en ellos, y sin embargo, estoy tan completo y fuerte aun a pesar de ligeras, ligerísimas recaídas, que aguantaría así hasta el fin del mundo. Haciendo mías las palabras del Señor Crivelli, yo digo a usted: "estoy dispuesto a todo, pero si no hay inconveniente mayor, yo pediría pasar este tiempo y que se avecina aquí mismo. (Qué dicha si me tocara ser uno de los que van a colgar en los Pegazos del Zócalo. Entonces sí daré el examen final)".

¿Quién te dio permiso de leer cartas ajenas?

Bueno, padre, ya lo hice. "Es mejor pedir perdón, que pedir permiso", ¿no cree? A todo esto... ¿Quería ser mártir?

Mira carnal, para un católico, y más para un cura, morir a causa de tu fe es el regalo más grande que Dios puede darte. Porque como sabes, el martirio es un regalo que Dios te da porque te ama de una manera muy especial. Además, en medio de tanta gente que moría cristianamente a causa de su fe, ya sea que fueran fusilados, decapitados, colgados o a causa de la tortura, inevitablemente te preguntas si Dios también te llama a derramar tu sangre. Admito que alguna vez se lo pedí directamente a Dios, y fue precisamente mientras celebraba la Eucaristía en una comunidad de religiosas, que ahí le pedí a Dios que aceptara mi vida. Y sentí que la aceptó, y así se lo comuniqué a una religiosa. Realmente, quería ser del número, no me importaba si era de los primeros o de los últimos, ¡Pero quería ser del número!

Por otra parte, también me asaltaba la duda respecto a si estaba actuando con arrogancia. Muchos compañeros sacerdotes habían salido del país. Entonces surge la pregunta: ¿qué debo hacer? ¿A cuál lado me hago? Sin embargo, dentro de mí pensé: ¿Entonces para cuándo son los hijos de Loyola? Y pedí a mis superiores que me permitieran quedarme en mi patria. Imagino que estás al tanto de que, pocos días antes de morir, mis propios hermanos estaban planeando huir para los Estados Unidos.

Toma en cuenta que vivir el sacerdocio en esta experiencia me encendía de amor por Jesús y su pueblo. El miedo no es mi defecto dominante, así que entregué mi vida y ministerio a la gente en la medida que me fue posible. Te confieso que los pobres fueron la parte más valiosa de mi corazón. Muchos de ellos arriesgaron su propia vida por esconderme y alimentarme, ¿cómo no habría de amarlos?

Quiero contarte algo con más detalle, pero te agradecería que no me interrumpas porque luego me quitas la inspiración... Dios, que es tan bueno, escuchó mi plegaria, pero lo hizo de una forma muy rara. Uno de nuestros colegas de la Liga Defensora de la Libertad Religiosa, el ingeniero Luis Segura Vilchis, junto con otros miembros, planeó el asesinato del presidente electo, Álvaro Obregón. El auto en que perpetraron el atentado era un

Essex, matrícula 10101 que precisamente había sido el auto de mi hermano Humberto, quien se lo había prestado a la Liga, que a su vez se lo dio, sin saber para que iba a ser usado, al ingeniero Segura Vilchis dos semanas antes del atentado. El atentado falló. Lo único que hizo fue asustar al Presidente electo. El Estado Mayor presidencial aprehendió a algunos de los culpables sin gran dificultad: mientras José González manejaba el Essex en plena persecución, Nahum Acosta sacó la cabeza para disparar contra la policía y ahí lo alcanzó la muerte. Juan Tirado, quedó invadido por el miedo y, debido a que sus ropas se mancharon de sangre, fue fácil aprehenderlo. Por su parte, José González y el ingeniero Vilchis lograron escapar.

Dado el fracaso de intento, Luis Segura decidió proceder por su propia cuenta y se dirigió a la plaza de toros en la que estaría presente el Presidente electo. ¡Imagínate, primero intentó matarlo, después, al verse libre de la persecución, tuvo el descaro de ir con intención de matarlo él mismo. Al ver que no iba poder asesinarlo, lo saludó de mano y lo felicitó por librarse del atentado! ¡Ese Luis no tenía abuela!

Fue entonces fue que nos culparon a nosotros del intento de asesinato. Además, mi hermano Humberto había dejado una identificación suya en el auto que, aunque tenía un nombre distinto, sí llevaba su fotografía. Por tal razón se nos culpó a los hermanos Pro del atentado.

Por mi parte, me dio tristeza saber de este intento, porque yo mismo oraba por la conversión del Presidente. El cristiano no odia ni desea la muerte a nadie. Estos compañeros actuaron mal. Pero aun así, seguí ejerciendo el ministerio, aunque esta gente ya me había robado el corazón. Llegó el día en que nos aprehendieron. Fue un 18 de noviembre de 1927 cuando el servicio secreto llegó a la casa sin previo aviso, pues ya sabía dónde estábamos y, sin más, nos apresaron. Mientras nos íbamos, les di la absolución a mis dos hermanos a la vez que regalé mis ornamentos a la señora que nos escondía en su casa. Los oficiales Mazcorro y Basail nos llevaron a unos calabozos de la ciudad. De los olores y frío de estos lugares, mejor ni te platico. Aunque nos culparon del atentado, probaron rápidamente que no tuvimos parte alguna en ello. De hecho, el ingeniero se entregó a sí mismo luego de que lo dejaron en libertad. Vio cómo habían golpeado y torturado a Antonio Tirado, quien había tomado parte en el complot y no pudo con el remordimiento. Fue él mismo quien dijo que éramos inocentes.

Mientras tanto, en la prisión rezábamos el rosario y cantábamos alabanzas, esas que todavía canta la gente en misa: "Que viva mi Cristo, que viva mi Rey", "¡Bendito, Bendito!" y otras que Doña Chuy te habrá enseñado. Mi hermana, por su parte, nos llevaba algo de comida. En medio de todo, manteníamos una actitud serena y mis hermanos pensaban que nos liberarían. De hecho, había un abogado que estaba tramitando nuestro amparo y tengo entendido que se lo dieron, pero no lo dejaron entrar cuando llegó el momento de presentar mi examen final de teología. Como recordarás, me vine de Bélgica sin presentarlo y simplemente me estaba preparando para presentarlo.

Era un 23 de noviembre de 1927. Por mi parte, vestía mi chaleco favorito, el mismo que tuviste oportunidad de ver hace unos años en la ciudad de México, en la capilla de Buena Prensa. Alguien del servicio secreto gritó mi nombre: "¡Miguel Agustín Pro!" Y respondí: "¡Presente!". Humberto, mi hermano, con tono apresurado dijo: "Nos van a liberar" y le dije: "Nos van a fusilar". De hecho así fue. El único que quedó en libertad fue mi hermano Roberto. A Humberto y al ingeniero Segura también los fusilaron más tarde.

Mientras caminaba por el patio de la inspección de policía, el oficial Quintana, uno de los que me había apresado, me pidió que lo perdonara. Imagínate. Me pedía perdón cuando era él un instrumento de Dios para el regalo que yo tanto había pedido. En el fondo, ellos mismos sabían que actuaban mal. Así que sólo le dije: "No sólo te lo perdono, sino que te doy las gracias". Al encarar a la gente que estaba en el patio, me sorprendió la gran cantidad de fotógrafos que había. De entre ellos, alguien gritó, preguntando si era sacerdote: "¡Sí!, y Jesuita", respondí. Después me pusieron en el paredón y quisieron vendarme los ojos. Pedí que no lo hicieran. El mayor Torres, militar a cargo del pelotón de fusilamiento, me preguntó cuál era mi último deseo y pedí que me permitieran orar por un momento. Sin más, me arrodillé en el suelo e invoqué a Dios por unos instantes. Después, saqué mi rosario y mi Cristo de Jesuita, y extendiendo los brazos en cruz grité con todo mi corazón, como nunca antes lo había hecho: "¡Viva Cristo Rey!" Y fue entonces cuando presenté mi examen final.

Padre, me impresiona mucho el heroísmo que tuviste. Leer acerca todo eso y ahora escucharlo de tus propios labios, me hace preguntarme si en tu lugar hubiera hecho lo mismo, si hubiera vencido el miedo natural a la muerte y hubiera dado mi vida a causa de la fe que profeso. Al conocer tu historia, me pregunto si hubiera tenido ese abandono en las manos de Dios y si hubiera vivido mi fe con tanta pasión como lo hiciste tú.

Reconoce que son otra experiencia y otro contexto los tuyos. Hay que encontrar a Dios precisamente ahí, en lo que haces y en lo que te rodea. Pero no me cambies de plática. Hablemos de tus pecados, ¿no crees que te hace falta una buena confesada?

Pues sí padre, pero creo que eso merece un capítulo a parte.

17

Anacleto González Flores

1888 - 1927
México
1° de abril
Beato
Laico, abogado, activista de los
derechos humanos, defensor de
la fe y mártir.

México

¡*Maistro* Cleto! Muchas felicidades por su graduación como abogado. ¡Ahora sí que le podremos llamar 'El Licenciado'! Y a propósito, ¿ya tiene listo el jolgorio para festejar?

Llegas tarde, amigo, ya festejé. Luego de ir a la santa misa a dar gracias, doña Jiro me sirvió un vaso de leche con dos panes de a tres centavos. Después, guitarra en mano, me di el gusto de cantar una de mis canciones preferidas: *la despedida del soldado*.

Bueno Licenciado, la ventaja de haber llegado tarde a la celebración, digo, si es que podemos llamarle así, es que podemos platicar un rato. ¿No cree? Al fin que ya la gente lo ha dejado en paz y así podremos hablar sin interrupciones.

Mira, primero que todo, no me digas Licenciado. Yo mismo no me siento muy a gusto con estos títulos; además, me encanta ser Anacleto, que creo que es lo que Dios quiere que sea. Lo de ser licenciado es algo más que no me parece relevante, salvo para servir a Dios y a la gente que lo necesita. Además, aquí todos son licenciados.

Me extraña que no le parezca relevante, después de tanto trabajo que le costó. ¿No es así?

En esta época en que nos ha tocado vivir, cuesta mucho todo, pero lo que no entiendo es por qué razón tiene qué costar tanto el ser cristiano. Yo creía que Jesús ya había pagado la cuenta, pero al parecer nos ha quedado algo pendiente. La situación en México es cada vez más triste, porque parece que cada vez hay menos espacios para Cristo en la vida pública. Como que no hay lugar para una persona de fe, que además de orar en el templo, también quiere orar en la calle y buscar una vida digna y justa para todos, especialmente para los más pobres. Porque, como sabes, en nuestro tiempo, sólo hay dos clases sociales: la que tiene todo y la que carece de lo más necesario para vivir dignamente.

Ya ves, ahora, gracias a la Constitución de 1917, al haber estudiado en instituciones católicas y no afiliadas al gobierno, me resultaron con que mis estudios no valían. Ante tal situación, de nuevo gracias a nuestra Constitución, me vi tentado a abandonar la carrera de las leyes. ¡Pero no! ¡No y mil veces no! Si ser católico cuesta, entonces hay que pagar el precio, sea en el templo, en la calle o la universidad. Así pues, invertí cinco años más y finalmente aquí estoy, como abogado: "para servir a Dios y a la patria".

También he venido a verlo porque se ha dicho que nadie, hasta esta fecha, había presentado un examen tan brillante como lo hizo usted. Además, tengo entendido que se ensañaron contra usted debido al liderazgo que tiene en las organizaciones sindicales, en la Unión Católica y también en la Acción Católica.

Al parecer vienes bien informado muchacho. ¡Si así fueras con tu fe, llegarías a santo!

Maistro, la verdad es que usted tiene temple de acero, y sus dotes como intelectual y líder son obvias. Francamente hablando, me gustaría saber dónde comienza su historia y, por supuesto, dónde "concluye", si es que lo ha hecho.

Mi historia es la de un cristiano apasionado, no sólo con su Dios, sino con sus ideales, que también son los de Dios. Soy un cristiano de provincia, casi rancho. Mis orígenes familiares se pierden rápido, dado que mi padre fue hijo de madre soltera y jamás conoció a mi abuelo. Eso le causó una profunda herida que se manifestó en el alcoholismo y en una voluntad férrea, decidida y contundente. Imagínate, desde chicos, a mí y a mis hermanos nos enseñó a leer y escribir, y además nos hizo memorizar un discurso patrio que recitábamos con frecuencia. Dado que quería que tuviésemos un oficio, nos enseñó a hacer rebozos en un taller y por supuesto, también a venderlos. Como nota al margen, espero que sepas que dos de mis hermanos, Pedro y Juventino, fueron catequistas en tu pueblo, San José de Gracia.

Mi mamá era una dulzura de mujer, opuesta a mi papá. Mientras que mi papá prohibía a mi mamá que asistiera al templo, ella nos enseñaba a rezar y a participar en la vida religiosa. Además, en el mismo taller de rebozos teníamos un altarcito frente al cual hacía diariamente mis oraciones. La fe nos llegaba por mi madre, y el temple por mi padre. Así pues, además de ser cristianos, mis hermanos y yo terminamos de músicos en la banda municipal y llevándoles serenata a las muchachas. La fe y la vida social eran una sola cosa. Vivíamos nuestra fe a dondequiera que íbamos porque a dondequiera que íbamos estaba presente nuestra fe.

Sin embargo, no quiero darte la impresión de que era un muchacho retraído. Gracias a mi papá me incliné desde muy pequeño por la lectura y por aprender cosas novedosas. Esto mismo que aprendía me servía para ser un mejor catequista de niños. A veces soñaba con ser dirigente político, pero todo cambió durante unos ejercicios espirituales que unos misioneros provenientes de Guadalajara predicaron en mi parroquia. A partir de ahí se encendió un fuego que jamás pude apagar. Era más intenso que mis energías y, lejos de asustarme, me emocionaba y parecía como si me empujara continuamente. Pensando que era el llamado al sacerdocio, en 1908 ingresé al Seminario Auxiliar de San Juan de los Lagos, lugar en el que permanecí hasta 1913. La educación recibida ahí fue excelente. Me gustaba mucho el área de humanidades. De hecho, en sólo algunos meses, pude mantener una conversación en latín y suplir al maestro en algunas clases. Tanto así que los compañeros me apodaron "El Maistro", haciendo alusión a mi origen provinciano-ranchero. El estar en el seminario me puso en contacto con el pensamiento social de la Iglesia. En medio de un cambio tan fuerte en la situación de los obreros a principios del siglo XX, la Iglesia comenzó a hablar de su situación, de sus derechos, de un salario justo, de condiciones seguras de trabajo, de prestaciones… Jamás se habían oído tales cosas. Aquello sí que me alborotó el corazón. Mis demás compañeros se veían más entusiasmados con la vida litúrgica, y te cito algunos porque imagino que los conoces: Toribio Romo González, a quien llamábamos "El Chirlo", Silvano Barba, Pedro Esqueda y otros más.

Si ama tanto a la Iglesia y su pensamiento, ¿por qué renunció a la vida consagrada?

Renuncié al sacerdocio, no a consagrar mi vida a Dios en el servicio. Cosas muy diferentes paisano. Una religiosa, Matiana, que también fue mi maestra, me ayudó a ver que mi vocación no era el sacerdocio. Por tal razón les dije a mis superiores que no podía ir a estudiar teología a Roma y que, más bien, volvería a mi pueblo, lugar de tan bellas costumbres. Así pues, como laico que era, volví a mi familia y ese mismo año, en 1913, comencé mis estudios como abogado en la Escuela Libre de Derecho, en Guadalajara, Jalisco. Estudios que tardé diez años en concluir, gracias a la actitud tan hostil de la Constitución mexicana contra todo lo que tuviera que ver con la Iglesia.

¿Fue entonces ahí donde nació la proyección social de su fe cristiana?

La semilla nació en mi propio hogar, pero se cultivó mientras estudiaba humanidades en el seminario. Conocí un rostro nuevo de la Iglesia y, la verdad, me pareció fascinante. Ahí fue donde me di cuenta de que quería ser licenciado para luchar por la Iglesia y por la patria. Porque la Iglesia necesita cristianos en todas las esferas del mundo social, no sólo en la jerarquía. Me di cuenta del valor que tenía la organización comunitaria, la formación de grupos, la educación de las masas, y también la formación en las ciencias sociales y en el pensamiento humano.

Fue esta inquietud, y la necesidad económica, las que me guiaron a formar círculos de estudio en diversas áreas. Además, había muchos jóvenes bastante interesados en lo que podía enseñar en materia de oratoria, sociología, periodismo, pensamiento libre y apologética. En mis tiempos libres daba clases de latín e historia. En medio de esta experiencia, sentí que Dios me había preparado en el seminario para que fuera un fermento de la fe en un ambiente tan hostil contra la Iglesia. Al leer la historia te das cuenta de los muchos ataques que recibimos, y por ello es importante conocer, mediante la apologética, lo que la Iglesia enseña y prescribe, no para atacar a alguien, sino para defender el derecho a vivir y expresar públicamente tu fe. Además, hemos vivido un momento histórico cambiante, y los cristianos no podíamos quedarnos con las manos cruzadas. Por eso les he dicho con mucha frecuencia que hay jóvenes, pero falta juventud.

¿Y sus dotes de orador y defensor público?

La oratoria no sólo es el arte de hacer buen uso de la palabra, sino la proyección de muchas horas de lectura en una gran variedad de temas. Tenía el hábito de la lectura y Dios me dio la capacidad de combinarla con el uso de la palabra. Era aquel mismo fuego que me consumía, junto con aquellos movimientos de obreros y organizaciones civiles que se oponían a la lucha armada, lo que me daba más fuerza para seguir organizando nuevos grupos, animando a los ya establecidos y mantener a todos en el espíritu de la no violencia mediante las publicaciones que imprimíamos en esos años. El enemigo a vencer no sólo era el anticlericalismo del gobierno, sino el posible desánimo que algunas personas podrían experimentar ante la renuncia a tomar las armas para defender un derecho natural como es el expresar y vivir tu fe en Dios. De hecho, muchas personas no creyeron en la fuerza moral de la no violencia y se unieron al movimiento armado. Había mucho qué hacer, mucha gente qué animar.

¿Tuvo alguna vez la tentación de levantarse en armas como los demás cristeros?

Las invitaciones estaban a la orden del día. No obstante, jamás he creido en la lucha violenta, ni como ciudadano ni como cristiano. Creo en la fuerza moral de la verdad, en la resistencia pacífica, en la organización social como un criterio cristianamente válido para derogar leyes injustas. Sin embargo, no creo en la lucha armada, aun cuando tengas el derecho moral de defenderte de esa manera.

De hecho, dadas las condiciones de pobreza que había en el país, me vi forzado a suspender mi educación profesional y me trasladé a Concepción de Buenos Aires, Jalisco, para trabajar con uno de mis hermanos que era recaudador de rentas. Ya había realizado otros trabajos en una panadería y como vendedor de cigarrillos. Ahí tuve la oportunidad de relacionarme con las tropas del general Pancho Villa, y me enlisté en el movimiento, no como soldado, sino como tribuno, secretario y redactor de proclamas. Todo este grupo, entre ellos el sacerdote que me bautizó, se dirigía a Guadalajara, ciudad tomada por las fuerzas federales. A todos los mataron. Lo que me salvó mi vida entonces es que estaba dando catecismo, de lo contrario, no estaría contándote la historia. Ahí me convencí una vez más de que las armas no conducen a ninguna otra cosa que a la misma muerte.

¿Cómo le hizo para estar al día prácticamente de todo lo que pasaba?

Mucho amor y mucha disciplina. Dios era lo que me hacía estar al día. Sabía que tenía un ritmo de vida muy intenso. En ocasiones, llegué hasta pronunciar diez discursos en un solo día, en los cuales trataba los asuntos de la Iglesia, la necesidad de organizarse y defender la causa de la justicia. Pero Dios era mi fuerza. Lo encontraba de muchas maneras, sobre todo en mi participación diaria en la Eucaristía. Desde que mi mamá me enseñó las primeras oraciones, diariamente me daba tiempo para orar, porque cada vez me convencía más de lo mucho que necesitaba a Dios. En ocasiones, ante el desánimo natural de la vida y de los aparentes fracasos, me iba al templo y ahí pasaba los momentos frente a mi Dios, frente a mi Dios que en una cruz sabía de silencio y soledad, de sufrimiento y abandono. Aquello era para mí muy reconfortante. Dios me llenaba profundamente en medio de mi pobreza material.

Realmente necesitas tener a Dios en tu vida para no desanimarte ante la débil resistencia que muchos católicos ofrecimos ante los ataques de una Constitución anticlerical que era intrínsecamente injusta en un país cuya mayoría es católica. Creo firmemente que fue Dios quien me llevó de lucha en lucha para ganar la batalla de la fe en los tribunales del Estado, o en aquella ocasión en que debatí públicamente con el Gobernador del Estado y, finalmente, cuando logramos que derogaran los decretos anticlericales aquí en Jalisco.

Fue la primera vez que organizamos el boicot, en 1918 y fieles a la espiritualidad cristiana de tener poco, nos abstuvimos de lujos y cosas superfluas. De hecho, sigo recomendando a la gente que lo haga, pues a menudo tenemos más cosas de las que realmente necesitamos. Esta resistencia económica y la lucha organizada funcionaron, y triunfamos con la ley en la mano y la fe en el corazón.

Esta lucha social cristiana y organizada me unió mucho al arzobispo Orozco y Jiménez. Era común verlo entre nosotros, apoyándonos y formándonos en la fe. Nuestra labor nos llevó a fundar la Unión de Católicos Mexicanos, que desde entonces se conoce como la "U". Nuestro principio era por Dios y por la patria. Para eso había que estar en unión con el obispo, quien siempre nos invitó a la no violencia. Ese era un principio que siempre compartimos. Admito que todo esto me da mucha esperanza. Más allá de darme miedo, me emociona. Es como un misterio envolvente que sin querer te atrapa y así te libera para darte cuenta de otra nueva dimensión de tu propio ser.

¡Licenciado! Esas palabras mi abuelita no las va a entender.

Perdona, es que es hora de ir a noviar y quizá me he distraído un poco. Hoy no le he escrito mi acostumbrada carta de amor y quiero hacerlo antes de ir a verla. Así que si me permites, me disculpo, porque también necesito darme un baño y ponerme mi otro traje, que se parece mucho a este.

Antes de que se vaya, Licenciado, ¿qué pasó una vez que se tituló como abogado? ¿Cómo fue que terminó siendo el líder de la no violencia y la resistencia pacífica?

El año que me titulé, me casé con María Concepción Guerrero Figueroa, quien había crecido huérfana y había concluido estudios como maestra. Dios nos dio tres hijos, pero uno de ellos, Francisco, murió de fiebre aftosa, así que sólo nos quedaron Anacleto de Jesús y Raúl. Vivimos felices, pero había ocasiones en que mi austeridad se le hacía muy difícil a Conchita e imagino que batallaba con ello. Por mi parte, no quería tener cosas y cosas. El ser abogado no era un medio para hacerme rico, sino una manera de servir a quien pudiera necesitar de mis servicios profesionales. Así pues, seguí vistiendo mis dos trajes con la alegría de siempre. Debido a que mis clientes eran muy pobres, a veces incluso compartí algo de mi dinero con ellos. Eso fue muy satisfactorio para mí.

¿Cómo vivió entonces su vida matrimonial y de líder católico popular?

Con otros compañeros de causa fundamos la Acción Católica de la Juventud Mexicana en Guadalajara, Jalisco. Fue aquí donde nos fraguamos como apóstoles y ciudadanos, como líderes y catequistas. Aquí mismo fue cuando asumimos la posibilidad de que podríamos morir a causa de nuestra fe y nuestros ideales. Como el compromiso fuera de mi familia era cada vez más creciente, y ante la necesidad de fortalecer mi espíritu, me uní a la

Tercera Orden Franciscana Seglar y a la Congregación Mariana del Señor San José. Desde ahí, fortalecido en el espíritu, pude combatir con la inteligencia y mis escritos muchos de los abusos cometidos por el gobierno federal mexicano contra la Iglesia católica. Había que predicar el Evangelio no sólo desde el púlpito, sino también con una vida austera y la riqueza de la palabra, escrita y hablada.

¿Qué significó para usted el reconocimiento tan especial que el Papa Pío XI le otorgó en reconocimiento a su labor en la Iglesia y a favor de ella?

Fue una buena sorpresa cuando, en 1925, el arzobispo de Guadalajara me dio la noticia. La medalla *Pro Ecclesia et Pontifice* constituyó no sólo un reconocimiento a mi labor como católico, sino a todas las personas que no creíamos en la violencia como solución al conflicto. Este gesto del Papa alimentaba, de alguna manera, la esperanza. Ese mismo año, sin perder los ánimos, ante un gobierno hostil promovido por el gobierno del Presidente Plutarco Elías Calles, un grupo de obreros fundó la Liga Nacional para la Defensa de la Libertad Religiosa, organización que, mediante la resistencia pacífica y el boicot económico y social a la economía gubernamental, defendió su derecho a la libre expresión y vivencia de la religión. El buscar una salida pacífica y no responder a ala violencia siempre era motivo de esperanza.

Lo que sí me resultó muy difícil fue ver cómo se cerraron los templos con la implementación de la Ley Calles en 1926. Fue entonces cuando la Unión Popular, que yo mismo había fundado, me quiso obligar a que tomara las armas o a que apoyara el uso de ellas. La presión era cada vez más creciente por parte de la Liga Nacional. Fue así como bebí el trago más amargo de mi vida y, con una baraja sucia, me jugué la última carta por Dios. Me di cuenta de que el movimiento armado era algo evidente, y que yo no podía hacer nada para evitarlo.

A partir de entonces, como delegado civil de la Liga Nacional y promotor de la no violencia, mi discurso y mi palabra se tornaron contundentes y decididos. Animé a mis compañeros a morir por Cristo y, como ideólogo y escritor, establecí comunicación desde las bases en las comunidades pequeñas hasta la cúpula del movimiento cristero. Nuestra palabra tenía la fuerza de la verdad y el filo de la espada. Llegaba tanto a la barranca donde se escondía el arzobispo, como al palacio de gobierno. Ahora exigía a todo cristiano que defendieran sin reservas y con heroísmo su religión. Había que estar dispuesto a sufrirlo todo.

Ahora comprendo por qué razón le llamaron el "Gandhi mexicano", pues no cedió a las armas ni aun cuando las vías del diálogo y la resistencia civil se hicieron imposibles. Entonces, ¿cómo fue que el gobierno del presidente Calles quería su captura, y lógicamente, su muerte?

Querían desanimar al movimiento callando a los líderes. Pero el movimiento no era mío, no era el grupo de Anacleto González, era el movimiento de un pueblo que defendía su derecho. Por esa razón nos estuvieron persiguiendo hasta que finalmente, y bajo presión, alguien delató dónde nos encontrábamos. Como es lógico, éramos muchos líderes y los primeros a aniquilar éramos nosotros.

Era la madrugada del 1º de abril de 1927. Según me di cuenta, mi captura la asignaron al jefe estatal de la policía, quien me apresó en la casa de la familia Vargas González, junto con Luis Padilla, Jorge y Ramón Vargas. Ninguno teníamos armas.

Éramos gente de paz. Al verme acorralado por el gobierno, destruí unos papeles que podrían comprometer a la familia, pero ninguno ofrecimos resistencia. El gobierno federal había dado órdenes de que nos ejecutaran lo antes posible, así que luego de un juicio rápido, al día siguiente fusilaron frente a mí a los hermanos Vargas González y a mi amigo Luis Padilla. Los acusaron de haber secuestrado, torturado y dado muerte a un ciudadano estadounidense, cosa que era totalmente falsa.

¿Qué hicieron con usted?

Después de apresarme, el general Ferreira ordenó que me torturaran como solían hacerlo en ese tiempo, esperando que le revelara el paradero de los demás líderes y por supuesto, el del arzobispo Orozco y Jiménez. Como no revelé nada, me torturaron suspendiéndome de los pulgares, hasta que se me zafaron. Me estuvieron flagelando y me cortaron las plantas de los pies. Después, sentí un fuerte golpe entre mi pecho y el hombro, aquello parecía marro, porque me dolió muchísimo. Con un rifle me golpearon la cara y me tumbaron algunos dientes. Dios me dio la fuerza que necesitaba para soportar todo aquello con amor y no revelar dónde se encontraban las demás personas que buscaban. Finalmente, el general Ferreira, desesperado y al ver que no lograba lo que quería, ordenó que me apuñalaran por la espalda con la bayoneta del rifle, alcanzando el pulmón y ese fue el golpe que me llevó al encuentro definitivo con Dios.

Antes de morir les dije que los perdonaba y que tendrían en mí a un intercesor en el cielo. Allá también sería su abogado. Con las pocas fuerzas que me quedaban, repetí con mi último aliento: "Yo muero, pero Dios no muere. ¡Viva Cristo Rey!".

Usted sí que es un cristiano valiente, Licenciado. Ahora, sólo me resta quitarme el sombrero ante usted y agradecerle esta valiosa conversación. Gracias por ayudarme a entender que es posible ser a la vez un profesional y un buen cristiano. A ver qué día voy a visitarlo a Tepa, sirve que vamos al mercado a tomarnos aunque sea un jugo de frutas naturales.

¡Ya dijiste! Ahí te espero.

18

Sabás Reyes Salazar

1883 - 1927
México
13 de abril
Santo
Sacerdote, ayudó a los huérfanos, catequista, defensor de la fe y mártir.

México

Joven, ¡compórtese! ¿Acaso no se da cuenta de que está en la casa de Dios? ¿Para qué quiere tantas fotografías?

¡Padre Sabás!

¡Él mismo! ¿Qué se le ofrece?

Padre, perdóneme que haya llegado sin cita previa, no quiero causarle enojo o molestia alguna. Vine a verlo a usted, sólo que la curiosidad me llevó a tomar algunas fotografías para mi colección personal. He leído acerca de usted y me quedé impresionado por su heroísmo y la forma en que permaneció fiel a Dios hasta el final. Pero… sé que a usted le gusta que se respeten los lugares sagrados y no me gustaría causarle algún inconveniente por estar hablando aquí acerca de su propia vida.

Creo que estamos en el lugar correcto. De hecho, es aquí donde escucho a toda la gente que viene a ver al Señor de la Salud y a tu servidor.

Gracias, padre. Por cierto, veo que hasta los niños vienen a visitarlo, ¿a qué cree que se deba esto?

Como sacerdote, yo mismo me dediqué a los niños pobres. La razón es muy sencilla, yo fui uno de ellos. Siempre viví en una familia pobre y, como tal, me vi en la necesidad de vocear periódico en la calle para sacar algo para comer. Debido a esta pobreza tan extrema, no estudié la primaria como hubiera querido, no por flojo, sino porque la pobreza me lo impedía. Había que decidir entre el "trabajo" y la escuela, aunque más tarde tuve la oportunidad de estudiar en el seminario.

Los efectos a largo plazo de esta pobreza me resultaron dolorosos en gran media, no sólo por el dolor físico que causa el tener hambre, sino porque mi salud se complicó a partir de esta situación. Como si eso no fuera suficiente, mi rendimiento académico en el seminario se vio afectado por una educación débil e incompleta. A pesar de mis esfuerzos, los formadores del seminario me enviaron a otra diócesis, a Tamaulipas, pues allá las exigencias académicas eran menos rígidas que en Guadalajara. Aunque esto me dolió muchísimo, en la medida de lo posible traté de verlo como la voluntad de Dios. Después de todo, la pobreza que había vivido también me había dado un carácter fuerte. A menudo se interpretó este como mal genio, cuando en realidad era una consecuencia de las limitaciones de la infancia. Así pues, con pena y todo, me marché a Tamaulipas, lugar en el que fui ordenado sacerdote en 1911. Ahora entenderás por qué me visitan los niños y por qué me dediqué a su educación y formación.

Gracias por compartir padre. Ahora aprecio mejor su labor como catequista y educador de niños y adultos. Usted sí que sabe de sufrimiento y por eso es que la gente lo busca tanto. También sé que lo veneran como un mártir. ¿Qué significa eso de ser mártir?

Ser mártir significa ser testigo de tu fe o dar testimonio de Cristo hasta dar el sacrificio de tu propia vida. En la Iglesia se han considerado dos tipos de martirio. Uno es el blanco o incruento, el cual consiste en cumplir la voluntad de Dios toda tu vida, sin renegar de ello y con alegría. El otro martirio es el cruento, es decir, el testimonio de quien con el derramamiento de su sangre, en cualquiera de sus formas, atestigua la certeza de su propia fe. Muere lleno de dolor y sufrimiento, pero sufre con serenidad y sin renegar de su propia fe. Más aun, en medio de la tortura a la que le someten, muere sin odio hacia quien lo mata. Muere siguiendo el ejemplo de Jesús, perdonando a quien lo ejecuta e intercediendo por él para que no se le tome en cuenta su propia falta.

Como bien sabes, en nuestra Iglesia se ha martirizado a mucha gente, y como dijo Pascal, aquel sabio francés: "Creo solamente en las historias de los testigos que se dejaron matar". Por más que han atentado contra quienes profesan su amor a Cristo, movidos por el ejemplo de tan grande amor, siempre hay personas dispuestas a unirse a la Iglesia. No cabe duda que Tertuliano, aquel gran defensor de la fe de los primeros siglos de la Iglesia, tenía razón: "La sangre de mártires, es semilla de cristianos". Los hechos lo han comprobado.

Entonces, ¿usted fue mártir?

Me haces una pregunta muy seria. El martirio es una vocación muy especial que Dios da a ciertas personas. Es un llamado a vivir el "amor más grande", a dar la vida por los amigos. A lo largo de mi vida, desde mi natal Cocula, Jalisco, la tierra del mariachi, me sentí atraído a vivir cerca de Dios. El ejemplo de mis padres y de los sacerdotes me movía a querer ser uno de ellos. Había algo en lo que hacían que atrapó mi joven corazón y me hizo amar a Dios de una manera muy especial, aunque en ese entonces no me di cuenta de que Dios ya había fijado su mirada en mí.

A tu pregunta respondo que intenté ser un buen cristiano y hacer la voluntad de Dios. No siempre fue fácil, como podrás ver. Hay veces que te gana la condición humana y no eres tan fiel como deberías serlo, pero Dios te recibe y te invita a que lo intentes de nuevo, pese a tus debilidades porque, una vez que Dios te ama, te ama para siempre. Un estilo de vida así es posible, pero cuesta mucho trabajo porque es una entrega diaria. Desde lo ordinario de tu vida respondes a Dios de una manera extraordinaria.

Cuando te arrancan la propia vida de una manera violenta, pues entonces hay un martirio de sangre, como el que vivimos muchos sacerdotes y laicos durante la persecución contra la Iglesia católica aquí en México a raíz de la Ley Calles, que prácticamente declaró que iba contra la Constitución el expresar públicamente tu fe. Estos son los mártires a quienes el pueblo llama cariñosamente: "Mártires Cristeros".

Padre, perdone mi insistencia. Pero entonces, ¿usted fue mártir?

¿Es que no me estás poniendo atención o qué? ¿Acaso no hablo tu idioma? ¡Pobrecito, no escuchas bien, estás igual que todos los muchachitos de tu edad! ¡Dios nos libre de ustedes!

Creo que no está en mí el decírtelo. Como dice el Evangelio, "Por sus frutos los conocerán". Quise ser fiel a Dios hasta el final y espero haberlo logrado. No sabía lo que Dios pediría de mí, pero tenía la confianza de que cualquier cosa que fuera, él mismo me la daría. Además, cuando eres pastor de una comunidad y ves que la gente está muriendo y sufriendo a causa de su fe, tú, como pastor, no puedes esperar algo distinto. Ese no fue el ejemplo del Maestro de Nazaret.

¿Qué relación tiene el morir así con la vocación sacerdotal?

Como sacerdote estás llamado no sólo a seguir las huellas del Maestro, sino a ser él mismo, es decir, otro Cristo. La vida cristiana que comienzas a vivir en tu propio hogar y la formación al sacerdocio te preparan a vivir de esa manera, o al menos deberían hacerlo. De otra manera, si no has interiorizado de alguna forma ese amor en las cosas más ordinarias de tu vida, no puedes improvisar un amor al final de tu vida. En mi caso, este llamado lo experimenté en medio de mi pobreza, mediante una amistad cercana con Jesús Eucaristía y con una fuerte devoción por las ánimas del purgatorio. Ambas cosas las aprendí de mis padres, Norberto y Francisca.

Ser otro Cristo es estar dispuesto a beber del cáliz de Jesús, es decir, a compartir su propia suerte. Para él fue la cruz y desde ahí nos mostró el camino a la resurrección. El sacerdote, en esa medida, está llamado a vivir el misterio que celebra, no sólo en el altar del templo, sino en medio del pueblo al que ha sido enviado a servir.

Me ha dicho que el martirio es una vocación, ¿qué se necesita entonces para ser mártir?

¡Otra vez la burra al trigo! ¿Qué no sé hablar o qué? Te lo repito, el martirio no es algo improvisado. Necesitas llevar una vida de oración, de intimidad con cristo. Consagrar tu vida a él, indistintamente del estado de vida que tengas. La caridad debe ser tu distintivo y las virtudes tu vestidura. Alimentarte de la Palabra de Dios y de su Cuerpo y Sangre. Una vida de oración y contemplación de la acción de Dios en tu vida es indispensable. Esta espiritualidad te lleva a una manera concreta de vivir en la que no puedes verte al margen de tu relación con Cristo Jesús. De esta manera vives una vida cristiana y muchas más personas se sentirán atraídas a imitar tu ejemplo.

Padre, la opinión de muchas personas es que, de entre todos los mártires cristeros, su muerte es la que más se asemeja a la Pasión de Cristo. Al ver esto y leer la historia, me doy cuenta de que usted se hizo otro Cristo no sólo en la Eucaristía que celebró a partir de sus 29 años, sino también en su propia muerte. Sé que Dios lo llamó a un amor más profundo y radical, pero... ¿Cómo sucedieron los hechos?

¡Otra vez tus preguntas! No me gusta hablar de eso, no porque me cause algún tipo de vergüenza, sino porque no me corresponde a mí contar la historia. Dada tu intención, la contaré para que así quede por escrito y no sigas haciendo esas preguntas.

Mi vida sacerdotal la viví en cuatro pueblos de Jalisco: Plan de la Barranca, Hostotipaquillo, Atemajac de las Tablas y finalmente aquí, en Tototlán, a donde llegué a partir de 1921 como vicario parroquial.

El 11 de enero de 1927 el Ejército entró a Tototlán porque supuestamente aquí había más de dos mil hombres armados. Para asustar a la gente, mataron 11 personas, profanaron el templo parroquial, tiraron las imágenes al suelo e hicieron de él una caballeriza. La casa de Dios se había convertido en cueva de ladrones. Como si esto no fuera poco, unos días después, volvió el pelotón de otro general e hicieron cosas parecidas. No te imaginas lo mucho que me dolió. Primero habían profanado el cuerpo místico de Cristo al asesinar a 11 personas inocentes y, no contentos con eso, profanaron su templo santo y le prendieron fuego.

En cuanto salieron del pueblo, nos dedicamos a apagar el fuego y después hicimos oración y penitencia para pedir a Dios perdón por un sacrilegio tan grande. No obstante, mientras apagábamos el fuego unas personas me preguntaron: "¿Usted no tiene miedo? ¿Por qué mejor no se va?".

Les contesté: "Tengan fe, ¿acaso ustedes no son cristianos? A mí, aquí me dejaron de encargado y no sale bien irme. ¡Dios lo sabrá! Si me defiende, aquí me defenderá; si no, él sabrá. Me ofrecen ayuda en otras partes, pero aquí estoy y aquí esperaré a ver que dispone Dios".

Así, entre miedos que toda persona siente, procuré seguir atendiendo a la gente. Me escondía en el cerro y ahí celebraba la santa misa. El lugar era ideal pues me permitía ver cómo estaba la situación en el pueblo y cuándo el ejército venía a buscarnos. El 11 de abril de 1927, lunes de la Semana Santa, llegaron los soldados nuevamente a Tototlán. Al saberlo, me puse hacer oración hasta la tarde y luego durante la noche. A la mañana siguiente hice lo mismo. Acompañarme de Jesús mediante la oración era lo mejor que podía hacer. Debido a la presencia del Ejército, para evitar sospechas, me quedé en una casa diferente de donde lo hacía habitualmente. Pero ellos ya sabían dónde me escondía, así que fueron a casa de doña Pascualita, a quien amenazaron de avergonzar públicamente y colgar a su madre si no les decía dónde estaba escondido.

Como a las 11 de la mañana escuchamos los golpes de los soldados en la casa de la señora Ontiveros, donde me estaba quedando. Los soldados entraron gritando: "¿Dónde está el fraile?". Sin pensarlo dos veces, salí y dije: "Aquí estoy, ¿qué se les ofrece?".

Fue entonces que un grupo de soldados me ató de los brazos. A lo que les pregunté: "¿Qué debo? ¿Qué mal hice? ¿Por qué me amarran?". Respondieron: "Con nosotros no se arregla nada, ¡allá con el general!".

Me llevaron amarrado hasta el templo, con camiseta y sin sombrero. Junto a mi iba José Beltrán, uno de los jóvenes que siempre me acompañaba. Al llegar, fue que me di cuenta de que me confundieron con el señor Cura Vizcarra, a lo que simplemente dijeron: "No importa si éste es inocente; hay que matar a todos los frailes y a todos los que andan con ellos porque son más bravos que los que traen carabinas".

Así siguió todo, me arrancaron parte de mis ropas. Después, me arrastraron al pórtico de la parroquia y me ataron a una de sus columnas, de tal forma que no tenía apoyo sobre el suelo. Ahí me tuvieron amarrado. Se ensañaron y me sacaron las uñas y cortaron mis pies. Por la tarde estaba muy debilitado y tenía mucha sed, así que les pedí un poco de agua. Debido a que me habían atado también del cuello, me costó mucho trabajo el beber el agua. Después de beberla, les pedí que soltaran a mi acompañante, pues nada debía. A él le pedí que le rezara al Señor de la Salud, que nada le pasaría.

A eso de las dos de la tarde, los soldados le permitieron a una mujer que me diera algo de comer y fue entonces que me soltaron, pero estaba tan débil que caí al suelo medio sentado. Ahí me quedé hasta la noche, cuando un soldado me soltó de la columna, atado de manos y del cuello me condujo al templo ante el general Izaguirre. Me preguntaron dónde estaba el padre Vizcarra y dije que no sabía y que si lo supiera, no lo diría. Entonces sentí un jalón tan fuerte en mi cuello que caí al suelo. En cuanto intentaba levantarme hacían lo mismo una y otra vez.

Después encendieron dos lumbradas, una junto a mi cabeza y otra junto a mis pies. Cuando intenté apartarme del calor, un soldado me tomó las manos y las metió al fuego y después gritó: "Mete también las patas", e hizo lo mismo con mis pies. Imagínate mis lamentos. Realmente fue muy difícil. No sé cómo describirte aquel tormento tan difícil, no sé cómo fue que soporté tanto dolor.

Al siguiente día, Miércoles Santo, me echaron a un cuarto sin techo y no permitieron a nadie entrar a verme y ahí pasé la mayor parte del día. A eso de las nueve de la noche, me condujeron al panteón y contra un muro me acribillaron a balazos.

Lo único que pude gritar, luego de recibir la descarga fue: ¡Viva Cristo Rey!

¿Por qué lloras?

¡Padre! Siempre que leo la vida de ustedes, los mártires, termino llorando y preguntándome qué haría en su lugar. Me pregunto qué tan grande es mi amor a Dios y si estoy dispuesto a seguir su ejemplo. Al ver su testimonio, no tengo más preguntas, padre. No hacen falta. Usted en verdad se hizo otro Cristo, no sólo por la forma en que vivió sino por la manera en que murió. Además, uno de los mismos soldados que lo ejecutaron dijo que murió injustamente. Gracias por ese testimonio de amor inquebrantable.

No te preocupes, para eso estamos. Por cierto… a ver si la próxima vez que vengas dejas tu camarita en casa para que no parezcas turista sin pena ni gloria. Y cuando llegues al templo, calladito, te pones a rezar, como todo fiel cristiano. Ándale, que te vaya bien y luego nos vemos.

19

Toribio Romo González

1900 - 1928
México
25 de febrero
Santo
Sacerdote, defensor de la
fe, mártir y protector de los
inmigrantes.

México

Paisano, ¿cómo estás? Vengo a saludarte, a platicar contigo. Vengo como un peregrino más a esta tu tierra, Santa Ana de Guadalupe, Jalisco, México. Dado que hay mucha gente que te visita, deseo saber si puedes dedicarme un rato, antes de que toda la comunidad celebre el día de mañana, 5 de enero, un aniversario más de tu cantamisa.

¡Cómo no paisano! Faltaba más. ¿Vienes en calidad de periodista o qué?

No, ¡cómo crees paisano! Vengo como el africano que está allá en la puerta. ¿Lo ves? Él viene desde Angola, pero yo vengo de aquí, de la región. Vengo, junto con él y muchas otras personas, a darte gracias, a visitarte. Vengo como un mojado más, como uno de los emigrantes que tanto te quieren y vienen hasta aquí para pedirte favores o para darte gracias por lo mucho que nos has ayudado.

Ya ves, desde que alguien contó la historia de que en cierta ocasión te le apareciste a un joven en Tijuana y le ayudaste a cruzar la frontera, y además de eso, le conseguiste trabajo en Los Ángeles, California, los emigrantes te hemos hecho nuestro santo patrono, y acudimos a ti confiados para ambas cosas, tanto para cruzar la frontera como para conseguir un buen trabajo en el otro lado. De hecho, todos los relatos que leí antes de venir a verte en persona dicen que aquel joven tijuanense, luego de preguntarte tu nombre, te quiso pagar, pero que tú mismo no quisiste pago, sino que le pediste que a su regreso viniera a tu tierra y preguntara por Toribio Romo, que aquí te encontraría. Finalmente, cuando llegó hasta este lugar, al preguntar por ti le dijeron que estabas muerto y cómo habías muerto. Pero al ver una imagen tuya colgada en la pared, te reconoció de inmediato. Y aquí es donde comienza la historia, en la que prácticamente la gente te venera como el santo patrono de los indocumentados. Imagino que la famosa migra no está muy contenta con esta devoción, pero nosotros, los que conocemos el camino, estamos muy contentos de tenerte como patrono.

Así es, paisano. A diario hay mucha gente que visita este lugar en el que nací. Me parece casi increíble ver a tanta gente, emigrantes y no emigrantes, que viene a esta capilla tan pequeña para encontrarse con Dios y también para saludarme. ¡Me da mucho gusto ver gente de muchos pueblos y razas! Jamás pensé que este templo fuera a recibirlos, pues te acordarás que lo construimos con ayuda de esta comunidad en sólo tres años, cuando aún era seminarista. De hecho, acá entre nos, mi sueño era que estuviera listo para el día de mi cantamisa y, ya ves, Dios me concedió esa gracia.

Ya que mencionas tanto a los emigrantes, padre, ¿por qué nos quieres tanto? ¿Por qué te queremos tanto?

Quizá las razones que tengo no quepan en mis palabras. Tu pregunta es muy personal y atrevida, pero no te preocupes. Como buen alteño, no le daré vueltas al asunto. Quiero mucho a los emigrantes porque yo fui uno de ellos.

¡Ah, 'jijo'! ¿Cómo está eso? Si nunca saliste de México.

No salí de mi país, pero sí de mi rancho, Santa Ana. No olvides que yo mismo salí de mi tierra, de mi rancho y de mi pobreza. Ese es el drama de los emigrantes que se ven en la necesidad de dejar su país e irse a vivir a otra tierra que a veces se les niega. Bajo esta experiencia, se despiden de su familia, sus costumbres y sólo llevan su fe en Dios y el deseo de mejorar su situación económica, que usualmente es bastante difícil. El drama del emigrante es que él y su familia saben que puede ser un viaje sin retorno, y eso a mí también me preocupa.

Ciertamente que nunca fui un emigrante como lo han sido muchos de ustedes, pero sí sé lo que significa dejar a la familia y perseguir un sueño, un anhelo que va más allá de un logro económico, un anhelo que tiene que ver con tu propia felicidad. De este sacrificio tengo conocimiento, pues lo hice como miembro de una familia y después como sacerdote, al tener que despedirme de comunidades que quería mucho. También yo sé lo que es decir adiós.

Mi primera emigración fue cuando aun era niño. A los nueve años me fui del rancho al pueblo, Jalostotitlán, a estudiar con una maestra muy buena, doña Reyitos, porque aquí, donde estás, no había escuela. Además, ya viste mi casa, eran sólo dos cuartos, de los cuales uno era cocina y el otro todo lo demás. No olvides que para entonces, además de mis padres, tenía seis hermanos. Comprenderás que era difícil vivir aquí y, más aún, lograr el sueño que Dios sembró en mi corazón desde que era niño: el ser sacerdote.

Vivir en Jalostotitlán me era muy difícil porque seguíamos siendo pobres y carecíamos de lo más indispensable. Mientras que en Santa Ana nos dedicábamos al pastoreo y trabajos del campo, del cual nos alimentábamos, en Jalostotitlán hacíamos trabajos de todo tipo. Mi hermana Quica y yo nos levantábamos muy temprano, como lo hacen muchos paisanos allá en el otro lado, para "hacer nuestra chamba" diaria: ella torteaba y yo entregaba las tortillas; aseábamos casas y barríamos nuestra propia calle, a la vez que prestábamos otros servicios a personas del vecindario. Por la tarde íbamos a la escuela a aprender un poco más. Por la noche, participábamos en la santa misa, en el rosario y también visitábamos al Santísimo Sacramento. Fue durante esta época que comencé a servir como monaguillo en el templo parroquial.

¿No es así como viven muchos paisanos y paisanas al otro lado? ¿Ves por qué les tengo tanto cariño y por qué razón intercedo por ellos ante Dios?

Ahora veo con mayor claridad las cosas, paisano. Entonces, ¿fue durante tu experiencia de emigrante que nació tu vocación al sacerdocio?

No exactamente. La vocación nació en casa. Mis padres eran muy religiosos y toda nuestra vida tenía como punto de referencia lo que ahora los liturgistas llaman el calendario litúrgico. En casa celebrábamos todos los días lo que celebrábamos el domingo en la Eucaristía: compartíamos nuestras tortillas, cuidábamos unos de otros, rezábamos nuestras devociones, como el rosario, las oraciones al señor san José y otras oraciones familiares. Además, participábamos de lleno en las fiestas populares de nuestro rancho que, por cierto, gracias a mis influencias de entonces pasó a llamarse Santa Ana de Guadalupe, Jalisco. Además de esta experiencia religiosa, creo que mi hermana Quica infundió en mí, en gran medida, el amor por la Eucaristía y por la vida sacerdotal. Creo que ahí nació mi vocación.

Ya que estamos entrados en la plática, quiero añadir que desde chico me gustaba jugar a ser cura. Las cuevas y los troncos de los árboles de los alrededores del rancho me servían de altares; mis hermanos eran la asamblea; el cáliz y la vinajera los hacía de barro. ¡Además de querer ser sacerdote, me estaba convirtiendo en alfarero! A todo esto, también quiero reconocer la gran influencia de mi hermana Quica, quien con su fe y su ejemplo me animó a entregarme a Dios, a ser sacerdote y, gracias a Dios, también estuvo junto a mí el día más feliz de mi vida: el de mi primera comunión. Años después, también estaría junto a mí el día de mi partida a la patria eterna.

Al igual que tú, a los 12 años, en medio de las dificultades familiares ingresé al seminario menor que estaba en San Juan de los Lagos, Jalisco. Dejé el rancho y a mi familia, todo quedó atrás. Dada la pobreza de mis padres, algunos vecinos le decían a mi papá que se "quedaría sin miel y sin jícara", pero la fe de mis padres fue más allá de las críticas y me dieron su bendición. En el seminario menor tuve la oportunidad de conocer otros grandes líderes, entre ellos a Anacleto González Flores, quien, al igual que todos, también solía llamarme "El Chirlo". ¡Ese *Maistro* sí que era cosa seria! ¿Por qué pones esa cara?

Pensé que a los santos nadie les ponía algún apodo.

No te creas. Creo que en esa edad muy poca gente tiene cara de santo, y yo no fui la excepción. Para todos fui "El Chirlo", y pocas veces Toribio.

¿Ese era tu apodo?

En efecto, ya ves la vida de los seminarios. Imagino que tú también tuviste algún apodo, ¿no es así? Si no te lo pusieron en esos años, ¡ahora mismo te pondré uno bueno! Me decían "El Chirlo" por feliz y jugetón, y como hay gente a la que no se le escapa nada, pues me tocó lidiar con este apodo durante algunos años. Aunque éramos seminaristas muy jóvenes, teníamos el fuego de una vocación encendida, amábamos a la Iglesia y nos entregamos a ella desde el principio. Por entonces, parte de nuestra pastoral era la catequesis a niños y adultos.

Para esta última, participábamos en los círculos de obreros, estudiando el documento que el Papa León XIII publicó bajo el nombre *Rerum novarum*, que trata precisamente de la situación de los obreros, sus derechos, obligaciones y la postura de la Iglesia al respecto. Así que visitábamos a los obreros, estudiábamos en grupo este documento y hablábamos de otras cuestionas de fe. El hacer esto era doblemente fascinante: era lo que queríamos hacer por el resto de nuestra vida y, además, estaba prohibido, pues las leyes de México se ensañaron mucho contra la Iglesia y su labor pastoral en bien del mundo obrero. De hecho, en una de estas visitas alguien me tiró unos balazos, pero como era muy ligero para correr, me libré de esa.

Así comencé mi aventura vocacional y, casi sin sentirlo, llegó la fecha tan esperada. El 23 de diciembre de 1922 fui ordenado sacerdote. Después de mi Primera Comunión, este fue el día más feliz de mi vida. Al final sería sacerdote de Cristo al servicio de la Iglesia. Era lo que había querido toda mi vida: entregarme a Dios como sacerdote. Algunos años después, mi hermano Román seguiría el mismo camino.

Padre, ¡si sólo tenías 22 años de edad!

Te recuerdo las palabras de san Pablo: "Que nadie te desprecie por ser joven". Además, en esos años eso era algo común. Así pues, mi juventud no fue un obstáculo, sino que fue el amor inicial para entregarle mis mejores años a Dios. Creo haberlo hecho no sólo al momento final de mi vida, sino desde siempre. Porque el ser santo no es algo que se improvisa o algo que tú eliges. El ser santo es un deber de todo cristiano, que se entrega a Dios en lo que es y en lo que hace. En su propia realidad, indistintamente del lugar donde se encuentre.

Entonces, ¿pensaste que serías santo?

Así como lo entiendes no. Sin embargo, siempre tuve claro que Dios me llamaba, como lo hace con todos, a asemejarme a Cristo. Dios te llama a que lo ames sin medida, hasta el extremo, si es el caso. Este amor no siempre culmina en el derramamiento de sangre, sino que es un amor que se derrama, como si fueran uvas pisadas, en el servicio a los demás y en realizar la misión que Dios te ha encomendado. A lo largo de mi vida siempre tuve presente eso me entregué a la catequesis, a la pastoral con los obreros, a la celebración de los sacramentos y, sobre todo, a la celebración de la santa misa. Para mí, yo no podía ser sacerdote sin celebrar la Eucaristía, mucho menos acompañar al pueblo, al "sacrificio vivo y santo" que con su sangre estaba dando testimonio de su amor a Dios y de su fidelidad a la Iglesia.

La persecución contra la Iglesia y sus ministros comenzó con la promulgación de la Ley Calles, que entraría en vigor el 1 de agosto de 1926. Esta ley decretaba la clausura de escuelas católicas, expulsión de sacerdotes extranjeros, el que sólo hubiera un sacerdote por cada seis mil habitantes y, además, proponía la creación de una Iglesia Católica Mexicana, es decir, sin estar en comunión con el Papa y la Iglesia universal. Todo esto era producto de la actitud anticlerical que había impulsado la Constitución de 1917. Además, el control que querían tener sobre la Iglesia era muy difícil de mantener. En reacción, y con aprobación del Vaticano, los obispos mexicanos decretaron la suspensión del culto, efectiva a partir del mismo día en que entraba en vigor la Ley Calles. Tiempo después se desató la persecución contra la Iglesia católica y también surgió un movimiento pacífico: "Liga Defensora de la Libertad Religiosa", así como otro movimiento armado, que se conoció como "Los cristeros".

Fue en medio de esta situación que viví gran parte de mi sacerdocio. De hecho, el sufrir persecución a causa del nombre de Cristo, desde la fe, era un motivo de alegría. Por eso, celebrar la misa y los sacramentos tenía mucho más sentido. El compartir la misma suerte de Cristo, beber su mismo cáliz, era algo posible, real. El sacrificio de Cristo no sólo lo renovábamos en el altar, sino también en los campos en los que eran asesinados los cristeros o la gente que escondía a los sacerdotes. La sangre se derramaba en muchos altares, no sólo en el altar eucarístico. Además del madero de la cruz, había muchos maderos sobre los cuales muchos cristianos más daban testimonio de su amor a Cristo Rey y Santa María de Guadalupe.

Durante la persecución fui un sacerdote errante, pues de Cuquío, donde vivía muy feliz, me enviaron a Tequila, Jalisco. A menudo pensaba que mi vocación terminaría de la misma forma en que comenzó. Lo pensaba mientras estábamos ocultándonos en una fábrica de tequila abandonada que estaba en la barranca de Agua Caliente, ahí mismo en Tequila. De niño "celebraba" las misas en una cueva, teniendo a mis hermanos como asamblea. De sacerdote, celebraba la misa también en una cueva o en el oratorio que habíamos instalado en aquella fábrica abandonada, acompañado de otros fieles cristianos, o bien, de mi hermana Quica y de mi hermano Román, ahora sacerdote y vicario colaborador. Por cierto, en la última misa en la que estuve presente, serví como monaguillo, pues mi hermano Román presidió y Quica participó como asamblea.

A causa de la persecución, visitábamos a la gente durante la noche y celebrábamos con ellos la Eucaristía y los sacramentos. En otras ocasiones era la gente la que venía a nuestro escondite. No obstante, aquella Cuaresma de 1928 me parecía muy especial. Para el Miércoles de Ceniza bendije bastantes cenizas, pues preví que mucha gente las recibiría. Además, la fórmula que entonces utilizábamos tenía mucho sentido en aquel contexto: "Acuérdate que polvo eres y en polvo te convertirás". Como párroco tenía la obligación de tener al corriente el libro de registros y no quería que se aplazara más. Sin más, le pedí a mi hermano que fuera a Guadalajara a llevar unos papeles. Dado que no quería ir y como era su superior, "le ordené" que se fuera al día siguiente luego del desayuno. Antes de su partida, celebramos la misa, en la que precisamente serví como monaguillo y mi hermana Quica participó como asamblea.

Padre, tengo entendido que, luego de haberte confesado con tu hermano, el padre Román, le pediste que te "echara una bendición muy larga". ¿Acaso sabías que morirías?

Así es. Todo cristiano debe estar dispuesto y listo a morir. Para mí, el final había llegado y lo sentía. Quería estar listo, reconciliarme con Dios por las veces en que no fui el sacerdote que debí ser, más aun, el cristiano que estuve supuesto a ser. Había corrido mi carrera y sabía que la meta estaba cerca... en medio de esta realidad y de los miedos naturales que un ser humano experimenta ante la muerte, también experimenté la fortaleza que Dios me daba mediante el ejemplo valeroso de otros sacerdotes que habían ofrendado su vida, de otras personas que con su vida habían dicho que creían en Dios, en la Iglesia y en la Santísima Virgen. Yo no me podía quedar atrás. Para no dejar nada pendiente, le "ordené" a mi hermano que fuera a Guadalajara. Con esta orden, también le di una carta, misma que le prohibí que abriera hasta que se lo indicara, y ahora me permito compartirla contigo:

> Padre Román, te encargo mucho a nuestros ancianitos padres, haz cuanto puedas por evitarles sufrimientos. También te encargo a nuestra hermana Quica, que ha sido para nosotros

una verdadera madre; a Hipólita... a todos... a todos te los encargo. Aplicas dos misas que debo por las almas del purgatorio y pagas tres pesos y cincuenta centavos que le quedé debiendo al Sr. Cura Ruvalcaba de Yahualica, de una presentación que hice y que no tuve oportunidad de pagárselos de derechos. Hermano, nos veremos.

Esta despedida fue la más difícil para ambos. Parecía que nuevamente emigraba a otro lugar y sentía ese dolor de ustedes cuando piden la bendición a sus padres antes de partir. Una vez que los perdimos de vista, me dediqué a completar la documentación hasta las cuatro de la mañana del siguiente día. De hecho, le pedí a mi hermana Quica que no me interrumpiera a menos de que fuera algo urgente. Al terminar, quise celebrar la Eucaristía antes de dormir, pero estaba tan cansado que me quité los ornamentos y me fui a dormir un rato, para luego celebrarla con más devoción y fortaleza. Sin más, me acosté y de repente escuché: "¡Este es el cura! ¡Mátenlo!". Yo respondí, "Sí, yo soy, pero no me maten".

Para cuando dije eso, me dieron unos balazos. Después pude caminar un poco y luego me tiraron más balazos por la espalda, hasta que caí al suelo y, mi hermana me abrazó y me dijo: "Valor, padre Toribio. ¡Jesús misericordioso, recíbelo!".

¿Tuviste miedo de morir?

El mismo que toda persona tiene ante la muerte. Pero, ¿cómo podría negar mi vida a Dios y negar lo que toda la vida había querido ser? Imposible. Hay que estar listo para cuando Dios te llama, porque él mismo te da la fuerza necesaria para alcanzar la meta, para cruzar la frontera y para dar testimonio de él donde te encuentres.

Bueno padre, como puede ver, hay mucha gente que quiere hablar con usted. Desde que los indocumentados lo tenemos como santo patrono, está muy ocupado intercediendo por nosotros y recibiéndonos en esta, su casa. Así pues, le agradezco mucho esta conversación. Otro día que vuelva, nos tomamos un refresco y compartimos algunas de las aventuras y travesuras del seminario, porque tengo unas muy buenas para contarle.

José Sánchez del Río

1913 - 1928
México
10 de febrero
Beato, laico, adolescente, mártir
y defensor de lafe.

México

¿Quién vive?

¡Cristo Rey y Santa María de Guadalupe!

¿En qué puedo servirle señor?

José, por favor no me digas Señor. Por respeto a tu persona, soy yo quien debería hablarte así. Ahora, por la respuesta que me has dado, me doy cuenta de que eres tú a quien busco. Sólo que al ver lo bien que montas a caballo y cómo lo dominas, pensé que no eras tú.

No te preocupes, oficios de familia. Siendo hijo de un ganadero tienes que aprender a lidiar con el ganado y una buena bestia para ir tras ellos. Si gustas, puedo enseñarte a montar, a menos de que tengas miedo a los caballos. Además, si no te gusta el maestro, mis hermanos, Macario y Miguel, son muy buenos para montar.

Mi querido José, la verdad es que ya lo intenté hace unos años y no me fue muy bien. ¡Terminé arriba de una piedra y al pie de un nopal! ¡Esa sí que fue caída! Entonces, mejor lo dejamos para otra ocasión.

No te preocupes... ahora que te veo, me doy cuenta de que ya te he visto antes.

Sí, José. Vine a visitarte a la parroquia donde te apresaron las fuerzas del gobierno federal hace muchos años. En aquella ocasión platicamos poco, pues el ver una réplica de tu cuerpo en el baptisterio en que te mantuvieron cautivo antes de segar tu vida me quedé impresionado. Por ello, ahora decidí venir a buscarte y hablar más tranquilamente. ¿Qué dices?

¡Pa' luego es tarde amigo!

José, ¿cómo es que un muchacho de 14 años puede ser tan valiente como tú?

Paisano, mi forma de ser es una mezcla de la reciedumbre de carácter que tenía mi papá y la serenidad con la que mi mamá nos enseñó la fe cristiana, no sólo con la palabra, sino también mediante la oración y caridad con los pobres. No hay que menospreciar la vida familiar y sus influencias. Ahí está el origen de todo. Además, somos rancheros y lidiar con animales no siempre es fácil, así que hay que tener una voluntad férrea para trabajar en estos ambientes. Al crecer en una familia así, todo esto se hace parte de ti.

¿No te interesaban los juegos propios de niños?

¡Te lo digo Juan, para que lo entiendas Pancho! ¿Quién te dice que los niños no pueden ser valientes? Mira nada más, ¡tan viejo que estás y con esas preguntas! ¡Claro que me gustaba jugar y hacer travesuras! De hecho, era muy bueno para jugar canicas. Sin embargo, siempre fui un niño inquieto que quería algo más desafiante. Aun así, los juegos no me parecían suficientes, había algo más allá de la diversión. De repente, todo pareció truncarse, pues se desató la persecución contra la Iglesia y, ya ves, tuvimos que dejar el rancho de la familia e irnos a vivir a Guadalajara.

¿Qué significó para ti ese viaje?

¡Imagínate a un arbusto caminando en una ciudad! Vivía en el rancho y de repente estaba en una ciudad. Es muy difícil. Gracias a que la situación económica de mi familia era estable, pude ir a la escuela primaria y terminarla. Macario y Miguel, mis dos hermanos, dada la fe católica de nuestra familia y la persecución contra la Iglesia, fueron aceptados en las filas cristeras.

¿Te dio tristeza?

¿Tristeza?... ¡No amigo! Me dio envidia. Yo también quería ir a luchar por Cristo, por la Iglesia, por el derecho de dar culto a Dios públicamente y con alegría. Pero mis papás se opusieron a dejarme ir porque era muy chico. Pero no desistí a la primera, pues como sabrás, fui muy terco y seguí insistiendo para que mi familia me dejara ir. Finalmente, por medio de mis tías, convencí a mis papás y aceptaron que me uniera a la causa. Con su permiso y bendición, escribí a los generales cristeros pidiéndoles que me admitieran entre sus soldados, pero me decían que estaba muy chico.

Durante el verano de 1927, junto con un amigo interesado en unirse a la causa, nos dirigimos en búsqueda de los generales cristeros para hablar directamente con ellos. A él no tuvieron problema en admitirlo, pero a mí me dijeron que estaba muy chico y que sería un estorbo. De hecho, todos los soldados que nos encontramos mientras nos dirigíamos a Cotija, Michoacán, trataban de desanimarnos, pero no les hicimos caso. Ya estando frente al general José Trinidad Flores Espinosa, que era el jefe cristero de la región, me repitió lo que todos me habían dicho: "Que estaba muy chico...", pero le dije que, si no tenía fuerzas para cargar el fusil, ayudaría a los soldados a quitarse las espuelas, a cuidar sus caballos, haciendo de comer o alguna otra cosa que fuera de utilidad para la causa. Finalmente terminé de portabandera y trompetista del general Rubén Guízar Morfín. Así fue como me uní al movimiento cristero.

Mi sueño se realizaba. Por fin era un Cristero, aunque por mi edad más bien parecía Cristerito, pero no me importaba. De hecho, mientras vivimos en Guadalajara, mi familia y yo visitamos la tumba del mártir Anacleto González Flores y ante su tumba, no sólo pedí ser Cristero, sino que por su intercesión pedí la gracia del martirio.

¿Ahora qué dije? ¿Por qué me miras así?

¿Te sorprende mi petición? Deja me río un rato de ti... ¡Ese es el problema de muchos adultos! No creen que un niño o adolescente también pueda entregarse por amor a Cristo. Difícilmente creen en nosotros. Esto de unirme a la causa, no fue un simple capricho adolescente. Fue un llamado al que, como cristiano, quise responder con entrega, la misma que me había enseñado mi mamá no sólo al infundirme el amor a Dios y a la Virgen María, sino también al vivir una vida de oración. Al final, todo se juntó y pues bien, compartí la suerte de muchas personas que habían muerto al grito de ¡Viva Cristo Rey y Santa María de Guadalupe! Así fue como todo pasó.

¿Qué pasó?

¿Qué no leíste la historia en los libros que compraste en el templo durante tu primera visita? ¿No funciona tu memoria o es que ya estás muy viejo?

¡Quizá todo eso es cierto José! Pero me gustaría que, ya que estamos platicando, tú mismo me cuentes lo sucedido.

Duré casi un año como parte del movimiento. El ver la valentía de tanta gente que moría al grito de Cristo Rey y Santa María de Guadalupe, llenaba de ardor el corazón. Es algo que va más allá de mis palabras y de todo sentimiento. Se te escapa cuando quieres explicarlo y, sin más, es como el agua, hay que beberla para sentirla. Yo fui apresado durante la llamada "Batalla de Cotija", en Michoacán. Ahí, vi cómo a mi general Rubén Guizar le mataban el caballo y caía al suelo, a lo que pronto llegué hasta donde estaba y de un salto bajé de mi caballo y dije: "Mi general, tome usted mi caballo y sálvese, usted es más necesario y hace más falta a la causa que yo".

Ahí me quedé, en el campo de batalla, sin caballo y sin bandera, con mi fe en Dios y en la Santísima Virgen de Guadalupe. Sin más, me apresaron, junto con mi compañero Lázaro. Fue entonces cuando supe que correría la suerte de los demás y que Dios había escuchado mi súplica. Pero eso era sólo el comienzo.

La escolta que me apresó me llevó a un Mesón, que estaba en Sahuayo, Michoacán. Los soldados insistían en que renegara de mi fe, pero les dije que no lo haría bajo ninguna circunstancia. El general del ejército federal me ofreció que me hiciese soldado suyo, a lo que simplemente le dije: "¡Primero muerto! Soy su enemigo. ¡Fusíleme!". Aquello me parecía el vivo demonio tentando a Jesús en el desierto. Pero Dios me ayudó a no sucumbir ante la tentación de renegar de mi propia fe. Finalmente, aquella noche pudimos descansar un poco y pedí papel y tinta para escribirle una carta a mi madre notificándole lo que había pasado.

Cotija, lunes 6 de febrero de 1928.

Mi querida mamá:

Fui hecho prisionero en combate este día. Creo [que] en los momentos actuales voy a morir, pero nada importa, mamá. Resígnate a la voluntad de Dios, yo muero muy contento, porque muero en la raya al lado de Nuestro Señor. No te apures por mi muerte, que es lo que me mortifica; antes, diles a mis otros hermanos que sigan el ejemplo del más chico y tú haz la voluntad de Dios. Ten valor y mándame la bendición juntamente con la de mi padre. Salúdame a todos por la última vez y tú recibe por último el corazón de tu hijo que tanto te quiere y verte antes de morir deseaba.

José Sánchez del Río

¡Ahora entiendo por qué el general de ese pelotón que te apresó llegó a decir que tenías más valor que toda la tropa entera! Entonces, ¿no tenías miedo?

¡Claro que sí! Todas estas cosas no se dan sin el miedo natural a la muerte, pero como te dije antes, Dios no te deja solo. No es algo que haces por ti mismo, sino que es una fuerza que va más allá de tu propia comprensión. Hay un momento en el que tú mismo no te explicas cómo es que te sostienes pero que, a la misma vez, te sabes sostenido por alguien más.

Por cierto... del mesón me trasladaron a la parroquia de Santiago Apóstol, convertida en cárcel. Primero me dejaron ahí, aunque me amarraron las manos. Mientras esto sucedía, me di cuenta de que mi padrino, el diputado Rafael Picazo Sánchez, representante local del gobierno, estaba negociando con mi familia mi rescate. Además de ser padrino, el diputado Picazo era vecino y amigo de la familia, pero estaba lleno de rabia contra nosotros porque nos habíamos hecho Cristeros. ¡Peor para él! Al principio me ofreció dinero para que escapara al extranjero; después afirmó que podría hacer carrera en el Heroico Colegio Militar. Así intentó una cosas y otra, pero rechacé todas sus ofertas sin pensarlo dos veces. Al saber que pidió cinco mil pesos en oro por mi rescate y que mi papá estaba haciendo lo posible por conseguirlos, les dije que no pagaran por mí un solo centavo, porque yo ya le había ofrecido mi vida a Dios.

Te digo esto con la más franca humildad, no porque la vida no valga nada, sino porque no hay mayor gloria sobre esta tierra que la de los mártires de Cristo. Además, ¿de qué viviría mi familia? De todas maneras, si me hubieran liberado, habría vuelto a unirme al movimiento. Así, cesaron las negociaciones y cayó la noche. Además de eso, estaba muy molesto porque usaban la casa de Dios, la iglesia, como caballeriza y servía de burla a los soldados. Por si fuera poco, mi padrino Rafael tenía todos sus gallos de pelea en el presbiterio y eso me enojó mucho más. ¡Era la casa de Dios y había que respetarla! Aquello, más que un lugar de oración, parecía un refugio de animales.

Como pude, me desaté las manos y, como todos estaban dormidos, maté todos los gallos que había. Además, de un solo golpe dejé ciego al caballo del diputado y sin más, me fui a dormir. Mi padrino, como era de esperarse, me despertó muy enojado y me preguntó que si sabía lo que había hecho, como si me importaran mucho sus gallos y su caballo. Sin rodeos le dije que me fusilara y que delante de nuestro Señor, le pediría a él que lo confundiera. Como le respondí con firmeza, uno de los soldados me dio un fuerte golpe en la mandíbula, que incluso me quebró algunos dientes. Era evidente que iba a morir. Sólo quería permanecer fiel hasta el final.

¿Qué pasó por tu mente y corazón al saber que ibas a morir?

En medio de todo, me sentía tranquilo. Lo único que ignoraba era la forma en que me matarían. Cuando nos apresaron a Lázaro y a mí, nos llevaron a la plaza. A él lo colgaron de un cedro, y a mí me obligaron a verlo para que desistiera. Él mismo, mientras el pelotón se disponía a colgarlo, pidió que lo mataran. Como no desistí, me trajeron al templo y me volvieron a encerrar, esta vez en el baptisterio. Ya tenían mucho coraje contra mí, y aquella misma noche se llevaron a Lorenzo arrastrándolo hasta el cementerio. Pero gracias a Dios, el sepulturero se dio cuenta de que estaba vivo y cuando se fueron los soldados lo liberó. Lázaro se volvió a unir a la tropa de Cristo y le apodaron "el resucitado". ¡Para que veas cómo es la raza!

Cuando me volvieron a encerrar, aproveché para platicar con gente que pasaba por la calle, pues había una ventana chica. También pedí que me permitieran papel y tinta para escribir a mi tía María y pedirle un favor muy especial.

Sahuayo, 10 de febrero de 1928.

Sra. María Sánchez de Olmedo

Muy querida tía: Estoy sentenciado a muerte. A las 8 y media se llegará el momento que tanto, que tanto he deseado. Te doy las gracias de todos los favores que me hiciste, tú y Magdalena. No me encuentro capaz de escribir a mi mamacita, si me haces el favor de escribirle a mi mamá y a María S. Dile a Magdalena que conseguí con el teniente que permitiera verla por último. Yo creo que no se me negará a venir. Salúdame a todos y tú recibe, como siempre y por último, el corazón de tu sobrino que mucho te quiere y verte desea. ¡Cristo vive, Cristo reina, Cristo impera! ¡Viva Cristo Rey y Santa María de Guadalupe!

José Sánchez del Río que murió en defensa de su fe

No dejen de venir. Adiós.

Al recibir mi tía esta carta, me trajo la sagrada comunión y así pude recibir a Jesús antes de reunirme con él. Los soldados comenzaron a divertirse conmigo, pues me desollaron los pies con un cuchillo. Como te imaginarás el dolor era horrible y mis gritos debieron haberlo sido también, ¿qué más puede hacer un cristiano ante la muerte sino es sentir el dolor y pensar en aquel que sufrió todo por amor? Y así, en ese estado me sacaron a la calle, caminando hasta el panteón. Eran las once de la noche y los soldados no querían hacer ruido, así que me fueron picando por la espalda con la bayoneta del rifle. Ellos mismos tenían miedo de que la gente supiera lo que me estaban haciendo. Caminamos desde la parroquia hasta el panteón, y en el transcurso, cada vez que me picaban el cuerpo con el cuchillo, le pedía fuerzas a Dios para seguir gritando: ¡Viva Cristo Rey! Y ellos más se ensañaban conmigo. Finalmente, llegamos al cementerio y, no contentos con ello, me obligaron a cavar mi propia tumba. Como no desistía, el jefe de la escolta se desesperó y de un tiro me mandó al cielo. Caí pues en el vientre de la tierra y nací para la vida eterna.

José, fue precisamente en el lugar donde te sepultaron que terminó el recorrido que hice desde la parroquia hasta el panteón. Este camino se tiñó con la sangre de tus pies, con la sangre de tu corazón cristero. Ahora, veo que eres el hijo grande de Sahuayo, Michoacán. Volveré pues a visitarte en otra ocasión y me sentaré en tu capilla para que sigamos platicando, quizá me venga de mezclilla y camisa blanca, tal y como estás vestido, para parecerme a ti aunque sea en eso.

¡No amigo! Ya no eres un adolescente. En aquellos años los pobres vestían mezclilla y camisa blanca y precisamente me vistieron así para que también los adolescentes vean el seguimiento de Cristo como algo posible. Sé tú mismo, ve lo que hay dentro de ti y vuelve a visitarme. Quizá te enseñe a montar caballo y quizá así pierdas el miedo que les tienes.

Otro día hablamos José. Me gustaría quedarme aquí, en silencio, para recordar tu historia … quizá Dios quiera decirme algo.

Héctor Valdivielso Sáez, FSC

1910 - 1934
Argentina
9 de octubre
Santo
Hermano de La Salle, maestro
y mártir.

Argentina

Hermano Benito de Jesús, ¿puedo entrar?

Sí, cómo no. Estaba preparando mis clases. Pasa por favor. Mis estudiantes no llegarán hasta más tarde.

Ciertamente has arreglado muy bien el salón. Por todas partes se ven cosas que atraen la vista y que dan ganas de leer.

Precisamente por eso dedico tanto tiempo a adornar el salón, por decirlo así, para darle un aspecto más interesante y captar la imaginación de mis estudiantes. Así aprenden casi sin darse cuenta de ello. Me gusta estimular su curiosidad. Nuestra juventud es nuestro futuro. Pero, amigo, estoy contento de que hayas venido. Quería cambiar algunas cosas en el salón y quizá puedas ayudarme.

Puedo entender por qué te llaman el Profesor Maestro. Intentas hacer todo lo posible para motivar a los estudiantes a aprender y crecer, aun cuando no se dan cuenta de ello.

Para mí, la enseñanza es una vocación, un llamado del Señor a ayudar en el desarrollo del potencial de todos los que entren en mis clases. Si no aprenden, entonces la culpa es mía, no de ellos. Tengo un cuidado especial para quienes son considerados por otros como aprendedores lentos. Mi trabajo es buscar los caminos mediante los cuales cada estudiante pueda crecer como creció Jesús, según nos dice la Escritura: "en sabiduría, en edad y en gracia".

Bueno, eso ciertamente es una tarea para todos nosotros, sin importar nuestra edad. Nunca dejamos de aprender. Es por eso que he venido a buscarte aquí en Turón, al colegio de Nuestra

Señora de Covadonga, que los hermanos de La Salle tienen en esta provincia de Asturias.

Aprecio mucho tu visita. Turón es una ciudad pequeña en esta provincia grande en el noreste de España. Digo "grande" porque sabes que los españoles somos muy orgullosos de nuestras diferentes regiones. El orgullo puede ser bueno, pero a veces también puede estorbar. De todos modos, aquí mucha gente trabaja en las minas. Es un trabajo muy duro y los admiro por eso. Hacen grandes sacrificios para enviar a sus hijos a la escuela. Por eso tenemos que hacer lo mejor posible para educarlos.

En la calle escuché a algunos estudiantes hablando del "argentino". Los mayores estaban contando a los más jóvenes que deberían considerarse bendecidos si estaban asignados a tu clase.

Ah, sí. Hasta algunos de mis hermanos religiosos aquí en el colegio me llaman el argentino. Estoy orgulloso de eso. ¿Por qué no? Nací en Buenos Aires, Argentina. Mis papás eran españoles, Benigno Validivielso y Aurora Sáez. Me bautizaron con el nombre Héctor, aunque luego, como religioso, tomé el nombre de Benito de Jesús. Nunca tuve la oportunidad de preguntarles por qué, pero un día decidieron volver a España con mi hermano José y mis hermanas Zulema y María Luisa. Yo tenía tres años de edad. Fue en España que conocí a los Hermanos de La Salle, como son llamados. Mi hermano y yo quedamos muy impresionados por su manera de vivir. Pero, volviendo a mi apodo, siempre he sentido mucho afecto por mi tierra natal.

Sé que Argentina tiene el mismo afecto por ti, sobre todo porque eres el primer argentino en ser declarado santo, un mártir por la fe.

¿Qué puedo decir? No buscaba el martirio especialmente, y tampoco lo buscaban los otros hermanos de La Salle, ni el sacerdote pasionista que fue asesinado junto a nosotros. Esa fue nuestra vocación, el llamado de Dios, y con la ayuda de Dios, permanecimos fieles.

Pero, hermano Benito, durante toda tu vida de religioso ibas preparándote de muchas maneras para ese día. Sé que te dedicabas completamente a ser el mejor profesor posible. Tus superiores vieron que tenías un "talento para enseñar". Después de que entraste en la orden, tus superiores te enviaron a Bélgica para estudiar y luego te destinaron acá, al colegio en Turón, tu primer destino.

También he reflexionado acerca de eso. Ya sabes que los caminos de Dios no son los nuestros. Los estudios para mí eran algo fácil. Me aplicaba y todo me iba bien. Pero en lo profundo de mi corazón quería ser un hermano de La Salle y también un misionero. Mi esperanza y deseo era ser enviado algún día a Brasil, o incluso regresar a Argentina. En varios momentos escribí a mis padres acerca de mis sueños. El mundo me parecía a mí muy pequeño. Quería extenderme hacia los demás de cualquier manera que podía. Pero hacerme misionero no era el plan que Dios tenía para mí. Después de la profesión fui enviado a este colegio, donde tenemos casi trescientos estudiantes, la mayoría hijos de mineros.

¿Estuviste decepcionado?

¡De ninguna manera! Aquí también me sentía contento, cerca de Dios por medio de mis estudiantes y de sus padres. Los hermanos habían desarrollado unas buenas relaciones con la gente de este pueblo. Me sentía orgulloso al trabajar y hacer ministerio con ellos. No importa en qué parte estén, los jóvenes son nuestro futuro. Dedicar mi vida a ellos era mi gran alegría. Su entusiasmo y su vigor inspiraban mi vida. ¿Decepcionado? De ninguna manera.

Si tu salón de clase es un indicio de cómo te lanzas a la enseñanza, sólo puedo decir que tienes bastante energía y dedicación para este trabajo.

Bueno, déjame corregirte en eso. La enseñanza era mi vocación, mi llamado de Dios. Era la única manera de que me sentía cerca de Dios. Mi oración no era ser el mejor maestro, sino ser el mejor ejemplo de nuestra fe para los que estaban a mi cuidado. Es por eso que, además del trabajo escolar, me interesaba mucho en las actividades extracurriculares de nuestros estudiantes e incluso en las de otros jóvenes de este pueblo.

¿Cuáles son algunas de las cosas que hiciste?

Era importante que nuestros jóvenes aprendieran muy temprano no sólo la enseñanza de nuestra fe en la escuela, sino también la práctica de la fe en su vida diaria. En otras palabras, que aprendieran a vivir la fe en su vida ordinaria. Al igual que un agricultor, quería sembrar en su vida semillas espirituales que les inquietaran, les hicieran curiosos, les inspiraran a buscar más respuestas. Experimentar, cambiar y crecer es parte de la naturaleza de los jóvenes. Son como mineros, en el sentido de que tienen que excavar y descubrir las riquezas dentro de su vida. Así podían descubrir su propia vida espiritual.

Los jóvenes desafían el modelo establecido, y eso es bueno. Lo que intentaba hacer era guiar esa creciente vida espiritual, usando el evangelio y su creatividad juvenil. Organizamos la Federación de la Santa Infancia como una manera de promover los valores cristianos en los niños. Después teníamos la organización de Juventud de Acción Católica para los estudiantes mayores, quienes se hacían modelos ejemplares para los niños. A estos grupos les impartíamos ejercicios espirituales y retiros que eran muy efectivos. Yo siempre tenía ganas de proveer nuevas oportunidades y actividades para estos jóvenes, para que permanecieran cerca de su fe, a pesar de todo lo que tendrían que enfrentar en el futuro. De hecho, aquellos eran tiempos difíciles en España. Había muchos movimientos anti-católicos, que surgían por todos lados. La juventud tenía que estar bien preparada.

Yo sé, hermano, que el trabajo con los jóvenes exige mucha energía. La vitalidad y espontaneidad creativa, por maravillosas que sean, también pueden agotar a los adultos.

¡Eso sí es verdad! Es por eso también es importante que nosotros, como adultos, les demos un ejemplo de oración. No soy sólo un profesor o un animador de jóvenes, sino que también mis esfuerzos deberían promover la fe. Los jóvenes son capaces de desenmascarar a cualquier adulto que no es fiel a su palabra. Si los adultos no practicamos lo que predicamos y si no vivimos lo que decimos, entonces estos muchachos y muchachas lo van a saber y no nos creerán. Los adultos debemos enraizarnos en el Señor, quien es la fuente de nuestra vida y la fuerza detrás de todo lo que podemos hacer. Intenté hacer eso, hasta no poder más.

Tu colegio también tenía mucha influencia en la vida de la gente de Turón. Al fin de cuentas, estaban influenciando la vida de muchas familias por medio de sus hijos.

¡Exactamente! Es por eso que también escribía en la prensa católica local. Teníamos que combatir de frente lo que estaba fraguándose en nuestro país. Presentaba el punto de vista católico como respuesta a lo que decía el gobierno. Nunca me rehuí de lo que consideraba mi deber, de ser un ejemplo. Mis hermanos y yo buscábamos maneras de continuar el trabajo de nuestro colegio a pesar de las crecientes dificultades que se avecinaban. Nuestros esfuerzos al final fracasaron. Sé que el trabajo que hacíamos los Hermanos y yo irritaba a quienes trabajaban en contra de la labor de Iglesia. Esto se vio especialmente cuando, al final del verano, organizamos abiertamente un retiro para la juventud, el cual llevamos a cabo con gran éxito. Ése sí fue un acto valiente y valioso.

¡Eso es el colmo! Practicabas con valentía lo que enseñabas a tus estudiantes.

¿Es que podía hacer otra cosa? No podía decepcionarlos. Este era el camino por el que el Señor me pedía que caminara. Yo enseñaba a mis estudiantes que vale la pena vivir nuestra fe y morir por ella. Precisamente esa sería mi clase final para ellos.

Entiendo que en octubre de 1934, mientras todos ustedes estaban en misa, las autoridades llegaron y, bajo pretexto de que ustedes escondían fusiles, arrestaron a la comunidad entera. Sólo cuatro años después de tu llegada a este colegio, ya estabas en la cárcel. Después de cuatro días, sin ningún juicio, bajo la cobertura de la noche para que nadie del pueblo viera, todos ustedes fueron sacados, fusilados y enterrados en una tumba común en el cementerio de Turón. Esto se hizo sola y simplemente por el odio hacia la fe. La gente dice haber oído que tú especialmente gritabas: "¡Viva Cristo Rey!

"¡Qué Cristo, el Rey de todo, viva en nuestra vida!" debe ser el lema de todo cristiano. Estamos unidos en la defensa de nuestra fe.

Hermano Benito, dedicaste toda tu vida a los jóvenes. Estoy impresionado por el hecho de que eras también muy joven, con sólo veinticuatro años, cuando diste tu vida por la fe. Ahora entiendo por qué tus estudiantes te respetaban tanto.

Más que respetarme, espero que hayan visto en mí a un cristiano que sabía reconocer en ellos mismos su gran potencial para vivir fielmente, a pesar de todas las dificultades que tendrían que enfrentar en esta vida. Todos debemos cuidar a los jóvenes. Son nuestro futuro. Tienen mucho para ofrecer. Lo que tú y los demás puedan hacer para ellos, por favor háganlo.

Hermano, una última cosa. Querías irte como misionero a Argentina. Cuando por fin llevaron tus reliquias para allá, hubo grandes procesiones en las que muchísima gente demostraba su orgullo y su afecto, porque uno de los suyos ya estaba siendo declarado un santo de la Iglesia católica. Yo diría que el Señor ya ha concedido tu petición.

El Señor siempre contesta nuestras oraciones, a su propia manera. Pero ya es hora de cambiar algunos de los cuadros en este salón. Me vas a ayudar, ¿verdad?

¡Por supuesto! Yo también tengo que aprender más.

Andrés Bessette, CSC

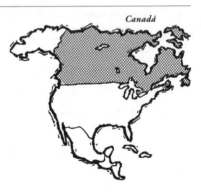

Canadá

1845 - 1937
Canadá
6 de enero
Beato
Hermano de la Santa Cruz,
portero y constructor del
Oratorio de San José.

¡Espere un momento por favor! ¡Enseguida le abro la puerta! ¿En qué puedo servirle, estimado hermano?

Hermano Andrés, ¿cómo está? Espero no interrumpir su oración. Bueno... lo cierto es que me hubiera gustado platicar allá en el oratorio, pero al ver a tanta gente que quiere hablar con usted, me decidí a venir hasta aquí y tocar su puerta, esperando que tenga un poco de tiempo y que no se vaya a molestar.

¡Lo único que me molesta es que no me molesten y que me digan que soy santo! Si lo que estás buscando es un milagro, lo primero que te pediría es que te confesaras, recibieras la comunión y luego regresaras a verme. Pero dado que es algo tarde, haré una excepción contigo. Así que, pasa y siéntate en la silla que gustes, al fin que las dos son iguales.

¿Qué estás viendo?

¡La sencillez con la que vive!

¿Nadie te ha dicho que eres muy fisgón?... Además, no se necesita mucho para vivir. ¿Quién te ha dicho que uno necesita todo lo que tiene? Sólo hay que tener lo realmente necesario. Para mí, lo necesario es Dios, en la persona de su Hijo Jesucristo y los santos, particularmente el señor san José, quienes se hacen parte de nuestra familia y nos ayudan a acercarnos más a Dios y a Jesucristo. Las personas de hoy necesitan reconocer que la gracia nos viene de muchas maneras y que los santos nos ayudan precisamente a abrazar esa gracia con amor, para así transformar aquellas cosas que no nos gustan de nuestra vida, sea porque no las hayamos aceptado o porque no están funcionando como debieran. De esta manera no sólo son miembros de la familia, sino que también compañeros de camino.

¿Gustas tomar un poco de té? Es lo que acostumbro para cenar, así que si me permites te serviré un poco...

¡Muchas gracias hermano! Yo me sirvo, no se moleste.

¿Acaso te molesta que un hombre viejo te sirva el té? No tengas miedo; la vejez es algo cronológica. El verdadero cristiano nunca envejece; la fe es siempre nueva y Dios también es siempre nuevo. Tu misma experiencia de Dios cambia. Así pues, aunque viejo en el cuerpo, no en el espíritu. Aquí tienes tu té.

Hermano, gracias por esa hospitalidad tan cristiana que me ofrece. La verdad, me siento un poco nervioso porque he venido a ver una persona a la que la gran mayoría de gente considera santo. Y ahora veo por qué razón piensan de esa manera. ¿Qué historia esconde detrás de su sencillez?

Te he dicho que no me llames santo, porque santo sólo es Dios. En cuanto a mi historia, espero que no te pongas triste y que al final, por lo menos acabes sonriendo. Por mi acento, sabrás que soy ciudadano canadiense de origen francés. Nací en Iberville, cerca de Montreal. Soy hijo de un leñador y de un ama de casa que procrearon una familia pobre y numerosa. Cuando te digo pobre, quiero decir exactamente eso, porque los diez hijos de mis padres vivimos junto con ellos en un espacio de 35 metros cuadrados (270 pies cuadrados). Por si fuera poco, además de pobre, siempre fui muy enfermizo. Cuando tenía 12 años quedamos huérfanos de padre y madre: mi papá murió en un accidente y mi mamá falleció de tuberculosis tres años después que él. Fue así como mi vida tomó otro giro y fui a vivir con mis tíos.

¿Fue entonces la pobreza tan extrema que vivió como niño la que le llevó a vivir con sencillez?

Sí, pero no por amargura. La pobreza es un voto evangélico que toda persona debe vivir. El no llenarte de cosas innecesarias te libera en gran medida el espíritu, para que abraces las cosas de Dios. Aun cuando fuimos pobres, mi santa madre me enseñó el valor de la penitencia y la mortificación cristiana. De hecho, a ella debo el inicio en la vida de oración y la devoción que tengo al señor san José, patrono de Canadá. Y como puedes ver, yo quiero mucho a san José. De hecho, todos los días san José y yo platicamos largo y tendido, siempre tenemos cosas de qué hablar.

Por eso, luego de que murieron mis padres me fui a vivir con mi tío Nadeau me fue difícil, pero procuré obedecerle en todo. Mi mamá me había enseñado a vivir cristianamente. También me preparó para aguantar las burlas que me hacían mis primos debido a mis penitencias y a mi salud tan precaria. Así pues, para no ser una carga para la familia, trabajé de zapatero, herrero, agricultor, campesino, en los molinos y todo tipo de trabajo que puedas imaginarte. No duraba mucho en ellos, no porque era flojo, sino porque mi débil salud me lo impedía. Finalmente, cuando cumplí 20 años, fui a los Estados Unidos a trabajar y allí, como todo emigrante, trabajé mucho por poco dinero, pues primero trabajé en una hilandería que había en Connecticut y después en los trabajos de campo. Pero otra vez mi salud me impidió continuar.

¿Qué significó para usted el ser emigrante? ¿Cómo es que pudo mantener su fe en medio de tantas horas de trabajo?

Mira, a decir verdad, esto se hace más fácil cuando se tiene una experiencia sólida de fe en la vida familiar. Mamá me había enseñado el valor de la oración y a hablar diariamente con Jesús, María y José. Para mí, el hacer oración no era una imposición, sino una necesidad. Así pues, siempre me levantaba temprano y rezaba el Vía Crucis. De hecho, lo hacía como sugirió Ignacio de Loyola, haciéndome parte viva de aquel relato, viendo a nuestro Señor, caminando entre la multitud y viendo cómo sufría por amor a nosotros. También rezaba el Rosario, no sólo una vez, sino varias. Lejos de sentir que era una oración repetitiva, como algunos de tu generación la consideran, para mí es una manera de decirle a Dios muchas veces cuánto lo amas; lo mismo a su santa Madre. También conversaba con el señor san José. Estas prácticas forman parte de todos mis días.

¿Hasta ahora?

¡Hasta ahora!

¿No le da flojera levantarse temprano?

¡No para encontrarme con Dios en la oración!

Si ya vivía de esa manera, ¿por qué quiso ser religioso?

Esto fue por invitación de mi director espiritual, Andrés Provençal. De hecho, gracias a él tomé mi nombre religioso, porque mi nombre de pila es Alfredo. Cuando vivía en los Estados Unidos me mantuve en contacto con él. En una carta que me escribió en 1869 me invitó a unirme a una comunidad religiosa, pero tuve dudas porque pensé que mi frágil salud sería un obstáculo para entregarme a Dios. Sin embargo, regresé a mi patria y a la edad de 25 años, luego de los trámites necesarios, ingresé a la Congregación de los Padres de la Santa Cruz en 1870.

Me destinaron a la comunidad de la escuela secundaria de Notre Dame, en Montreal, para que fuera el portero y cuidara del edificio. En este ministerio he podido compartir mi espiritualidad y ser amigo de todos. Durante cuarenta años he tenido la oportunidad de aconsejar a los peregrinos y guiarlos un poco en su vida espiritual. Los recibo con el amor de Cristo y los trato bien para que vuelvan a Dios y permanezcan siempre con él. Admito que también me he molestado con ellos algunas veces, porque vienen y me piden milagros como si fuera Dios, cuando en realidad soy un simple hermano y servidor de todos.

Al ser tan buscado por la gente, es probable que sus hermanos de comunidad se sientan un poco mal consigo mismos, pues al parecer no querían en un principio que profesara sus votos perpetuos. ¿Por qué?

En efecto, mi salud era tan mala que se opusieron a mi profesión de votos perpetuos. Pero le pedía mucho a san José que intercediera por mí. Fue en ese entonces que comencé a salir al Monte Real, que estaba cerca de nuestra casa. Allí pasaba mucho rato en oración y se me ocurrió la idea de construir un oratorio en medio del bosque a donde la gente pudiera ir a orar. Fue cuando san José y yo comenzamos a hablar entre nosotros.

Una vez que vino el obispo diocesano, monseñor Bourget, de visita, y como yo sabía que no me querían aceptar en la comunidad, me eché a sus pies y le pedí que intercediera por mí ante la congregación. Le dije que mi deseo era servir a Dios en las tareas oscuras y en mi especial devoción a san José. Aproveché para compartirle mi deseo de construirle un santuario en lo alto de la colina del Monte Real dedicado a este gran santo de mi devoción. Dios escuchó mi súplica, y el obispo me dijo: "No temas, serás admitido a la profesión". Y sin más, el 28 de diciembre de 19871, profesé mis votos y fui admitido en la comunidad que en un principio me consideró como un hermano "simple".

¿Qué es eso?

Es un miembro de la comunidad que no aparece mucho en público y a quien se le asignan los trabajos "oscuros", las tareas humildes, que eran precisamente lo que quería. Así pues, el estar en la puerta me daba la oportunidad de ofrecer a los visitantes el amor de Cristo, de invitarlos a la conversión, de escuchar sus historias de fe y de aconsejarlos. En mi comunidad religiosa también era enfermero, lavandero y guía espiritual de algunos alumnos. Ya por la noche, me dedicaba al mantenimiento de los pisos de la casa, al aseo y a la lavandería. Todo lo hacía con amor porque sabía que estaba realizando la obra de Cristo, porque Cristo tomaría el último lugar para desde ahí servir a los demás. Eso fue lo que él nos pidió que hiciéramos y por eso lo hice con amor. Por la noche, cuando terminaba mis tareas y todos mis hermanos estaban dormidos, me iba a la capilla, y ahí me arrodillaba frente al Señor y también frente a la compañía del señor san José.

La gente dice que el señor san José le concedió el poder de hacer milagros. ¿Qué dice acerca de esto?

¡Eso es lo que me molesta! Yo no hago milagros. Dios es el que realiza las curaciones, yo sólo soy la mascota del señor san José. Me entristece mucho, además, que mucha gente venga atraída sólo por el sensacionalismo de las curaciones que Dios realiza por medio de mí. Es como aquellas personas que seguían a Jesús sólo porque les daba de comer. ¡No! La gente me busca a mí, cuando en realidad debería buscar a Dios. Yo soy sólo un simple instrumento del que se sirve el patrono de la Iglesia para realizar prodigios, para convertir a la gente y llevarlos a la caridad cristiana. Yo los encomiendo a san José y él hace lo demás. Te repito, yo soy su mascota.

¿Por qué ama tanto al Señor San José?

Inicialmente gracias a mi mamá. No obstante, a lo largo de mi vida he visto en él a un buen padre, alguien que me cuida como cuidó a Jesús. Además, yo soy huérfano y eso me hace acudir a él con más confianza. Lo hago porque pienso que también él debió haber sido un padre excelente para Jesús. De otra manera, ¿cómo es que Jesús nos habló de Dios como un Padre bueno? Fue en José que vio los rasgos del padre bueno y así nos cuenta el relato del hijo pródigo o nos habla de Dios con la ternura que un hijo habla de su padre que lo ha cuidado con amor. A mí San José me ha cuidado con mucho amor, ¿cómo no habría de tenerlo como padre y como compañero de camino?

¿Y el oratorio?

La basílica que ahora visitas comenzó aquí cuando esto no era más que un denso bosque al cual me escapaba para orar. Mi intención era que la gente tuviera un espacio de silencio en el que pudiera orar y contemplar a Dios en la naturaleza. Comencé colocando una estatua del señor san José, más pequeña de esta que tengo sobre la mesa, dentro de una cueva. Después, hicimos un oratorio y fue ahí donde comencé a recibir a los enfermos, dada la cantidad de personas lo ampliamos tres veces hasta que finalmente, en 1924, comenzamos la construcción de la Basílica en honor al señor san José. Y como puedes ver, la obra, gracias a la generosidad de muchas personas, incluyendo estadounidenses, se completó en 1966.

¿Le entristeció no poder ver en vida esta obra terminada?

¡De ninguna manera! La obra no es mía, sino de Dios. No es mi trabajo, sino la obra de la gente que cooperó para hacerla posible. Además, si puedes hacer el bien a los demás estando en la tierra, ¡imagínate el bien que puedes hacer desde el cielo! Anda pues y comienza a practicar ese bien en tu propia casa. Pídele a Dios que te ayude a ser una persona de bien, como lo fue el señor san José. La próxima vez que vengas a visitarme, ven con toda tu familia. Sería bueno conocerlos.

    ¡Ah! No olvides que necesitas ponerte en paz con Dios. Así que anda, confiésate y recibe la comunión cuanto antes.

23

Concepción
Cabrera de Armida

1862 - 1937
México
3 de marzo
Sierva de Dios
Esposa, madre, viuda,
fundadora y escritora.

México

Doña Conchita, muchas gracias por haberme invitado a pasar esta tarde de verano aquí en su casa, en la Hacienda de Jesús María, con usted.

¡Bienvenido! ¡Esta es tu casa, cuántas veces vengas! Qué otra cosa podría hacer cuando las buenas hermanas, las Oblatas de Jesús Sacerdote, y mis sacerdotes, los Misioneros del Espíritu Santo, me enviaron una petición para que te recibiera y platicáramos. No podría rehusarles nada, mientras esté dentro de mis posibilidades hacerlo. De cualquier manera, siempre es un placer regresar al lugar donde eduqué a mi familia. Y, por favor, llámame Conchita, como lo hace toda la gente.

Doña Conchita, ¿le parece bien que nos sentemos un rato bajo del árbol grande que está del otro lado de la huerta? Según tengo entendido, ese era uno de sus sitios favoritos para orar.

¡Por supuesto que sí! Tienes razón, este era uno de los lugares predilectos donde me sentaba a platicar con *mi Patrón*. Luego de aguantar todo el ajetreo y los gritos propios de la intensa actividad de mis hijos, me alejaba brevemente para tener unos minutos de silencio. Este no era necesariamente un tiempo de quietud, sino una especie de silencio del corazón, que comenzaba cuando escuchaba el canto de los pájaros entre los árboles o cuando ponía atención a los pensamientos que andaban rondando en mi cabeza. ¡Vámonos sentando aquí un momento y te contaré lo que pasaba en aquellos días o te hablaré de cualquier otro asunto que quieras saber!

¿Te sientes a gusto ahora? Si gustas, puedo ordenar que nos traigan una jarra de agua fresca.

No gracias, estoy muy bien así. El simple hecho de estar aquí con usted es una bendición para mí. Las Oblatas me hablaron de usted. Ellas han ejercido en mi vida una influencia muy positiva, al igual que en la vida de tantos seminaristas y sacerdotes. Tienen en sus conventos un retrato de usted y otro del padre Félix de Jesús Rougier, su director espiritual. Pero antes de que continúe hablando de mí, permítame que le pregunte algunas cosas sobre su vida con su esposo, don Francisco Armida.

¡Ah! Aquellos fueron días muy felices. A mí me encantaba bailar. ¡No me mires de esa manera! ¿Por qué te sorprendes? La vida es demasiado corta como para no divertirse. Antes de casarme, iba a los bailes, obviamente bien acompañada por algún chaperón, para ver al que sería mi futuro esposo. Él era muy guapo. Después que nos casamos, continuamos asistiendo al teatro y a los bailes y, por supuesto, también nos divertíamos aquí en nuestra casa. Vivíamos muy a gusto en aquellos días. Esos fueron unos años maravillosos. Francisco y yo tuvimos nueve niños que fueron para nosotros un regalo de Dios. Aunque en cierta manera, yo tenía más de nueve hijos, porque de hecho me hacía cargo de los hijos de nuestros empleados y de otros niños de las familias pobres de la región, que venían para que les enseñara lo relacionado a nuestra fe. Los consideraba a todos ellos como mis hijos. Te podría decir que he tenido tres vidas: la de mi familia, la vida de las Obras de la Cruz, en la cual vinculábamos nuestros sufrimientos a los de Jesús y la vida interior, o espiritual. Ha sido una vida con todas sus sombras y sus gracias.

Parece muy exigente que una sola persona cumpla todo eso. ¿Su esposo no se incomodaba por todo eso que hacía?

Mi esposo era muy comprensivo y nunca me impidió hacer algo, aún cuando creo que él era de la opinión que trabajaba demasiado. Había comenzado las Obras de la Cruz y más tarde había fundado la congregación religiosa de las Religiosas de la Cruz del Sagrado Corazón de Jesús, cuya misión consistía en realizar una adoración ininterrumpida al Santísimo Sacramento y en ofrecer su vida a la Iglesia, especialmente por los sacerdotes. Todas estas cosas las había comenzado a llevar a cabo desde cuando estaba casada. Ambas eran iniciativas a las que me sentía muy unida. No obstante, mis hijos y las responsabilidades de nuestro hogar ocupaban el primer lugar. Mi esposo sabía que le profesaba un gran amor. Luego de haber vivido diecisiete años de matrimonio, el Señor lo llamó a su descanso. Antes de morir me pidió que cuidara de nuestros hijos y, para mi sorpresa, como si hubiera leído mi corazón, me solicitó que me entregara por entero al Señor. Verdaderamente Dios había bendecido mi vida con el amor de este buen hombre. Me afligí profundamente por su muerte, pero me regocijé igualmente por haber estado casada con él.

¿Qué hizo después de su muerte?

Era una viuda de treinta y nueve años de edad. Para ese entonces, ya uno de mis hijos también había muerto. Eran momentos difíciles y en ese entonces estaba a cargo de mi familia. Nuestras finanzas no siempre eran buenas, pero lográbamos salir adelante. Dos años después de la muerte de mi esposo, me encontré con un sacerdote marista, el padre Félix de Jesús Rougier. Solía buscarle para la confesión, pero la verdad es que quería compartir con él mis pensamientos acerca del Apostolado de la Cruz. Esta era una forma de vida para las personas que querían santificar sus vidas ofreciendo sus propios sufrimientos a través de la cruz de Jesús. Nosotros dos establecimos un vínculo espiritual que llegaría a complementar el trabajo de cada uno de nosotros. Él se convirtió en mi director espiritual. El padre Félix me inspiró demasiado, aunque en ocasiones yo tenía que empujarlo para que se lanzara más a fondo. Tiempo después sus superiores lo volvieron a enviar a Europa. Enseguida, luego de todos esos años, regresó a México en 1914 y realizó un gran trabajo en beneficio de la Iglesia. Finalmente, juntos fundamos los Misioneros del Espíritu Santo y él, a su vez, comenzó otras órdenes religiosas, como las Oblatas de Jesús Sacerdote, que también conoces.

En ese entonces en mi amado México estaban comenzando a ocurrir grandes cambios. Al igual que en los primeros tiempos de la Iglesia, cuando los primeros cristianos sufrieron enormemente, la persecución había comenzado en México. Era un crimen que los sacerdotes celebraran los sacramentos. Muchos laicos y religiosos sufrieron el martirio durante aquellos días. Por mi parte procuraba proteger a mi familia y permanecer fiel a mis creencias, sin importar el costo que tuviera que pagar. Los soldados del gobierno federal se apoderaron del convento de las hermanas contemplativas en mi ciudad.

¡Pobre México! Por cuánto tiempo estaríamos siendo lastimados. Me lamentaba ante nuestro Señor y él me decía que esa prueba pasaría. La sangre de muchos mártires consagró nuestra tierra y llenó de bendiciones nuestra vida. Permanecimos fieles. Nuestra única esperanza era abrazar la cruz de Jesús más estrechamente. Al unir nuestros sufrimientos con los suyos, sobreviviríamos a la opresión. Oraba mucho y daba refugio a los sacerdotes, obispos, a religiosos y religiosas en mi casa para que se escondieran. Era algo peligroso, pero, ¿qué otra cosa podía hacer a favor de mi amada Iglesia? La cosa es que ahora me he extendido demasiado. Tú apenas me planteaste una sencilla pregunta y yo no de dejado de hablar un momento. Me siento muy apenada contigo.

¡De ninguna manera doña Conchita! Me siento conmovido por todo lo que me ha dicho. Acaba de plasmar una pintura muy viva de aquellos días, describiéndome lo que le a usted y a cuantos estaban a su alrededor. Aprecio profundamente su testimonio y el de otras muchas personas durante aquellos días terribles. Yo aprecio muy vivamente a los sacerdotes diocesanos y a los laicos que ofrecieron su vida por los demás y, que a imitación de Cristo, aún perdonaron a sus perseguidores. Usted ayudó a completar el cuadro al afirmar que asumió riesgos enormes al dar abrigo y protección a los sacerdotes, algo que estoy seguro muchas otras mujeres también hicieron.

Eso es la pura verdad. Había muchas casas donde los sacerdotes sabían que podrían encontrar seguridad.

Si me permite hacer una pausa en nuestra conversación, me gustaría darle las gracias por el gran amor y la devoción que siempre ha tenido por el ministerio de los sacerdotes. Los muchos libros para sacerdotes que usted escribió sirven como fuente de inspiración. Pero por encima de todo eso, su interés y amor por el sacerdocio resultan especialmente impactantes. Tengo la impresión que usted se ve a sí misma como la madre de todos los sacerdotes, que los quiere cuidar y alentar para que estén más unidos a Dios. Ellos han llegado a ser sus hijos.

En realidad eso es cierto. No exagero. Sin duda, me siento muy cercana a los sacerdotes. Dios me ha regalado un amor especial por ellos. Estoy convencida que son seres humanos imperfectos, que enfrentan muchas tentaciones y luchas. Pero también son animosos y nobles en su esfuerzo de vivir el evangelio que predican. Todo lo que yo quiero hacer es darles a conocer que son apreciados. Tienen un lugar y un hogar conmigo, donde yo los cuidaré en cualquier dificultad que estén enfrentando. Estoy aquí para ellos; me encantaría que muchas personas oraran por los sacerdotes.

Doña Conchita, no quiero que vaya a pensar mal de mí por no haber leído más ampliamente sus escritos, pero a partir de lo que he podido leer y de lo que he escuchado de parte de los Misioneros y de las Oblatas, usted fundó lo que podría llamarse una escuela de espiritualidad. Según lo que puedo entender, usted guía a una persona a través de etapas que lo conducen a estar más cerca de Dios. Mediante la Cruz, usted nos señala un camino hacia el Señor. San Juan de la Cruz escaló a la cima de la montaña y santa Teresa de Ávila atravesó las moradas interiores de un castillo. Yo entiendo que usted ve la vida espiritual a la manera, valga la comparación, de un crecimiento espiritual con las estaciones del año. Así como las estaciones del año se repiten anualmente, el camino de la santidad también se repite una y otra vez. Todo esto es conducido gracias al trabajo y la sabiduría del Espíritu Santo. Somos transformados, siempre de forma gradual, a imagen y semejanza de Dios. Todos hemos sido moldeados con la imagen de Dios y, en la última estación de nuestra vida, reflejamos más claramente esa imagen.

Un momento por favor, me estás colocando en compañía de grandes santos: Juan de la Cruz, Teresa de Ávila... En mi opinión estás exagerando. Soy una simple abuela, ni más ni menos, alguien como tu propia abuela, alguien que ha llegado a reconocer la presencia de Dios en cada estación del año. A lo largo de toda nuestra vida, desde la primavera de la juventud

hasta la adultez del verano, en el otoño de la madurez, y finalmente en el invierno de la sabiduría, la cual normalmente viene
en la vejez, vemos la impronta de Dios en nuestra vida de forma
cada vez más clara.

Además, corregijo cuando me dices que "guío" a las personas. En realidad no es así. Dios es quien envía la brisa que
sentimos mientras nos sentamos aquí debajo de este árbol
grande. Este es el trabajo del Espíritu Santo que algunas veces
nos lanza hacia delante como si fuera una suave brisa y, en
otras ocasiones, nos empuja hacia la santidad como si fuera
un viento. Cada estación tiene su propia riqueza. Si logramos
aprender a permanecer en silencio siempre, una y otra vez, tal
como estamos aquí ahora, lograremos reconocer la amplitud,
el aliento y la profundidad de cada estación. Sin embargo,
permíteme recordarte que todo esto tiene su precio, y que
debemos pagarlo. El Espíritu une nuestro sufrimiento y nuestras angustias con las de la cruz de Jesús, el amado de Dios y
nuestro amado. Llamo a esto práctica "la cadena del amor",
mediante la que ofrecemos permanentemente nuestra vida, a
cada hora, al Señor.

Esta es la vida de las personas contemplativas que vive en el
mundo de la acción. Doña Conchita, usted está describiendo
una vida contemplativa para toda persona que quiera vivir con
Dios. Este tipo de vida no es solamente para los sacerdotes o
para los religiosos o religiosas, sino que está abierta para todas
las personas.

¡Por supuesto que sí! Has logrado captar el significado del mensaje que he tratado de vivir y de mostrar a los demás. No hay
cristianos de segunda clase. Durante el invierno de mi vida fui
capaz de vivir este mensaje con una amiga muy especial, una

mujer que ha sido mi compañía constante a lo largo de toda mi vida.

¡Tienes mucho que aprender de las mujeres! La Virgen María ha sido siempre mi mejor amiga. La soledad que enfrentó cuando su Hijo se apartó de su lado para ocuparse de sus cosas me sirvió como ejemplo cuando mis hijos estaban creciendo. Ella y yo nos convertimos en buenas amigas a lo largo de los años. Hablamos frecuentemente aquí debajo de este árbol.

Debí saberlo antes. Doña Conchita, ha sido una bendición para mí conversar con usted. Ahora estoy más inspirado que nunca para ir a leer lo que ha escrito a los sacerdotes, y también sus escritos sobre la espiritualidad de la Cruz. Sin duda que animaré a otras personas a hacer lo mismo. Una vez más, le doy las gracias por su devoción especial hacia los sacerdotes. Su oración y su ejemplo me dan fortaleza; me la ha dado a mí y a muchos otros a lo largo de su vida. ¿Cómo podría pagarle?

Muy bien. Podrás comenzar a pagarme viniendo conmigo a la casa para saludar a mi familia. Me puedes pagar siendo una fuente de aliento para todos los sacerdotes. Hazles saber que tienen un lugar especial en mi corazón y recuérdales que siempre que me necesiten. Estoy a tus órdenes. Finalmente, dile a las buenas hermanas Oblatas y a los Misioneros, que estoy muy contenta de que te hayan enviado conmigo.

24

Alberto Hurtado Cruchaga, SJ

1901 - 1952
Chile
18 de agosto
Santo
Sacerdote jesuita y fundador del
Hogar de Cristo.

Chile

¡Padre Alberto! ¿Qué hace aquí debajo del puente, precisamente en su cumpleaños? ¿Está meditando?

¡No! Ando buscando niños desamparados, ¿quieres ayudarme?

Me encantaría ayudarle, y si de paso me permite, también quisiera platicar con usted mientras caminamos por las calles de Santiago.

Mira, ahorita vamos por calles, pero verás algunas que parecen otra cosa en lugar de calles. Ya verás.

Padre, lo que ha logrado hacer es impresionante. ¿De dónde saca tanta energía para ser como un motor que nunca para?

¡Qué buen chiste!... Al menos tienes buen sentido del humor y ese ya es un don magnífico. Mira, no es cuestión de energías, sino de amor. No son energías físicas, sino energía espiritual que viene de Dios y que te lleva a amar profundamente a tus hermanos, sobre todo a los más pobres. Son ellos, como muchos de nosotros, quienes necesitan un amor verdadero, y no una lástima pasajera que los lleva a una condición mucho más difícil que la que de por sí ya tienen.

Si te dan lástima es que no los respetas como hijos e hijas de Dios. Hay que darles el amor de Cristo, porque es el que sobrepasa toda necesidad. Este amor les ayuda a quererse en su justo valor y también a buscar lo mejor para sí mismos. Hay que replantearles el principio que nos dejó el Patrón: "amarse a sí mismos". Su vida es tan dolorosa y triste que han perdido el amor propio y eso también hay que reconstruirlo en su humanidad tan dañada a causa de la pobreza y la miseria en la que viven.

El problema de las personas ricas de nuestro tiempo es que al pobre le dan limosna, y no justicia. La justicia precede a la caridad y, con mayor razón, a la limosna. La caridad comienza donde termina la justicia. Es decir, a cada niño chileno le corresponde, por justicia, un hogar estable, tres comidas diarias, un techo para dormir, una escuela para educarse y una sociedad en la que ser aceptado y promovido al crecimiento humano. Así pues, para mis pobres, busco esa justicia y después de ella, la caridad que como cristianos debemos a ellos, para llegar al principio de todo, a la dignidad y semejanza divina con la que fuimos creados por Dios, ¿te acuerdas?

Padre, ¡perdóneme! Pero usted va muy rápido. ¿Así anda a diario? Me gustaría que me platicara dónde nace su convicción de servicio a los pobres, especialmente a los niños de la calle.

Mira, no es que así viva a diario, pero las urgencias de la justicia así son. Te traen de un lugar a otro, y tanto la caridad como la justicia no pueden esperar. Yo creo que este amor nació allá en Viña del Mar, en casa de mis padres. Mi papá era un chileno aguerrido y de mucho temple. Luchaba por lo que creía justo y defendía lo propio. Creo que esta misma convicción le ganó su muerte, pues lo perdí a los cinco años y, francamente hablando, tengo muy pocas memorias de él. Mi mamá supo conjugar su fe en Dios con la vivencia de la caridad, aun después que quedamos sin padre. Con ese valor nos llevó a mi hermano Miguel y a mí a vivir en casa de unos tíos ricos, que hicieron el favor de ver por nosotros. Pero tú sabes, por mucho que te quieran, al final eres un arrimado y de vez en cuando te lo recuerdan. ¡Eso duele mucho!

Lo difícil de ser pobre es la falta de opciones. Mi mamá no tenía otra opción que la de acudir a su hermana, quien gozaba de una buena posición económica. Pero aun así, tratábamos de no depender mucho de los tíos. Para colmo de males, la gente se aprovecha, pues mi mamá tuvo que malbaratar la tierra que había dejado mi papá a fin de poder sacar algún dinero para mantenernos. Estas experiencias de pobreza y rechazo te marcan de una manera definitiva. Porque como sabrás, "es imposible pedirle al burro que no rebuzne". Además, es una falta de respeto muy seria ayudar a alguien sólo con cosas materiales, pues no le das opciones para salir adelante, sino razones para que se quede ahí donde está.

Padre, noto que tiene un carácter muy inquieto. ¿Siempre ha sido así?

Mira, pibe, vivir es algo más que andar de un lugar a otro. Hay que arrancarle la vida hasta a los momentos que parecen acabar con ella. Hay que tener encendido el corazón, no sólo por Dios, sino también por la vida misma, por todo lo que haces, por pequeño que parezca, pues si lo haces con dedicación, estás contribuyendo grandemente a que se realicen cosas grandes. No hay acciones pequeñas cuando se hacen con responsabilidad. Además, "Roma no se hizo en un día".

Padre, pero eso suena como si usted se la hubiera pasando leyendo encíclicas sociales y tratados de espiritualidad. ¿No era algo muy radical para su tiempo?

Siempre me gustó ser de avanzada. Y espero que entiendas bien mi "radicalidad". Creo que esto lo heredé de mi padre, pues así era él. Las cosas había que hacerlas bien y ahora mismo. Desde mi adolescencia, junto con mis amigos, decidimos ser muy activos, y eso nos llevó a muchas aventuras y también a no pocos problemas. Los padres jesuitas del Colegio de San Ignacio nos motivaron a creer en nosotros, y su ejemplo nos orientó también a trabajar por y con los pobres, a ser agentes de cambio, cristianos en medio de la difícil situación económica y política por la que atravesaba Chile, nuestra patria.

Al grupo de amigos nos unió más, no sólo el ideal del bien y la justicia social, sino el vivir cristianamente. Así fue como nos integramos al Partido Conservador, considerado como el partido católico de Chile y, desde nuestro espíritu juvenil, tratamos de combatir el marxismo que quería imponerse como sistema de vida, motivado —como sabrás— por la lucha violenta de las clases sociales. Para evitarlo, salíamos a la calle a manifestarnos, visitábamos círculos obreros, animábamos a otros a unirse a las causas de los pobres y también a ser verdaderos católicos en su medioambiente. No sólo orábamos, también actuábamos. A manera de grupo estábamos siendo católicos públicamente y en privado. Esta práctica le costó la vida a uno de nuestros amigos durante una manifestación, y eso duele mucho, porque la vida de ninguna persona merece terminar así.

El ser testigo de la violencia interna que genera la desigualdad económica de la gente me llevó a la Universidad Católica de Chile a estudiar abogacía. Había mucha gente que necesitaba quién la defendiera. Yo, en virtud de mi fe cristiana, me sentía obligado a hacer algo por ellos. Había un fuego que ya se había encendido en mí y no podía apagarlo. Yo mismo gozaba ese fuego y esa pasión juvenil de hacer algo por los demás, de creer que puedes cambiar el mundo. De soñar alto y luchar por tus sueños. Ese fuego iba más allá de mis fuerzas y me quemaba dentro, muy dentro.

Padre, ¿entonces pensó en ser sacerdote?

En ser sacerdote había pensado desde que estaba con los jesuitas en el bachillerato. Pero no pude entrar con ellos debido a que mi mamá y mi hermano Miguel dependían económicamente de mí. No pude entrar al seminario por falta de dinero, pero eso no me impidió prepararme para servir a los demás como cristiano. Durante estos años miré con añoranza el sacerdocio y así se lo comuniqué a mi director espiritual durante los años de la universidad. Ante la angustia de no poder entregarme a Dios a tiempo completo, me postraba ante él, frente al sagrario, y le pedía que solucionara mi situación económica para que pudiera ser jesuita. No recuerdo cuántas veces lo hice, tampoco las veces que lloré frente a nuestro Señor, pero sí recuerdo la vez que solucionó mi problema.

¿Cómo fue eso?

Sucedió en 1923, justo un poco antes de graduarme. Dado que ya conocía las leyes, me di cuenta del abuso que cometió el comprador de la tierra de mis padres. Según la ley, debía pagarle a mi mamá más dinero. Así que personalmente fui y le expuse el caso. Le dije que había dos opciones: o pagaba o lo llevaba a los tribunales. Hablando con él me enteré de que había perdido la fe en Dios y que Dios no le importaba; me dijo incluso que Dios "había enmudecido". No le hice caso y regresé a casa. Le dije a mamá que lo llevaría a los tribunales y me pidió que no lo hiciera, que no tenía importancia, que eran cosas del pasado. Además me dijo que Dios había cuidado bien de nosotros durante estos años.

Pues una noche, mientras estaba en el templo, donde me solía postrar ante el sagrario, alguien llegó a buscarme. Era aquel hombre, y sin más, me dijo que había hecho unos buenos negocios y que ahí me llevaba el dinero. Le dije que estaba bien, que se podía quedar con él, que no lo llevaría al tribunal, pero él insistió en que lo tomara. Sin más, le invité a entrar en la casa de Dios y le dije que era su casa, que Dios lo estaba esperando y lo invité a que le contara a Dios sus penas. Aquel hijo regresaba a la casa paterna. ¡Qué alegría! En aquel milagro mis penas habían pasado. La suma que me entregó sería suficiente para que mi mamá y mi hermano pudieran vivir y yo me fuera al noviciado jesuita. Así se lo expresé a mi amigo Manuel, quien compartía las mismas inquietudes y que con el tiempo llegó a ser obispo.

¿Y su carrera profesional?

¡Otro a quien le interesa el éxito! A mí no me importaba el éxito profesional. Si bien me gustaba ser abogado, más me gustaba ser sacerdote. ¡Ni siquiera me quedé a la graduación! Creo que todavía tienen mi título profesional en el archivo de la universidad. Además, mi trabajo de investigación para la tesis de graduación fue acerca del trabajo a domicilio, y eso me abrió los ojos al terrible sufrimiento de los pobres. Su casa era su propia celda, porque en ella trabajaban todo el día por una miseria. ¡No había leyes que los defendieran! Y lo que me resultaba muy difícil era ver cómo la gente se aprovechaba de ellos. Había que hacer algo en nombre de Dios, de la justicia y de las leyes laborales. ¡Todo debía darse en el mismo momento! Ante mí tenía la promesa de una carrera brillante como abogado, al menos así lo había dicho la Corte Suprema y la misma universidad luego de que presenté mi examen frente a ellos. Pero también tenía en mi corazón los rostros de los pobres a los que había tratado durante mis años universitarios y sobre quien había escrito mi tesis de graduación. No creo que haga falta decir a quién quise más.

Así pues, ingresé al noviciado en 1923. Había hablado de esta inquietud con mi director espiritual y finalmente le dije: "Me voy, padre. Me voy". En esta partida le di mi corazón a Cristo, como ya se lo había dado antes en mi vida de oración y penitencia. Para mí, esas fueron las palancas de mi apostolado. Tenía que hablar con el "Patrón", para luego poder vivir lo que él me pedía en medio de sus pobres. ¿Cómo podría entender la pobreza, el hambre y el frío que experimentaban los "patroncitos" si yo mismo no hacía una opción clara por ellos? Con más alegría seguí mi vida espiritual y académica, de un país a otro, hasta que finalmente fui ordenado sacerdote en 1933.

Padre, quienes lo conocieron dicen que usted tenía la voluntad de un mártir y que dejó todo, teniéndolo todo.

¡No creas todo lo que te dicen! Yo creo que todo ser humano, especialmente los jóvenes, deben ser enamorados de Cristo. Deben apasionarse con él, no sólo en un amor piadoso que se golpea el pecho, sino en una conciencia social que se pregunta qué es lo que Dios quiere de ellos. Hoy, en tu tiempo, los jóvenes tienen casi todo, pero deambulan por las calles buscando algo para entregar su vida. Me dan tristeza. Les falta voluntad porque no oran, no ayunan, no están dispuestos al sacrificio y, al no estarlo, no pueden ver el sacrificio de los demás, que no es voluntario, sino obligatorio. No se trata de ser mártir, de dar la vida de una forma violenta, como lo han hecho muchos santos, ¡ese es un regalo de Dios que no merezco! Pero eso sí, se trata de gastar la vida todos los días, no sólo en la oración, sino en la vivencia de la caridad con los más pobres, porque ellos son Cristo, y no hay otra razón más imperante y más hermosa que esa.

Creo que fue ese Cristo en los pobres quien le dio vida a mi sacerdocio. Las mismas necesidades de los pobres me llevaron a orientar mi apostolado entre los jóvenes de la Acción católica, en los sindicatos, y aun en los estudios que hice como sacerdote. Creo que a fin de cambiar la injusticia de un país, tienes que cambiar las injusticias que la generan. De otra manera, el mal no se soluciona y la pobreza no se acaba.

¡'A jijo'! ¿Cómo está eso?

Mira, fue parte del revuelo que causó mi libro *¿Es Chile un país católico?* Algunos hermanos me juzgaron de marxista, pero no, nunca lo fui y jamás he creído que a fin de amar a los pobres tengas que odiar a los ricos. Hay que amarlos a los dos y hay que desafiarlos a los dos. Hay que buscar el equilibrio, no desde la violencia, sino desde la justicia. Cuando te das cuenta de la cantidad de gente que vive en la miseria, lo poco que se paga a los obreros, lo que se batalla para comer, vestir y vivir dignamente... te preguntas, ¿dónde está el catolicismo que profesamos los domingos? ¿De qué se benefician los pobres en un país cuya mayoría es católica? De ahí mi pregunta, ¿es un país verdaderamente católico? De nombre sí, en la práctica no. Entre católicos que viven su fe, esas diferencias tan abismales entre ricos y pobres son inaceptables; van contra el Evangelio y por tal razón son pecaminosas. Eso no es marxismo.

Las ciencias sociales te dicen cuántos pobres hay, por qué son pobres y qué es lo que impide que salgan de la pobreza. Eso no es marxismo, eso es preguntarte como cristiano qué es lo que Dios pide de ti para cambiar esa realidad. ¡Es poner el Evangelio de cara a la realidad y dar testimonio de que eres seguidor de Cristo no con palabras, sino con obras!

Fueron esos apostolados de organización social, de predicación, de retiros espirituales, de acompañamiento de obreros, de promover las encíclicas sociales del Papa León XIII que pedían del mundo industrial un salario digno para el obrero y la familia, horarios justos, condiciones seguras y salubres, la dirección espiritual y, sobre todo, la intimidad con Jesucristo, lo que me llevó a entregarme sin límite. Al final, los malentendidos causaron problema y tuve que renunciar a mi cargo de asesor nacional de Acción Católica, el movimiento obrero católico. Lo hice con gusto, viendo en ello la voluntad de Dios y no mis propios intereses.

Pero comprenderás que la voluntad de Dios no siempre es fácil de aceptar. Aquel apostolado me llenaba mucho. Y siempre aprovechaba para invitar a los jóvenes a que entregaran su ser a Dios en la vida consagrada. Pero una noche muy fría, Dios me llamó de una manera más profunda. Bajo una lluvia y un frío intenso me encontré con un hombre que me pidió caridad, no había comido, estaba empapado y padecía una fiebre fortísima. ¡Era Cristo el que me estaba pidiendo caridad! Me dijo que no tenía dónde pasar la noche, ¡Cristo no tenía dónde pasar la noche!

Al día siguiente, me encontré a mí mismo predicando a unas señoras que eran muy ricas, y sin saber por qué, relaté intensamente aquella experiencia. Al final de la misa, algunas de ellas donaron sus joyas y otras más me dieron dinero. Fue así como nació el Hogar de Cristo, porque Cristo me dijo una noche fría y lluviosa que no tenía techo y que tenía mucha hambre.

Así nació el Hogar de Cristo, para que Cristo tuviera un techo. Comenzamos trayendo niños desamparados que encontrábamos debajo de los puentes o en las alcantarillas de la ciudad. Después, trajimos adultos que vivían en la calle, gente pobre que no tenía un hogar para vivir. En este hogar vivirían como hijos e hijas de Dios, tendrían una cama, una almohada, ropas limpias, y también buscaríamos la manera de prepararlos para que en el futuro pudieran salir adelante ellos mismos. No sólo veríamos en ellos el rostro de Cristo, sino que los trataríamos como al mismo Cristo.

El sueño del Hogar era ambicioso, pero muy cristiano. A los niños no sólo les daríamos amor, sino que les enseñaríamos un oficio, a vivir dignamente, con sueños. Les buscaríamos "padrinos" para que les ayudaran a salir de su pobreza material y marcaran una diferencia positiva en la vida de los niños más pobres. Por ello insistía a las religiosas que me ayudaron a fundar el Hogar que vistieran a los niños con ropa apropiada, que les quedara, para que esto les hiciera sentirse dignos, que lo merecen, que todo ser humano merece vestir bien. Ya habían sufrido pobreza lo suficiente como para darles más sufrimientos.

¿Qué pasó? ¿Tienes frío? Aquí tienes un bote para que te sientes.

Gracias, padre Alberto. Continúe por favor, lo escucho.

Esta iniciativa, como te das cuenta, creció. Tuvimos dificultades, pero Dios ha ido solucionándolas, sea por personas que se donan a sí mismas, por dinero que nos llega o por la gran cantidad de voluntarios y de corazones generosos que hacen de este sueño una realidad para todos. Ante nuestras necesidades, Dios no guarda silencio, debemos escuchar atentamente para ver qué es lo que quiere él de nosotros. Este Hogar de Cristo ha recibido a muchos Cristos que no tiene a dónde ir o una oportunidad para crecer. Lo más maravilloso es ver cómo regresan transformados a dar las gracias o a continuar esta misión.

¿Qué condición hay para ingresar?

No hay condiciones. El ingreso es como el amor de Dios, no importa en qué situación vengas, te recibimos. Nuestra misión es ayudarte a que seas la persona que Dios quiere que seas, no sólo en el cuerpo, sino en el espíritu; no sólo en la fe que se lleva dentro, sino en la que se vive fuera. La mayor victoria que pueden alcanzar los hermanos de este hogar es vencerse a sí mismos, porque sólo así podrán ser soldados de Cristo, defendiendo a los pobres y haciendo algo por ellos, porque cualquier injusticia cometida contra ellos es una bofetada en el rostro de Cristo. ¡Ya estuvo bien de bofetadas!

Padre, toda la historia suena muy bien. ¿Alguna vez el dolor tocó a su puerta?

¡Muchas veces! Desde la muerte de mi padre, y la de mi amigo en el partido católico, hasta el no poder ser jesuita debido a mi situación económica y la incomprensión que tuve de parte de algunos líderes de la Iglesia. También me partía el alma no poder dar mejores alimentos a mis pobres del Hogar de Cristo. Se los merecían, pero no los teníamos. La comida no siempre era la mejor y me dolía no tratarlos como se merecen, porque son dignos, porque son de Cristo, y por eso hay que pedirles perdón. Sólo ellos pueden perdonarme esta falta tan grave.

¿No está siendo muy severo con usted mismo?

¡No! Dios no me había llamado a una carrera exitosa, sino a una entrega fiel. Y me da gusto que, en medio de esta entrega, el Señor me llamara a su presencia. Estaba listo para contemplar su rostro, frente a frente. Había vivido intensamente, amando y luchando, y ante la voluntad de Dios, nadie puede. Los dolores en mi estómago, causados por la colitis nerviosa que padecía, se hicieron muy fuertes. Finalmente la enfermedad tocó a mi puerta. El médico dijo que era cáncer pancreático y que la muerte era inminente.

Al llegar este momento, me sentía agradecido con el Patrón. ¿Cómo no estar agradecido con él? En vez de darme una muerte repentina, me mandó una enfermedad que me permitía despedirme de las personas queridas. Al final Dios había sido un padre cariñoso, el mejor de todos los padres. Así pues, concluía mi obra aquí en la tierra y comenzaba la de ustedes, los patroncitos que deben cuidar de sus hermanos más pequeños y del rostro de Cristo, ensombrecido por las injusticias de este tiempo.

¡Padre! Pues sus chanclas están muy grandes y creo que no hay nadie que "desate la correa de sus sandalias", pero veré qué puedo hacer. El ejemplo de esta gente que continúa su obra es admirable, y más admirable aun es cuánto lo quieren porque usted los amó sin límites. Feliz cumpleaños y espero que volvamos a vernos.

¿A dónde vas?

Al Hogar de Cristo, padre. Quizá mi presencia sirva de algo…

KATHARINE DREXEL

1858 - 1955
Estados Unidos de América
3 de marzo
Santa
Mujer acaudalada, defensora
de los afroamericanos, nativos
americanos y fundadora.

*Estados
Unidos*

¡Buenas tardes! ¿Cómo está, hermana? Me di cuenta de que aquí están ayudando a los afroamericanos y a los nativos estadounidenses, y vengo a ofrecerme como voluntario. Dada la situación política del país y la discriminación que hay en contra de estos hermanos nuestros, me parece muy interesante lo que están haciendo y quiero ser parte de esta diferencia.

¿Está seguro de lo que dice? Usted sabe que a mucha gente no le agrada el trabajo que hacemos. De hecho, sepa usted que hace tiempo descubrimos una bomba cerca de una de nuestras instalaciones.

No se preocupe. Estoy al tanto de todas esas cosas y por eso mismo quiero colaborar con ustedes. ¡Son un ejemplo para nosotros! A propósito, ¿quién es usted?

¡Buen comienzo! Soy Katharine, pero me puedes decir Catalina. Está bien.

¿Qué hace?

Lo que se puede hacer por los demás. Hacemos de todo: a ratos limpio pisos, lavo los baños o bien, limpio la cocina y preparo los alimentos. Somos una comunidad que cree en el servicio y la entrega diaria.

¡No me diga que usted es Katharine Drexel, la jovencita que renunció a una fortuna millonaria para unirse a la vida religiosa!

Ya te dije que me puedes decir Catalina, ¿en qué puedo servirte?

Perdone mi terquedad, pero, ¿es usted Katharine Drexel? Si lo es, le pido que me cuente la historia de toda esta obra tan grande que me tiene tan intrigado.

Para responder a tu pregunta, sí, mi nombre es Katharine Drexel, para servirte. Además, me alegra que un joven tenga interés en esta obra. Eso es siempre el más puro signo de la esperanza. Realmente la historia comienza en mi propio hogar. Mi padre, Francisco Antonio, trabajaba en la Banca y mi mamá, Hannah, murió debido a unas complicaciones de parto. Después, mi papá se volvió a casar con Emma Bouvier, quien me cuidó como una madre y a quien aprendí a querer como tal. Mis padres eran muy ricos. En casa jamás tuvimos alguna necesidad material. De hecho, mis hermanas y yo tuvimos educación privada. La vida realmente nos sonreía a raudales. A pesar de los bienes que teníamos, mis padres nos enseñaron que la finalidad de tener riquezas no era para provecho propio, sino para compartirlas con los demás, especialmente con los más pobres. Nos ayudaron tanto con sus palabras, como con su ejemplo, a que no atáramos el corazón a las cosas materiales, sino que más bien buscáramos la manera de ser buenos cristianos con las demás personas.

No quiero ocultarte que el tener dinero en aquellos años nos dio muchas ventajas y privilegios. Gracias a ello, pudimos viajar y conocer nuestro país, incluso fuimos a Europa. Ambos viajes fueron muy impresionantes para mí.

¡Imagino que los paisajes fueron muy impresionantes!

Sí, pero no me refiero a eso. Creo que Dios, mediante mi madre Emma, había comenzado algo en mí, algo que yo misma no entendía. En ese entonces mis hermanas y yo pudimos viajar por nuestro país y pude ver la pobreza en la que vivían los nativos americanos, la falta de oportunidades y cómo toda la sociedad los rechazaba y orillaba a vivir en la pobreza. La situación de los afroamericanos era algo todavía peor. Pese a que ya se había abolido la esclavitud, los afroamericanos seguían marginados de una manera terrible y dentro de mí se desató una lucha interna y una necesidad profunda de hacer algo por ellos.

A raíz de esta inquietud, comenté con mi director espiritual que quería ser monja para dedicarme a ellos, pero me dijo que era muy chica, que esperara, y me sugirió que hiciera mucha oración.

Tres años después, en 1887, visitamos Europa y por alguna u otra razón, se nos concedió una audiencia con el papa León XIII, el gran Papa de la justicia social. Aprovechando que estábamos ahí, le comenté la situación tan difícil que vivían los nativos y los afroamericanos y que sentía la necesidad de ayudarlos mediante mi trabajo personal. También le pedí que enviara misioneros a unas reservas de nativos americanos que nosotras mismas estábamos financiando. Debo admitir que jamás me imaginé la respuesta que me dio el Papa: "¿Por qué no te conviertes en misionera?".

Esa fue la inquietud que me traje de ese viaje a Europa. Una invitación tan directa que me llevó a ponderar la vida religiosa, no como monja contemplativa, como lo había soñado, sino más bien, con una vida activa, como la situación lo requería.

¿Qué situación?

La de los afroamericanos y nativos estadounidenses. ¿Qué no ves a tu alrededor? Si hoy en día las cosas siguen siendo difíciles para ellos, su situación era mucho más difícil en aquellos tiempos. No había escuelas para que se educaran formalmente y, cuando no se ofrece educación a un pueblo, lo condenas la pobreza extrema y todo lo que esta conlleva. Existía una sociedad profundamente racista y que se sentía con derecho a discriminar. Incluso dentro de la misma Iglesia católica experimentamos esas situaciones. No era nada fácil.

Déjame darte un ejemplo: en 1868 se firmó un tratado federal que prometía un maestro por cada 30 alumnos, tanto nativos como estadounidenses. Hacia 1913, la situación seguía empeorando. Legalmente ya eran libres e iguales a los demás, pero en la práctica eso no sucedía. Con los afroamericanos sucedían cosas parecidas. En el estado de Georgia, por ejemplo, se intentó aprobar una legislación que prohíba a los maestros blancos enseñar a los alumnos afroamericanos y fue de esta manera en que el sistema legal, dañado también por el racismo, intentó detener el ministerio de las Hermanas del Santísimo Sacramento, que es mi comunidad religiosa. La situación era difícil y había que luchar no sólo en el campo de acción, sino también en el campo legal.

¿Todo eso le pasó en Europa?

No, toda esta situación interna fue a raíz de ese viaje a Europa. Todo se me juntó, incluso la muerte de mi papá, pues mi mamá Hannah, ya había fallecido. Su muerte nos dejó un legado cristiano y una fortuna muy grande a mis hermanas y a mí. En aquél tiempo eran 14 millones de dólares. Como sé que no eres muy bueno con números, inflaciones y cosas de esas, te digo que esa cantidad sería algo así como unos 250 millones de dólares en este tiempo.

¿Para qué le sirvieron?

¡Tú sí que eres directo! ¿Para qué sirve el dinero? Te repito, mis padres nos enseñaron que había que compartirlo, especialmente con los más pobres, así que lo repartimos entre organizaciones de ayuda católicas y luteranas. Fue entonces cuando a los 21 años decidí unirme a una congregación religiosa, las Hermanas de la Misericordia.

La prensa criticó mucho mi decisión, porque para la gente de entonces, como la de ahora, la meta es tener dinero y poder. Pero la verdad es que el dinero no te libra de nada, ni siquiera de ti mismo. El ser rico es una responsabilidad muy grande porque por medio de lo que Dios te ha dado estás llamado a ayudar a quien tiene menos que tú, no por misericordia o lástima, sino por justicia y compasión cristiana, porque los pobres son tus iguales. Además, el dinero no te llena ningún vacío. Los vacíos que tenemos las personas es porque no tenemos a Dios y queremos llenarlos precisamente con el dinero. De ahí la dificultad de que las personas ricas se salven, porque a veces llegamos a pensar que con el dinero que poseemos no necesitamos de la salvación, peor aun, que podemos comprarla, ¡como si Dios tuviera precio!

Dentro de mí lo había decidido, sería monja. Ahí me prepararía para servir a los nativos y afroamericanos. Así me lo había aconsejado mi director espiritual, quien me sugirió que me uniera a una comunidad, para luego formar una comunidad de hermanas cuyo ministerio fuera el servir a tiempo completo a estos hermanos nuestros. En 1889 fundé, con la ayuda del entonces obispo de Omaha, James O'Connor, la orden religiosa de las Hermanas del Santísimo Sacramento. Propuse que, además de vivir los votos evangélicos de pobreza, castidad y obediencia, viviéramos un voto más, el ser madres y servidoras de los nativos americanos y de los afroamericanos. Y desde entonces estamos prestando ese servicio con todo el amor que podemos.

No nacimos como una comunidad religiosa paternalista. Creo que dar dinero no es suficiente. Hay que darse uno mismo.

En ocasiones damos el dinero porque no nos cuesta darlo o porque en una "caridad" escondemos una responsabilidad cristiana, cuando la llamada cristiana es aun más profunda. Hay que desprenderte hasta de ti mismo para darte a los demás, en lo que Dios te ha dado y en lo que quiere seguirte dando para que sigas siendo fuego encendido en tu entorno. Al trabajar con estos hermanos nuestros, nos dimos cuenta de la necesidad que había de escuelas y de una educación formal. Así fue que orientamos nuestra tarea. En ocasiones exigíamos derechos civiles para los afroamericanos y los nativos, buscábamos también la integración racial, y con los bienes que me había dejado mi papá, comenzamos a comprar propiedades para construir nuestros propios centros educativos.

Con la ayuda de Dios, y mediante otra persona, compramos un terreno en Nueva Orleáns que estaba pegado a nuestra preparatoria Xavier. Lo tuvo que comprar alguien más porque, si lo compraba yo personalmente, sabrían para qué lo usaríamos y nos negarían la venta. Este mismo terreno, en 1932, pasó a ser la Universidad Xavier, que es la única universidad católica dedicada a alumnos afroamericanos, a quienes ninguna otra universidad querían recibir. Cuando se inauguró la Universidad, yo me encontraba en otro edificio, viendo el evento a distancia. Aunque estaba alegre por este gran paso, me entristeció saber que un sacerdote, al saber que dedicaríamos esta universidad a los afroamericanos, dijo en latín: "qué desperdicio". Esto era difícil, porque por una parte teníamos sacerdotes que apoyaban nuestra obra y, por otra, personas que se oponían a ella. El racismo era una enfermedad muy marcada en nuestros tiempos, y espero que ya no sea así en los tuyos.

Nuestra opción fue servir a los afroamericanos y nativos americanos desde la educación y el servicio a sus propias comunidades, para que ellos mismos salieran adelante. ¡Nadie mejor que ellos para esta misión! El proceso no fue fácil, pero las dificultades a las que nos afrontábamos nos llevaban a confiar más y más en Dios.

Tiene razón Hermana, porque ahora caigo en la cuenta de la información que leí acerca de ustedes. Tienen escuelas rurales, misiones... y están presentes en muchos estados, incluso en Haití y en Guatemala. Todo lo que me ha contado parece una larga historia de éxitos y luchas que terminaron positivamente. Ahora veo que es una mujer de voluntad fuerte y decidida, pero, ¿cómo afrontó los momentos difíciles?

¡Chacho! Hubo muchos. Me dolía ver el rechazo de algunos miembros de la Iglesia hacia los afroamericanos. ¿Cómo pudimos hacer eso? ¿Cómo pudimos predicar la igualdad ante Dios y vivir la diferencia ante los demás? Los sacerdotes que colaboraban con nosotros eran también objeto de amenazas y rechazos. En uno de los pueblos en los que estuvimos, alguien colocó un letrero en nuestra iglesia en el cual pedían que "finalizaran los servicios". Esta persona era miembro del Ku Klux Klan, ese grupo de personas que discriminaban y asesinaban, entre otros, a los afroamericanos debido al color de su piel. Lo curioso es que esa misma semana sobrevino una tormenta tan fuerte, que arrasó con el edificio en el que el Ku Klux Klan solía reunirse, y dejamos de recibir quejas. Realmente era algo muy difícil el reconocer que entre nosotros había personas que no tenían ningún problema en ser católicos y ser racistas. ¡Es imposible! ¡Duele demasiado!

Pero más allá del dolor, sin negar todo lo que nos hace sufrir, está la esperanza. Por eso insisto en que mantengamos una amistad orante y continua con el Señor sacramentado, pues él mismo está presente en los pobres y en las víctimas de discriminación racial. No debemos apartarlo el uno del otro. Hay que estar frente al Santísimo para llenarnos de él, porque sólo así podremos ir a darnos a los demás, y ahí, encontraremos la felicidad. No en las cuentas abultadas que puedas llegar a tener, sino en el amor que seas capaz de compartir con tus semejantes.

Madre, ¿cómo es posible que hayan hecho tantas cosas y usted esté ahora en esa silla de ruedas?

¡Qué mentalidad tan pobre! Para que veas, el dinero no te libra del curso natural de la vida y tu condición tampoco te impide entregarte a los demás. Estoy en esta silla a raíz de un ataque cardiaco que sufrí hace muchos años. Aun desde una vida así, como persona discapacitada, podemos contribuir con nuestro propio talento. Al final, me descubro haciendo lo que inicialmente quise ser y hacer: dedicarme a la vida contemplativa mediante la oración y la caridad. Todo esto no quita el dolor de aceptar la voluntad de Dios respecto a tu vida. Yo misma sufrí porque esta enfermedad me apartó de las personas que tanto he amado, pero a la vez, me unió más a nuestra misión apostólica de servir y apoyar a mis hermanas de la congregación mediante la oración y la vida contemplativa. Al final, el sufrimiento humano te enseña que la obra es de Dios y que nosotros sólo somos instrumentos de su gracia.

A propósito, ¿a qué te dedicas? ¿Qué tienes para dar? Como sabes, para esta obra necesitamos algo más que dinero...

Solanus Casey, OFM Cap

1870 - 1957
Estados Unidos de América
3 de noviembre
Venerable
Capuchino franciscano,
portero, director espiritual,
sanador y escucha de todos.

Estados Unidos

Hola, Barney. Pasé por el comedor comunal que organizaste en Detroit. Todavía están sirviendo comida a toda la gente que tiene hambre.

Mira, si vamos a tener una conversación placentera y agradable, mejor sería que uses mi nombre religioso, Solanus, y no mi antiguo nombre, Bernard, y mucho menos mi apodo. Solanus es el nombre que la gente reconoce, y ese nombre tiene un significado especial para mí. San Francisco Solanus fue un misionero franciscano nacido en España, que sirvió en América del Sur. Era especialmente querido por la gente pobre del Perú, donde murió. Ha sido un buen modelo para mí.

Bien puedo entender por qué el nombre tiene tanto sentido para ti. Lleva mucho peso. Tu sensatez y sensibilidad hacia los pobres te hace un hijo fiel de Francisco de Asís.

He intentado vivir según las enseñanzas de san Francisco, pero sabes que no pensaba en ser franciscano. Como adolescente trabajé en una granja en Wisconsin. Siendo el sexto en una familia de dieciséis hijos, tuve que trabajar para ayudar en el sustento familiar. Trabajé en fábricas de ladrillos, hospitales, como maderero en un río, conductor de tranvías, e incluso como guardia en la penitenciaría estatal de Minnesota. Allí conocía a Jim y Cole Younger, cómplices de Jesse James, el famoso bandido. Cole me regaló un baúl para ropa que él tenía. Pero ¿puedes imaginarme en ese último trabajo?

Si quieres saber de verdad, de todos los trabajos que mencionas, aquel de ser guardia de prisión es el en que más me cuesta imaginarte. Suelo pensar en los guardias como hombres macizos, musculosos, de cara severa y dando órdenes a los presos.

¿Así que no me puedes visualizar dando órdenes? Bueno, no tenía que hacer eso tanto, porque trabajaba sólo media jornada diaria. Ese trabajo me permitió ver el otro lado de las rejas, para conocer algunas de las historias de los hombres que estaban tras ellas. Es un trabajo que poca gente quiere. Aprendí muchas cosas de esos presos.

¿De verdad? ¿Qué habrían podido enseñarte?

Así piensa mucha gente. A veces queremos creer que toda la gente buena está fuera de la cárcel, mientras que toda la gente mala está encarcelada. Estarías sorprendido al ver cuánta fe hay allí detrás de esos barrotes. Tú y yo decimos que somos personas de fe, pero ¿alguna vez nuestra fe ha sido realmente probada? Acuérdate, ninguno de nosotros es perfecto. Cuando me daba cuenta de todas mis imperfecciones, podía verme a mí mismo reflejado en aquellos presos. Para seguir adelante en la cárcel, uno tiene que tomar una decisión acerca del tipo de vida que quiere llevar. Por cierto, no todos los hombres que conocí allí practicaban su fe, pero sí conocí a algunos hombres quienes, por su modo de orar e intentar vivir honestamente, me enseñaron a no rendirme jamás. Se les prueba diariamente de una manera que para nosotros sería bastante difícil de sobrellevar. "Nunca te rindas", esa lección acabó significando mucho para mí en los años posteriores de mi vida, cuando me tocó enfrentar momentos muy difíciles.

¿Había alguna cosa en particular que te empujó hacia el sacerdocio?

Sí, la hubo. Un día cuando estaba conduciendo la tranvía por un barrio peligroso del pueblo, vi a un marino apuñalar a una joven. Era un acto de violencia muy cruel, y el recuerdo me perseguía. Tal vez podría decir que perdí mi inocencia ese día. Mis ojos se abrieron al odio y al mal que existen en nuestro mundo. Esto puede parecerte raro, pero la única respuesta que me parecía adecuada era intentar de alguna manera amar, como Jesús mismo amaba. Así podía empezar a sanar la herida del mundo que vi aquel día. Decidí dedicar mi vida a hacer sólo eso. El sacerdocio me parecía la opción más lógica.

Por cierto, tus diversos trabajos realmente te dotaron de mucha experiencia y muy valiosa, para tratar con todo tipo de gente. Escucharte contar esa última experiencia tan trágica realmente me sacudió. ¿Pero decías que empezaste sin querer ser franciscano?

Así es. Entré en el seminario diocesano de San Francisco de Sales en Milwaukee, Wisconsin, pero tuve problemas en los estudios o, más bien, los estudios me causaron problemas en la cabeza. Por eso dejé ese seminario. Tiempo más tarde, ingresé en el noviciado de los padres capuchinos, de tradición alemana. ¿Puedes visualizar a un irlandés en una comunidad alemana de frailes franciscanos capuchinos, donde las clases se daban en alemán y latín? ¡Eso era forzar mi suerte!

Más bien, creo que Dios estaba empujándote hacia donde él te quería.

Tienes razón. De todos modos, finalmente ordenarme sacerdote, pero como *sacerdos simples*. Te acuerdas de tu latín, ¿no?

Bueno, sé que *sacerdos simples* significa "sacerdote sencillo", pero nada más.

Ser ordenado *sacerdos simples* significaba que no tenía licencia para predicar ni para confesar.

¿Te dolió pensar que tus superiores no te veían como lo suficiente inteligente ni pensaban que llegarías muy lejos en la vida?

No siempre entendí las razones por las decisiones que tomaban mis superiores. Tal vez no aprendía bien porque las clases se daban en alemán. No sé, sin embargo, di mi mejor esfuerzo. Mis superiores eran capaces de ver más allá de mi actuación en las aulas. Eran amables y compasivos. Veían que tenía un buen corazón. Estaba contento en hacer lo que los superiores me pedían. Así que terminé siendo portero en muchas de nuestras casas. Era un trabajo sencillo. Con el tiempo me di cuenta de que la puerta era precisamente donde Dios quería que estuviera. Así podía abrir la puerta a Dios para los demás, dar la bienvenida a todo el pueblo de Dios y enseñarles que, a pesar de todo lo que pasara en su vida, Dios los amaba. Tomé a pecho lo que el hermano Francisco de Asís dijo: "Predica siempre el evangelio, si es necesario, utiliza las palabras". El portón del monasterio se convirtió en mi púlpito. Ser portero era mi manera de predicar.

Toda la gente sabe que las entradas de las casas franciscanas donde servías de portero se atiborraban de gente que venía a buscarte, no sólo por la comida, sino también para oír tus consejos espirituales. Se dice que podías "leer" lo que la gente traía en su interior, que podías divisar las cosas que afligían su corazón. Una vez leí que un hombre pidió tus oraciones por su padre enfermo y que su papá era un buen católico. Le dijiste muy directamente que su papá era de veras un buen católico y se curaría, pero que él, el hijo, no era un buen católico. Le dijiste que no había asistido a misa ni participado en los sacramentos durante cinco años. ¡Eso sí es hablar derecho! Había otros muchos que estaban enfermos o que tenían parientes enfermos y pedían tus oraciones. Tus superiores te pidieron mantener un diario de todos las solicitudes. Muchas personas regresaban para informarte que los enfermos por quienes orabas ya se habían curado.

Apunté lo que la gente me decía, tal y como me pidieron mis superiores. Creo que la curación viene de muchas maneras. Si Dios quiere usar un pobre instrumento como yo para hacer su trabajo, está bien. La curación es sólo una manera de acercarnos a Dios, de hacer contacto con Él. Siempre he creído que debemos buscar primero el reino de Dios. Ahora bien, eso no es algún concepto teológico que se enseña en una aula de clase; tampoco es sólo una idea para la meditación. Buscar el reino de Dios significa que todos los días seguimos a Cristo lo mejor que podamos. Nunca se espera que seamos perfectos. Después de todo, Dios es nuestro creador. Dios sabe que no somos perfectos, y conoce bien las heridas de nuestros corazones. Nos conoce por fuera y por dentro. Siempre debemos intentar, por lo menos, hacer lo mejor que podamos cada día que Dios nos dé vida. Nunca debemos rendirnos. Al seguir a Jesús hacia el reino, aceptamos el sufrimiento como parte de nuestra vida. No corremos ni intentamos escaparnos del sufrimiento, sino que simplemente lo aceptamos. Es una bendición y un regalo.

Creo que deberías ser un santo, o por lo menos estarás en el camino hacia la santidad, para poder ver el sufrimiento realmente como una bendición y un regalo. La mayoría de nosotros acostumbramos a huir y escondernos ante el sufrimiento, y evitar todo lo que nos causa dolor.

Lo sé. Eso es lo que notaba en tanta gente que venía a verme. Su sanación tendría que empezar con su aceptación del sufrimiento. No estoy hablando sólo del sufrimiento físico que mucha gente tiene que aguantar, sino también de los sufrimientos del corazón, que a veces son más difíciles de soportar. Cuanto más era una persona capaz de pedir la ayuda de Dios, no sólo para ser curada, sino para ser sanada de la manera que Dios quiera, tanto más Dios podrá obrar en ella. Entonces eran capaces de abrazar la vida, y la vida entera. ¿Te acuerdas de san Francisco de Asís y los leprosos? Esa gente era rechazada por todo el mundo a raíz de su enfermedad, lo cual los hacía repugnantes a los ojos de sus vecinos. En un principio así fue también para san Francisco, pero con el tiempo llegó a percibir, no la enfermedad, sino a la persona amada por Dios. La experiencia fue tan profunda que San Francisco no sólo tocó al leproso, sino que también besó sus heridas. ¡Qué acto de amor y aceptación tan grande! San Francisco no evitaba el sufrimiento de otros, ni el propio tampoco. Todos debemos intentar ser tales instrumentos de curación.

Pero, amigo mío, ¿crees que los santos son de otro mundo o que tienen algo especial que tú no tienes? Déjame asegurarte que esa imagen no consta para mí. Yo siempre disfrutaba un buen juego de billar. Y tengo que admitirlo: ¡fui buen jugador! La vida tiene más de bien que de mal. Hay más razones por las cuales hay que reír en lugar de llorar. No te olvides: ¡soy irlandés y orgulloso de serlo! ¡Para ser santo necesitas tener un buen sentido de humor! Sé que probablemente más de una vez he causado mucha risa entre mis hermanos cuando cantaba o tocaba el violín. Una vez alcancé a oír a otro fraile recomendar a una visita: "¡Prende el radio rápido, que el hermano va a buscar su violín para tocar música para el enfermo!" Ya te puedes imaginar lo que pensaban de mi habilidad musical.

Solanus, ¿puedo hacerte una pregunta más personal, acerca de cómo haces tanto para Dios y todavía tienes tiempo libre para Dios? Es decir, hay tantas cosas que hacer, y tan poco tiempo. La gente siempre llegaba a buscarte. ¿Te costaba trabajo interrumpir tus labores e, incluso, tomar tiempo para ti mismo? Varias veces tus superiores cambiaron tu destino para tratar de darte un poco de descanso. ¿Cómo pudiste equilibrar todo eso con tu tiempo para Dios?

¿Equilibrar? ¿Es que la vida alguna vez está equilibrada? Creo que la única vez que lograremos el equilibrio es cuando estemos acostados horizontalmente en el ataúd. En ese momento, sí estaremos equilibrados, ¡si es que no te dejan caer antes de meterte en la tumba! Pero ¿es que alguna vez logramos el equilibrio en esta vida? ¿Crees que yo lo logré? Tú mismo has dicho que mis superiores me cambiaron de destino para darme un descanso. Es verdad que decir "no" a la gente me costaba mucho. Siempre intentaba crear espacio para ellos en mi vida. Es Dios quien me daba el equilibrio, así que aceptaba los cambios de destino con buena voluntad.

Aprendí a confiar en Dios. Sé que esa es una afirmación sencilla, pero Dios no es complicado. Dios es sencillo y nos pide cosas sencillas, como tener la confianza de que nunca estamos solos. Sabes la vieja broma: "Si quieres hacer que Dios ría, dile tus planes". A menudo respondía a los que me escribían: "Dios condesciende a usar nuestros poderes siempre y cuando no estropeamos sus planes para nosotros". Para mí, tenía que confiar en que, si Dios me ponía en un lugar por la voluntad de mis superiores, entonces ese era el lugar donde tenía que estar. Allí serviría a la gente que Dios ponía delante de mí: los que venían a la puerta buscando comida, los que escribían cartas, los que pedían consejos, los que sólo querían charlar. No era una vida complicada. Lo hice lo mejor que pude. Sé que era Dios quien tocaba a la gente por medio de mí. Me sentía agradecido y humilde al saber que Dios podía usarme de esa manera. No tenía otros planes más que hacer lo que Dios me pedía. Sé que no podía hacerlo todo, así que ni siquiera intentaba. Tal vez te parezca que no tenía tiempo para Dios, pero sí lo tenía. De otra manera, no hubiera podido amar como Dios quería que amara a su pueblo. Siempre debemos dedicar tiempo a Dios en nuestra vida.

Después de toda la actividad de tu vida, tus superiores te destinaron al noviciado capuchino en Huntington, Indiana. Ese lugar estaba perdido en el bosque espeso. ¿Cómo fue esa experiencia, tan lejos de la gente común, acompañando a los novicios de tu orden?

¡Magnífica! No me entiendas mal. Amo todos los lugares donde he estado y a toda la gente que he conocido pero allí, en el noviciado, la juventud de los novicios era muy refrescante. Su entusiasmo y espíritu me daba mucha vida, y además tenía mis abejas, tocaba mi armónica y cantaba para ellos. Aquellos días fueron muy buenos.

Solanus, parece que verdaderamente disfrutabas ese lugar. ¿Estuvo perfecto todo?

¡Ya sigues con el mismo canto! ¡Por supuesto que no! Pero ¿por qué voy a llamar la atención a las imperfecciones o las dificultades que he tenido con otros? Todos intentábamos hacerlo lo mejor que pudimos. Es por eso que elegí recordar aquellos días, y me gustaría que contemplaras tu vida de esa misma manera.

¿Es que quieres aferrarte a los momentos difíciles? ¿No preferirías recordar y abrazar en tu corazón a toda esa gente bella que has conocido, y todas las experiencias maravillosas que has tenido?

Bueno, supongo que tienes razón en eso. Lo que escogemos recordar y ponderar depende de nosotros. Solanus, esta conversación ha sido una gran bendición para mí. Quiero agradecerte este tiempo que me has dado y lo mucho que has compartido conmigo. Dicen que tus últimas palabras aquí en la tierra fueron: "Doy mi alma a Jesucristo". Eso realmente resume tu manera de vivir. Simplemente fuiste un sacerdote para los demás.

El padre Gerald, el sacerdote que dio tu elegía, habló de ti con elocuencia cuando dijo: "Su vida fue una vida de servicio y amor hacia personas como tú y como yo. Cuando no estaba enfermo él mismo, siempre sufría con y por ustedes que sí estaban enfermos. Cuando no tenía hambre material, siempre sufría hambre con gente como ustedes. Tenía un amor divino por el pueblo. Amaba a las personas por lo que podía hacer por ellas y por Dios por medio de ellas". Creo que tu amor sanó muchas heridas del mundo.

Amigo, permíteme agradecerte también el tiempo que has pasado conmigo. Ojalá que ésta no sea la última vez. Pero atnes de que te marches, deja te cuento una historia más, de cuando intenté recaudar dinero en una cantina.

¿Qué? ¿En una cantina? ¡Eso es para contarse!

CARLOS MANUEL
RODRÍGUEZ SANTIAGO

1918 - 1963
Puerto Rico
13 de julio
Beato
Laico, liturgista, catequista,
formador de jóvenes, primer
beato puertorriqueño.

Puerto Rico

¡Ven acá Charlie! Me dijeron que te podría encontrar aquí en la iglesia. ¿Qué andas haciendo?

Me da mucho gusto que me hayas encontrado. Ya que estás aquí, me podrás ayudar a preparar todo lo necesario para la Vigilia Pascual. Te acuerdas que hoy es Sábado Santo, ¿no es así?

Claro que sí, ¿cómo podría olvidarlo estando aquí en Puerto Rico? Esta Semana Santa ha sido algo único para mí. Estoy muy contento de que podamos dedicar más tiempo para participar juntos en los oficios del Jueves y Viernes Santos. Tú tienes una comprensión muy precisa de la liturgia que estamos celebrando. Me di cuenta de eso al oír cómo le hablabas a tu familia acerca de estos días. Pero discúlpame si te confieso algo: también lo descubrí porque en lugar de poner toda mi atención en la celebración de los oficios, te estuve observando.

¿Estabas poniendo tu atención en mí? ¿Pero, por qué se te ocurrió hacerlo? Está bien, no importa. Ahora estamos aquí, y tenemos mucho que preparar para que los servicios de esta noche resulten adecuados para las personas que van a ser bautizadas y para que podamos celebrar la resurrección del Señor. ¡Vivimos para esta noche! Yo vivo para esta noche cada año.

Charlie, alguien a quien conocí durante esta semana me dijo que me dirías que: "vivimos para esta noche"; que esa frase se ha convertido en tu propio lema, o por lo menos, eso dicen las personas que te conocen.

Es verdad. Vivo para esta noche, si vamos a seguir platicando, entonces continuemos haciéndolo, para que luego nos concentremos en lo que debemos hacer. Ya me di cuenta que no puedes hacer dos cosas al mismo tiempo. Así que vamos saliendo de la iglesia para no distraer a las personas que están orando. Podremos sentarnos en una de aquellas bancas y platicar.

Y creo que soy alguien muy transparente, o al menos quiero serlo al hablar contigo. Te prometo que me quedaré contigo y, sin importar el tiempo que necesitemos, te ayudaré a preparar todo lo necesario. Dime, ¿dónde comenzó en ti esta pasión por la liturgia de la Iglesia?

Dando una mirada al pasado, puedo decirte que comenzó en dos lugares. Ciertamente empezó con mi familia y, en particular, con mis padres, Carlos Manuel Rodríguez y Herminia Santiago. Ambos provenían de familias numerosas que tenían la firme tradición de practicar su fe. Rezábamos las oraciones tradicionales en familia e íbamos a la iglesia para participar de la misa dominical y de los días festivos. Sin embargo, la persona que realmente compartió conmigo su dedicación a la oración fue mi abuela Alejandrina Esterás.

¡Eso es cierto! He oído que ocurrió un incendio en la casa y en el almacén de tu padre. La destrucción fue tan grande que tuvieron que dejar su casa e irse a vivir con los padres de tu mamá.

Sí, el fuego fue muy devastador. Muchos de los ingresos y de los recuerdos de la familia terminaron reducidos a cenizas en aquel día. Pero como dice el dicho, "no hay mal que por bien no venga". Mi abuela Alejandrina era una mujer religiosa de una fe enorme. La forma ejemplar en que trataba a mis padres me causó una impresión muy profunda, y creo que puedo decir que también en mis hermanos y hermanas. Ese fue el principio, el primer lugar donde aprendí a orar, no sólo con palabras sino mediante las prácticas religiosas de nuestra fe, tanto en casa como en la iglesia. Está claro que no entendía plenamente todo aquello. Solamente sabía que esa era la manera de alabar a Dios. Tengo que decir que probablemente lo que le pedía a Dios eran cosas demasiado sencillas, como aprobar mis exámenes o hacer bien las cosas en la escuela. Cosas ordinarias por las que todo niño súplica.

¡Por supuesto! Por mi parte, le pedía a Dios que me ayudara a salir de problemas. Pero, ¿qué otro lugar te ayudó a vivir de manera tan viva la liturgia?

Eso es algo muy sencillo de responder y además muy obvio. Me encantaba servir como acólito. Estudié y me preparé para servir al altar del Señor y para ayudar al sacerdote. Así podría estar muy cerca y no solamente ver, sino también escuchar lo que estaba sucediendo. Ser acólito era algo muy especial para mí. Podría ver la oración de nuestra comunidad parroquial, ver en vivo los rostros de las personas. No te olvides que aquellos eran los días que algunas personas llaman la "liturgia antigua", cuando se usaba el latín y se cantaban los cantos gregorianos. Yo todavía escucho aquella música. Me recuerda la sacralidad de aquellos servicios religiosos. Siendo monaguillo me podría acercar al Señor, de manera que siempre me levantaría queriendo vivirlo más de cerca. Esperaría con ansia la Semana Santa y las maravillosas celebraciones en las cuales servía.

¿No dejaste de hacerlo, como lo hacen muchos otros acólitos, que dejan de acolitar cuando ya se sienten "demasiado viejos", como suelen decir?

No, en realidad, no. Cuando fui por primera vez a la preparatoria comencé a sentirme enfermo. Tenía que ir con mucha frecuencia al baño, como podrás imaginar, porque tenía diarrea. Los doctores me dijeron más tarde que era una colitis ulcerosa. No había mucho que hacer. Tendría que aprender a lidiar con esa enfermedad y no podría seguir sirviendo por más tiempo.

Según lo que he escuchado, aun así te mantuviste muy activo en la universidad.

Claro que sí. No iba a permitir que la enfermedad me paralizara. Pude terminar la preparatoria y comencé mis estudios en la universidad. Ahí fue donde finalmente aprendí a tocar el piano y el órgano. Amaba la música. Esa era para mí una manera extraordinaria de expresar mis sentimientos. Eso me resultaba mucho mejor porque entonces podría ayudar en la liturgia de una manera diferente a cuando era pequeño. También comencé a aprender más formalmente acerca de la liturgia, mediante el movimiento litúrgico que, por ese entonces, ya se había iniciado.

¿El movimiento litúrgico?

Ahora mismo te lo diré. Así que ¿no sabías que los esfuerzos iniciales que habían comenzado años atrás, pondrían los fundamentos de lo que ahora conocemos como la "nueva liturgia"? Ahí fue donde aprendí realmente que la liturgia celebra la muerte y resurrección del Señor, su misterio pascual. Yo traduje del inglés al español artículos que se ocupaban de la liturgia. De esa manera otras personas y yo los podríamos leer más fácilmente; finalmente publiqué una revista llamada, *Liturgia y cultura cristiana*, a fin de dar a conocer todo eso a la gente. Ese fue para mí un tiempo muy dinámico. Con la ayuda de otras personas, fundé un Círculo de Cultura Cristiana, o Círculo de Liturgia, para promover la renovación litúrgica entre el clero y los laicos.

Tengo la impresión que fuiste quien realmente estuvo detrás del movimiento litúrgico aquí en la isla.

No estaba solo, aunque sí tomé una buena parte de la responsabilidad en la promoción del movimiento. Trabajamos a favor de la participación activa de los laicos, a favor del uso de las lenguas locales, y de la restauración de la Vigilia Pascual al anochecer. Disfruté mucho de las experiencias que encabezábamos, los llamados *Días de vida cristiana*. Esas eran experiencias para ayudar a los estudiantes universitarios a comprender los tiempos litúrgicos. La liturgia se convirtió en el foco de mi espiritualidad, era la manera en que me sentía conectado a Dios. Todo esto, ¿te parece comprensible?

Me parece totalmente comprensible. La liturgia no es algo que hacemos y enseguida terminamos y abandonamos, sino que más bien es nuestro modo de vida, o al menos debiera serlo para todos los cristianos. Lo que hacemos dentro del edificio de la Iglesia es lo que vivimos fuera del mismo.

Sin duda, tienes toda la razón. Esto es lo que he estado tratando constantemente, no sólo de compartir sino también de vivir en mi propia vida. Me alegré mucho cuando el papa Pío XII restauró la Vigila Pascual nocturna en 1952, pidiendo que se celebrara al caer lanoche. Ahora puedes comprender porque digo que "vivimos para esa noche".

La oscuridad y la luz, esas son dos imágenes y dos símbolos maravillosos para la Iglesia y para todos nosotros. Me encanta decir que en todas las cosas hay luz y sombra, gracia y tentación. ¿Crees que eso es verdad en tu propia situación?

Claro que sí. Puedes ver que físicamente soy alguien delgado. Me enfermaba con mucha frecuencia porque no podía aumentar de peso. Finalmente me diagnosticaron un cáncer que terminó por desgastarme. A pesar de las operaciones agresivas, la vida se me fue haciendo más difícil. Para usar tus palabras, comencé a sentir que estaba viviendo en las sombras, lejos del plan divino. Sentía que no había hecho lo suficiente o, peor aún, que había hecho demasiadas cosas equivocadas y que Dios se estaba alejando de mí. Era una oscuridad muy intensa.

Puedo ver en tu expresión que eso todavía te angustia.

Sabes que Dios es muy bueno. El cáncer me estaba consumiendo, ¡y si eso era lo que tenía que ocurrir, entonces así sería! Mi lema "vivimos para esa noche", adquirió para mí un nuevo significado. Fue durante la noche, en la muerte de Jesús, cuando él salió vencedor y se convirtió en la luz para todos nosotros. Él se convirtió en mi luz. Lo experimenté como mi resurrección aun antes de recibir el don de la muerte. Estaba compartiendo de manera muy especial su misterio pascual. ¡Que grande es Dios!

Lo que estoy aprendiendo de esta conversación es que la liturgia nos permite acercarnos más a Dios. Eres un ejemplo de la vida, muerte y resurrección de Jesús para los demás. Para mí, todo lo que hiciste añade mucha profundidad a lo que como comunidad cristiana celebramos, puesto que ahora también podemos seguir tu ejemplo. Procuraré no volver a verlo como una cosa ya sabida, como me sucedió en el pasado.

¿Me dijiste que cuando termináramos de hablar, me ayudarías a preparar las cosas para la Pigilia Pascual?

¡Ah, sí! Ahora quiero hacerlo con más ganas, pero tengo otra consideración que compartirte, si no tienes problema en concederme otro momento.

Y bien, ¿cuál es tu consideración?

Charlie, no solamente eres la primera persona de Puerto Rico en ser declarado beato, la primera persona del Caribe, sino además el primer laico cristiano de los Estados Unidos en ser beatificado.

¿Qué piensas acerca de todo esto?

Mi pensamiento es que ¡tu ejemplo ha sido algo muy bueno para la Iglesia en los Estados Unidos! ¡Qué bueno sería que todos viviéramos la liturgia de corazón! ¡Sucederían cosas realmente maravillosas!

¿Ese es tu pensamiento? Aprecio mucho que me lo hayas dicho, pero lo apreciaría aún más si pusieras en práctica la liturgia en tu propia vida y ayudaras a otros a que lo hicieran. También agradecería mucho que me ayudarás a poner todas las cosas en orden. Se nos está haciendo tarde.

Dime una última cosa Charlie, ¿por dónde comenzamos?

María Romero Meneses

1902 - 1977
Nicaragua
7 de julio
Beata
Hermana de la Congregación
de María Auxiliadora, pintora
y musicóloga, fundadora
de clínicas para los pobres,
dedicada a los sin hogar y
directora espiritual.

¿Dime, Sor María, ¿cómo es el sonido de cincuenta mil campanitas?

Suena como la innumerable cantidad de oraciones dirigidas a nuestra amada Madre María de parte de las personas que buscan su ayuda. Suena como un gran grito de fe en que, por la intercesión de María, el Señor nos escuchará. ¡Suena muy bello en mis oídos!

¿Pero cincuenta mil campanas doblando todas al mismo tiempo? El cardenal Miguel Obando Bravo las bendijo el día antes de que fueras beatificada en el Vaticano. Dijo que trajiste una campanita desde el Santuario de Nuestra Señora de Loreto, así que él pensaba que ésa sería una manera apropiada para celebrar la beatificación, no sólo de la primera nicaragüense sino de la primera centroamericana.

Los nicaragüenses estamos orgullosos de nuestra fe católica. Nuestra fe es el corazón de nuestra vida. Mis papás, don Félix Romero Arana y doña Anita Meneses Blandón eran españoles. La primera esposa de mi papá había muerto, dejándole con dos hijos. Luego se casó con mi mamá. Se trasladaron acá, a Granada, Nicaragua, que es precisamente mi lugar de nacimiento. Tuve otros siete hermanos y hermanas.

¡Por eso no te molesta el ruido! Con tantos hermanos y hermanas habría habido mucha bulla en la casa.

De hecho, nuestra familia no era tan grande, comparándola con las de algunos vecinos. Pero tienes razón, nos divertíamos mucho. Mi papá era ministro del gobierno y teníamos más de lo suficiente para vivir, pero él era muy consciente y cuidadoso de los que no tenían tanto como nosotros. Creo que, gracias a su ejemplo, aprendí acerca de las obras corporales de misericordia. La caridad debe ser práctica y respetuosa hacia quienes servimos. Así era mi papá. Déjame compartir contigo acerca de uno de mis amores en aquellos días.

Hermana, ¿"uno de tus amores"?

¡Por supuesto! Tuve la oportunidad de estudiar música y arte: aprendí a tocar el piano y el violín, y también a dibujar y crear obras de arte. Estos eran talentos que sentía que Dios me había dado. Por medio de la música y el arte podía expresarme. Éstas serían habilidades que más tarde pude usar en mi vida.

Esos días habrían sido muy bellos para ti. ¿Cómo te gustaba la escuela?

La escuela fue una bendición para mí. Era un colegio salesiano, donde las maestras eran Hijas de María Auxiliadora. Allí aprendí muchísimo acerca de la vida y nuestra fe. Sabes que esas buenas hermanas seguían el ejemplo de Don Bosco, quien dedicó su vida al servicio de la gente joven. Su vida de servicio a la juventud impactó mi vida de una manera profunda. Las hermanas hicieron del ejemplo de Don Bosco algo vital para mí.

Pero no todo fue fácil. Me enfermé con la fiebre reumática, que me dejó paralizada seis meses. Esto fue un "don de Dios" para mí. Con eso quiero decir que puse toda mi confianza en Dios. Sabía que me sanaría, y ¡me sané!

Ciertamente estabas siendo preparada para tu vida futura. Tu sensibilidad hacia los pobres, los enfermos, los jóvenes, todas esas experiencias eran como lecciones acerca de la vida para ti.

Quizá eso es la verdad no sólo para mí, sino para todos nosotros. Nuestra infancia y juventud están llenas de experiencias ricas, desde las que podemos cosechar una gran sabiduría si sólo aprendemos a verlas como dones de Dios. Me sentía llamada a servir a los demás. ¿Qué mejor camino para hacerlo que como una Hija de María? Bajo la dirección y la formación de las hermanas, y con la espiritualidad de Don Bosco, me sentía cada vez más colmada.

Sor María, después de tu enfermedad, que suele dejar a una persona debilitada, seguiste siendo muy activa e iniciabas un montón de ministerios nuevos.

Con la gracia de Dios y la ayuda de María, hice lo que me parecía necesario. Después de mi profesión fui enviada a San José, Costa Rica, donde enseñé música y arte en un colegio para muchachas ricas. También empecé a formar catequistas y enseñar diversos oficios a los pobres. Era como estar en casa de nuevo, donde mi papá se preocupaba por las necesidades de los pobres a nuestro alrededor.

Lo que me causaba mucha alegría era poder animar a la gente joven a hacerse misioneros. Bueno, ellos eran mis "pequeños misioneros", y estaban orgullosos de hablar acerca de Dios y nuestra fe con sus compañeros, sus amigos y sus familias. Les pedía que salieran a donde vivían los pobres y que les llevaran el amor de Cristo. Los pobres siempre deberían saber que son muy amados por Dios. Estos misioneros limpiaban los hogares, alimentaban a los niños, llevaban ropa para las familias y les hablaban acerca de Dios. ¿Cómo va a saber la gente que son amados si no hay nadie entre ellos que exprese el amor de Dios por ellos? Estaba muy orgullosa de los jóvenes.

Los pobres merecen tener lo que tienen los demás. Son los hijos e hijas amados de Dios. Al servirles a ellos, sirvo a mi Señor. Por la misericordia de Dios pudimos establecer centros de recreo al estilo de Don Bosco. El mantener a la juventud ocupada en actividades sanas les ayuda a afirmar su propia dignidad y valor. Abrimos centros para distribuir alimentos para la gente necesitada, y establecimos clínicas para las familias que necesitaban atención médica y no podían costearla. Muchos doctores nos ayudaban con sus servicios. ¿Puedes imaginar que también estábamos tan bendecidos como para tener centros catequéticos y clases de alfabetización? Por la santa providencia de Dios, construimos casas para los que vivían debajo de los puentes. En San José estos complejos residenciales estaban dedicados a María Auxiliadora. Estoy muy contenta de que siguan en pie hoy en día.

Sor María, por todos los proyectos que lanzaste, veo que el amor de Dios es algo muy práctico. Estoy asombrado por lo mucho que pudiste lograr.

No te equivoques, por favor. Primero, no fui yo quien hice todas esas obras. Soy sólo el instrumento del Señor. Deberías darte cuenta de que todas estas labores, todos estos logros, manaban de la Eucaristía. Ves, cuando estaba en la Eucaristía, escuchaba cómo el sacerdote pronunciaba las palabras: "Éste es mi cuerpo. Ésta es mi sangre." Podía ver su cuerpo y sangre en el rostro de los pobres con quienes me asociaba. Las palabras: "Hagan esto en conmemoración mía", eran un desafío para mí. Quería hacer lo que Jesús había hecho. Quería estar con la gente con quien él se juntaba: los pobres, los rechazados de la sociedad, los abandonados y los marginados. La eucaristía se convirtió en la fuente de mi fuerza, mi energía y mi enfoque, pero también me empujaba a extenderme más hacia los demás, como lo hubiera hecho Jesús.

Yo quería que la gente viera la Eucaristía como la fuente de su fuerza y de la dirección de sus vidas. Sólo de esta manera podremos lograr lo que Dios quiere de nosotros.

¿Quién te ayudó?

Quieres decir, ¿aparte del Señor? Pues, ¡la gente con dinero, por supuesto! Tú mismo dijiste que el amor de Dios tiene que ser práctico. Bueno, es verdad. Sabía que las personas con dinero, como mi propia familia, responderían a las necesidades de los pobres si se lo pedíamos y las tratábamos con respeto. No sólo ayudaban a lograr todas estas cosas, sino que participaban personalmente en el trabajo. No eran turistas que visitaban a los pobres, sino que se hacían sus hermanos y hermanas. Veía la necesidad y confiaba en que, si alguna cosa era la voluntad de Dios, ¡entonces su voluntad sí se cumpliría!

Entiendo que también te dedicabas a la dirección espiritual.

Sí, es verdad. La gente vendía a buscarme y pedir ayuda. Me daba cuenta de que estaban hambrientos, pero no sólo de comida, y que buscaban sanación, pero no sólo de enfermedades físicas. Había otras cuestiones más profundas que les inquietaban. Tal vez fuera por mi crianza en una familia grande o por mi formación religiosa, pero era capaz de presentir los problemas que realmente querían tratar. El amor de Dios es sanador si simplemente corremos el riesgo de abrirnos a él. Escuchaba más con el corazón que con la cabeza. Cuando envejecía, y no podía ser tan activa como me habría gustado, dedicaba más tiempo a escuchar a los que llegaban a buscarme. Mi Rey, el Señor de mi vida, era quien ponía palabras en mi boca. Uno a uno, pero siempre juntos, llegamos a Dios.

Sor María, ciertamente eres muy amada por el pueblo de Nicaragua, donde naciste, y también por el pueblo de Costa Rica, donde trabajaste tantos años.

Estoy agradecida por su amor. Considero Costa Rica como mi segunda patria. Pero cuando la vejez me hacía ir más despacio, fui enviada de vuelta a Nicaragua para tener reposo.

Entiendo que allá tuviste un infarto.

Sí. Pero no fue un "infarto" de sufrimiento, como tal vez pienses. Llegué a conocer mejor ese amor que Dios me había mostrado durante toda mi vida. Diría más bien que mi corazón estalló con su amor. Simplemente espero que todos aquellos a quienes tuve el privilegio de servir sepan que mi amor por ellos continúa.

Hermana, tal vez esa sea otra razón por qué las campanitas nos recuerdan a tí. Son ciertamente, como ya dijiste, las oraciones a nuestra Señora pidiendo su ayuda, pero son también las maneras de que nuestras obras buenas continúan sonando en el pueblo centroamericano. Déjame terminar esta conversación con la misma pregunta del inicio: ¿Cómo es el sonido de cincuenta mil campanitas? Para mí, repican como ese gran amor que va resonando sobre toda la tierra. A propósito, ¡ya no me molesta su sonido en absoluto!

ÓSCAR ARNULFO ROMERO

1917 - 1980
El Salvador
24 de marzo
Siervo de Dios
Arzobispo, promotor de la
justicia social y mártir.

El Salvador

Monseñor, tenía muchas ganas de conocerlo. Gracias por haber aceptado tomar parte en esta conversación. Después de todo, en la vida no se tiene el tiempo deseado para dialogar con los héroes personales, los héroes del pueblo, por eso me considero afortunado de estar frente a usted.

Gracias por tu interés en conocer más acerca de mi humilde persona y de mi ministerio como pastor en la Iglesia de San Salvador, donde el protagonista es el pueblo mismo. Aunque soy arzobispo, no olvides que soy un salvadoreño, soy parte de este maravilloso pueblo al que Dios me permitió acompañar, como peregrino en la fe, como compañero de camino y como discípulo de Cristo. Este pueblo fue mi profeta, lo fue en momentos en que me sentía terriblemente solo, y también fue el pueblo mismo el mensaje que Dios me comunicaba. Quería que hiciera mías sus luchas y esperanzas, quería que celebrara con él la muerte y la fe en la resurrección. Siendo arzobispo, Dios me llamó a hacerme pueblo y ahí, caminando junto a los pobres, encontré en ellos mi riqueza. Me mostraron un camino para llegar al reino de los cielos.

Monseñor, ¿cómo es que habla tan tiernamente del pueblo al que sirvió?

¿Cómo no querer a un pueblo así? Yo mismo soy parte de ese pueblo, de la gente sencilla que me manifestaba su cariño, me compartía su vida y me escribía cartas y tarjetas al arzobispado. Nuestra cercanía se dio poco a poco, pero de manera muy directa. La gente sabía que podía venir al arzobispado y preguntar por mí pues, a fin de cuentas, estábamos ahí para servirlos en lo que se pudiera. Entre quienes venían a verme había personas que querían platicar conmigo para compartirme sus problemas, sus sueños y su pobreza. Venían a buscar consejo, a rezar o simplemente a saludarme. Por mi parte, procuraba darme tiempo para rezar por ellos y con ellos. Así mismo, buscaba un espacio en mis ocupados días para escribirles alguna nota. Ante tanto dolor y soledad, lo mínimo que podía hacer como arzobispo y servidor de ellos era responder a sus cartitas y tarjetas. Pero no todo era tristeza. La gente me quería mucho. Unos me llevaban de comer, otros me llevaban gallinas y todo tipo de obsequios sencillos. Con decirte, en una ocasión ¡hasta me mandaron una vaca al arzobispado! Te habrás de imaginar el sentido de risa y gratitud que esto suscitó en todos nosotros, particularmente en mí. Ante esto, ¿cómo no iba a querer al pueblo que Dios me había encomendado? En ellos mismos descubrí la voluntad de Dios.

El amor que al final de mi vida tuve por los pobres me llevó a donde todo había comenzado: a mi familia. Después de todo, yo mismo había nacido en una familia pobre y había crecido entre los pobres. Desafortunadamente, a lo largo del camino, esa realidad me pasó desapercibida o, mejor dicho, no la consideré en ese momento de la misma manera que lo hice después.

Mis padres, Guadalupe y Santos, eran pobres y, aunque no se nos consideraban como tales, por poseer un poco de tierra, fuimos gente pobre. Mi padre era telegrafista y mi madre ama de casa. Por la mañana asistíamos a la escuela en Ciudad Barrios, lugar de mi nacimiento, y por la tarde, trabajábamos en el cafetal. En cuanto a mi fe, esta nació por mis padres. En la casa rezábamos el rosario diariamente, teníamos devoción al Sagrado Corazón de Jesús y a la Eucaristía. La pobreza no nos apartó de Dios, sino que nos unió a él y, a cambio, el espíritu se acrecentó.

Por la misma pobreza, comencé a trabajar de ayudante de carpintero a los 13 años, a la vez que, junto con mi hermana, ordeñaba las pocas vacas que mi padre tenía. Después, en el cantamisa de un sacerdote de mi pueblo, sentí que Dios me llamó a la vida sacerdotal. Y sin más, a los 13 años, me embarqué en la aventura del sacerdocio. Era el año 1931. Monté una mula y me dirigí a la ciudad de San Miguel, al Seminario Menor a cargo de los padres claretianos. Seis años después lo tuve que dejar para regresar a mi casa y ayudar a mi familia en su situación económica.

Con el paso del tiempo, en 1937, pude continuar mis estudios e ingresé en el Seminario Mayor de San José de la Montaña en San Salvador. A los siete meses me enviaron a Roma a que estudiara la licenciatura en teología. Recibí el orden sacerdotal el 4 de abril de 1942. Me quedé en Roma para estudiar un doctorado que, por cierto, no terminé dado que era demasiado escrupuloso y perfeccionista. Después regresé a mi querido país y a mi diócesis de San Miguel.

A pesar de que ya era sacerdote, admito que siempre fui una persona tímida y de pocas palabras. Prefería la música, la lectura espiritual y las cosas silenciosas. Me gustaba mucho celebrar los sacramentos con la gente, participar en sus devociones y fiestas religiosas. Todo aquello me llenaba de vida y daba sentido a mi sacerdocio y a mi propia vida de oración. Esto pude experimentarlo durante toda mi vida, aun después de los cambios que promulgó el Concilio Vaticano II. Para mí siempre fueron muy significativas y valiosas las horas de adoración eucarística frente al Santísimo Sacramento. Ahí, frente a Dios, le pedía que me ayudara a ser fiel a mis tareas, a ser un buen cristiano y un buen sacerdote, según su voluntad. Ahí encontraba la fortaleza necesaria para llevar adelante mi vocación, ahí le presentaba mis penas y mis alegrías. En sus manos ponía la vida de mi pueblo; y yo me unía a mi pueblo. Vivía mi fe al ritmo de su piedad y me consideraba un sacerdote piadoso.

Pensé que en este ambiente de vida transcurriría todo mi sacerdocio. No obstante, dado que había destacado como estudiante, mis compañeros sacerdotes de la diócesis de San Miguel pidieron que se me nombrara secretario de la Conferencia Episcopal de El Salvador. Así pues, el 8 de junio de 1967 me trasladé a mi nuevo lugar de residencia que sería el seminario de San José de la Montaña, dirigido entonces por los padres Jesuitas. Ahí fue donde conocí a mi gran amigo, el padre Rutilio Grande, S.J.

¡Impresionante! ¿Qué era lo que más apreciaba en su amigo Rutilio?

Mira, a Rutilio lo conocí mientras él era ecónomo del Seminario de San José de la Montaña y yo director del Semanario *Orientación*. Pese a ser tan diferentes, Rutilio y tu servidor desarrollamos una buena amistad. Podía ver que era un hombre honesto y apasionado, no sólo con su vocación cristiana, sino con su sacerdocio y vida apostólica. La sencillez y coherencia de su vida me impactaban, aunque a veces no entendía su teología o su manera de vivir el Evangelio entre los pobres. Aun así, en él había un corazón sencillo, sin miedo. Aquel amigo también era valiente, pues me decía abiertamente lo que pensaba y en lo que no estaba de acuerdo, sobre todo con mis escritos en *Orientación*. Fue gracias a esta amistad que le pedí que fuera el maestro de ceremonias durante mi ordenación episcopal, el 21 de junio de 1970, como obispo auxiliar de San Salvador. Años después le pedí el mismo favor, excepto que para esta segunda ocasión, se lo pedía como arzobispo de San Salvador.

Por otra parte, aunque no entendía a Rutilio, él representaba un rostro distinto de lo que eran el Concilio Vaticano II y los documentos de la reunión en Medellín de todos los obispos latinoamericanos. Al parecer, ambos teníamos una interpretación muy distinta de los documentos de la Iglesia. Su manera de ser Iglesia era un tanto incomprensible e inaceptable para mí.

Llegué a pensar que se predicaba la política y no el Evangelio de Jesucristo. Siento que no encajé bien en esa realidad y que mis colaboraciones en el Semanario *Orientación* no fueron bien recibidas. Por otra parte, la gente en general se quejaba de represión por parte del gobierno, de desapariciones y abusos de los derechos humanos. Dentro de mí, creía que la denuncia pública no era parte de la tarea de la Iglesia, sino del ministerio de justicia. Así pues, el nombramiento a la diócesis de Santiago de María, lejos de la política de la capital, me llenó de alegría. Finalmente aquella realidad ya no sería mía.

Monseñor, ¿por qué cree usted que no encajaba bien en la realidad que vivía la Arquidiócesis de San Salvador?

La teología que había estudiado en Roma era distinta a la teología con la que se orientaba la vida pastoral de las parroquias. De repente, la línea de algunos sacerdotes me parecía muy política y avasalladora. Me preocupaba que, al ocuparnos plenamente de las cosas de la tierra, descuidáramos las cosas del cielo. Mi preferencia era una Iglesia de más culto y más celebraciones litúrgicas. De alguna manera, creía que la vida social y política debía solucionarse desde otro campo, no desde el interior de una Iglesia. Esta era el lugar de encuentro para todos, para la oración y también para la alabanza.

Pese a esta experiencia, como obispo de Santiago de María, pude ver de primera mano el sufrimiento de los pobres que trabajaban en los cafetales. Me di cuenta de que mis amigos, los ricos y los pudientes, les pagaban una miseria. Yo mismo les abrí las iglesias y las oficinas diocesanas para que ahí pasaran la noche. El dolor de aquella gente no me era indiferente, como tampoco lo era la salvación de sus almas. La cuestión política tan violenta tenía como causa original la pobreza tan extrema de la gente. Ahora comprendo mejor que aquellas personas quisieran un cambio: querían una vida justa, más igualitaria; querían ser tratados con la dignidad que de suyo les correspondía; querían ser tratados como hijos e hijas de Dios.

Una de las respuestas del gobierno a la toma de conciencia social que estaba adquiriendo el pueblo tuvo lugar el 21 de junio de 1975. Aquel día sucedió lo que hoy se conoce como "La masacre de Tres Calles". A eso de las dos de la mañana, luego de que habían participado en una celebración litúrgica y hablado de las elecciones federales que se avecinaban, un grupo de campesino caminaba por el pueblo de Tres Calles. Entonces, miembros del ejército se atravesaron en su camino y los asesinaron, aduciendo que los campesinos eran comunistas y que "estaban armados", cuando la única arma que tenían bajo su brazo era la Biblia. A un grupo de cristianos y cristianas, que se habían reunido en su comunidad de base para reflexionar en torno a la Palabra de Dios y cómo esta iluminaba su realidad, se les llamaba comunistas. ¡Que acusación tan falsa! Para los asesinos, ¡ser un cristiano que reflexiona en la palabra de Dios equivalía a ser comunista y subversivo!

Aquella tragedia me llenó de indignación y coraje. Aunque tuve miedo de hacer una denuncia pública, sí escribí una carta muy fuerte a mi amigo el coronel Arturo Armando Molina, quien a la sazón era el Presidente de la República: "Se me partió el alma al oír el amargo llanto de madres viudas y niños huérfanos... Se ha atropellado la dignidad y la vida a la que tiene derecho todo hombre, incluso si es criminal, mientras no se le haya sometido a un tribunal de justicia". Algunos de mis hermanos sacerdotes pedían que se hiciera una denuncia pública, pero opté por algo más personal.

Me di cuenta de algo: era amigo de los opresores. Yo mismo tenía la tentación de quedar bien con ellos y de "mantener las paces". Mi corazón se dividía y surgió dentro de mí un dilema, pues me parecía como si estuviera tratando de servir a dos señores: a los opresores y a los oprimidos. Dada mi amistad con los primeros, no me atrevía a cuestionarlos públicamente y además, pensaba que no era diplomático. Ante Dios y ante el sufrido pueblo que se me había encomendado, tenía que tomar una decisión. Había que elegir y responder a lo que Dios quería de mí. Siento que en aquella ocasión no lo hice como debiera y que en ese momento mi respuesta fue muy débil. Yo mismo necesitaba tomar conciencia de lo que implicaba el ser obispo, símbolo de la unidad de la Iglesia.

Esta misma experiencia me puso de cara a la realidad que se vivía en todo el país. Lo que había pasado en mi diócesis era un fenómeno que se daba en muchas partes. En San Salvador había ciertamente una postura más abierta hacia los oprimidos por parte del arzobispo Luis Chávez y González y de su auxiliar, monseñor Arturo Rivera Damas. Por mi parte, no me parecía lo más apropiado, había que caminar con más prudencia pastoral.

Monseñor, ¿qué significó para usted el que nombraran arzobispo de San Salvador?

¡Fue una sorpresa grandísima! Yo mismo me sorprendí porque sabía de la poca aceptación que tenía entre el presbiterio de El Salvador. Sabía que querían que la Santa Sede nombrara como Arzobispo a monseñor Arturo Rivera y Damas. Por otra parte, la situación del país era muy delicada y la línea pastoral que se seguía en la Arquidiócesis no era de mi total agrado. Yo mismo, pese a mis 59 años de edad y a mis criterios pastorales, no esperaba ser nombrado arzobispo. A esa edad sabía lo que quería y lo que no quería y, aun cuando el nombramiento era posible, no lo deseaba.

No obstante, y por voluntad de Dios, fue investido arzobispo de San Salvador el 22 de febrero de 1977. En aquella celebración, que no fue muy concurrida, renové ante Dios mi fidelidad a la Iglesia, la vivencia de mi lema episcopal: "Sentir con la Iglesia" y mi deseo de hacer la voluntad de Dios. Al parecer, mis amigos, los ricos y los que estaban en los centros de poder, se alegraron mucho por mi nombramiento. Dado que éramos amigos, pensaron que tendrían a un obispo de su lado. Buscaban que el arzobispo se mantuviera en silencio ante las injusticias. Parte de esta alegría la manifestaron en su deseo de construirme un "palacio arzobispal". Por otra parte, los menos contentos eran mis propios sacerdotes, quienes serían mis compañeros de trabajo. Sabía de su oposición a mi nombramiento.

Tanto la masacre de Tres Calles como este nuevo ministerio me fueron poniendo de cara a una realidad que no conocía o que, más bien, me había negado a ver. Me sentía solo y abandonado por mis hermanos sacerdotes, sobre mis débiles hombros Dios había puesto el cuidado de una Iglesia turbulenta, una Iglesia cuyos miembros eran masacrados, reprimidos, torturados y desaparecidos. Una Iglesia a la que, como lo describo en mi diario "hablaba de la presencia de Cristo en medio de nosotros, presencia que se ha revelado en distintas maneras: la Iglesia comunidad, en sus ministros, en la proclamación de su palabra y, especialmente, en la Eucaristía". Desafortunadamente, no sabía entender su lenguaje y el Señor me llamó a una nueva manera de "sentir" con mi Iglesia.

Este "sentir" para mi fue tajante. El 12 de marzo de 1977 se me notificó que, mientras el padre Rutilio Grande García, acompañado de Nelson Rutilio y don Manuel Solórzano, se dirigían a El Paisnal a celebrar la Eucaristía, fueron asesinados. Tengo entendido que tú mismo conoces el lugar exacto en el que los mataron.

Así es, Monseñor. Recientemente estuve en su patria. Visité su tumba, el lugar donde vivía, la capilla donde lo asesinaron y también donde la historia comenzó: el lugar en que asesinaron al Padre Rutilio, a Nelson Rutilio y a don Manuel, sacristán que los acompañaba. Junto a uno de sus antiguos colaboradores, el padre Mario Bernal, caminé esa vereda hasta El Paisnal, haciendo un alto donde están las tres cruces, para orar y pedir intercesión.

El asesinar a un sacerdote era algo inaudito en El Salvador. Más aun de la manera tan pública en que se había hecho, como si con tal asesinado buscaran dar una lección a los demás sacerdotes que abrazaban en su vida y en sus iglesias parroquiales las causas de los pobres. Ya en la noche, junto con monseñor Rivera Damas, llegué al lugar de los hechos.

El templo parroquial estaba lleno. Estaba lleno de la gente pobre que, en la persona y ministerio del Padre Tilo, había encontrado un pastor bueno que, además de amarlos y cuidarlos, había dado la vida por ellos. Ahí estaban todos, llorando a un entrañable amigo que los había amado hasta el extremo. Ahí también estaban los sacerdotes, quienes sabían que podían correr la misma suerte. Ahora ya no estaban exentos de la posibilidad de morir. Tenían la prueba frente a sí mismos.

Yo mismo tenía frente a mí la mirada triste, sin esperanza y a la vez desafiante de aquella cantidad de pobres y de aquellos hermanos sacerdotes que miraron a su arzobispo visiblemente triste y sin saber qué hacer. Entonces, luego de que celebramos la misa, pedí a la gente y a los sacerdotes que se quedaran y pregunté: ¿qué debemos hacer como Iglesia ante esta realidad? ¿Cuál debe ser nuestra respuesta? Mi pregunta fue honesta. Tenía sólo tres semanas como arzobispo y francamente no sabía cómo responder ante tal situación. Aquellas miradas tan profundas de un pueblo sin pastor me cuestionaron hasta lo más profundo, y en su mirada triste pude descubrir el rostro mismo de Dios. Otra vez más Dios me llamaba a algo exigente.

Frente a la voluntad de Dios manifestada en la sangre derramada de Tilo y de sus compañeros de ministerio, frente a la gran cantidad de personas pobres que se abalanzaron sobre mí buscando una esperanza, frente a la mirada de los sacerdotes que buscaban y esperan en mí el símbolo de la unidad de la Iglesia, no pude resistirme y decidí que caminaría con ellos el camino que Dios nos señalaba.

Creo que ahí fue el momento de mi opción de hacerme pobre con los pobres y de optar por ellos como la prioridad de mi ministerio. Sin embargo, debo aceptar humildemente las palabras del padre Jon Sobrino, quien dice que mucho antes de que yo hiciera opción por los pobres los pobres ya habían hecho opción por mí.

Entonces, ¿podemos decir que fue la muerte de Rutilio el momento clave de su vida?

Ni yo mismo sabría decirte con precisión cuál fue el momento clave. No sólo fue la muerte de 'Tilo', sino también la valentía con la que me decía las cosas. De hecho, antes de mi toma de posesión me dijo que debí haber estado en la misa que se celebró para protestar por la expulsión, por parte del gobierno, del sacerdote colombiano Mario Bernal. 'Tilo' fue un sacerdote que siempre me cuestionó con su palabra y su vida. También me influenciaron mucho los pobres, los inmensos pobres cuya única riqueza es Dios y esperan verlo en la Iglesia. Yo mismo, en silencio y de rodillas ante Dios, le pedí que me diera fuerzas para responderle positivamente a lo que él me pedía. Ahora sabía que el mártir no era un comunista, sino un pastor que había amado hasta el extremo. Fue así que con el tiempo llegué a decir que "con este pueblo, no cuesta ser buen pastor".

Por tal razón, como símbolo de la unidad de la Iglesia, y pese a la resistencia de mis hermanos obispos, decreté que el 20 de marzo hubiera una misa única en la Arquidiócesis para que en ella honráramos la memoria de un buen sacerdote y dos grandes cristianos. Mientras que algunos lo tomaron como protesta, yo pedí que fuera un momento de oración y que lo acompañásemos de tres días de oración y estudio de la Palabra de Dios: Por lo tanto, también pedí que en señal de duelo se cerraran durante tres días consecutivos todas las escuelas católicas. Creí que todos, como Iglesia, debíamos pensar claramente ante Dios ¿qué es lo que Dios está pidiendo de cada uno de nosotros en ese momento concreto de la historia? Aquella celebración nos unió más como Iglesia, no sólo entre nosotros, los miembros del cuerpo de Cristo, sino con Cristo mismo, quien se hacía presente en nuestra historia.

Esta celebración marcó el comienzo de la comunión, del acompañamiento, de los momentos de intermediación, consolación y rechazo, de la solidaridad que Dios nos manifestaba de muchas maneras. Fue un período de encuentro con el Dios que nos liberaba de nuestros miedos y nos enviaba a predicar la palabra que nos quemaba dentro. ¿Cómo, pues, podríamos silenciar aquella palabra que nos exigía su proclamación? ¿Cómo no dar esperanza al pueblo que veía sus cantones y sus familias destruidas a causa de la muerte? Emprendimos juntos el camino y pedimos a Dios que no nos apartásemos ni de él, ni de la comunión con la Iglesia.

¿Entonces se podría decir que este fue el momento más difícil de su ministerio como arzobispo?

Fue el más impactante, sí, pero no el más doloroso. Algo que constantemente me dolió muchísimo fue la falta de comprensión de mis hermanos obispos. En ocasiones me sentía terriblemente solo, a no ser por monseñor Rivera Damas. Sentía que me atacaban sin razón y que daban informes muy negativos de mi persona y ministerio tanto al Nuncio Apostólico, como a la Santa Sede. Por una parte predicábamos la comunión con toda la Iglesia y, por otra, no la vivíamos entre nosotros. Esa falta de hermandad episcopal me dolía muchísimo, y en más de alguna ocasión lloré a causa de esta incomprensión y de los constantes ataques y malentendidos que sufría. No obstante, en medio de esta tristeza, recordaba el inmenso apoyo que me había manifestado el Papa Pablo VI, y eso me llenaba de ánimo para seguir adelante. Recuerdo con mucha alegría cómo, durante la visita que le hice, el Papa tomó mis manos y, sosteniéndolas entre las suyas, me dijo: "¡Ánimo! Usted es el que manda". Dijo además, que comprendía lo difícil que era mi trabajo, y me animó a tener paciencia y mucha fortaleza. Ante estas palabras del Vicario de Cristo, quería llorar de emoción y, a la vez, sentía en las palabras del Santo Padre la confirmación en cuanto al ministerio que como Iglesia realizábamos en El Salvador. Sin duda, fue un momento de fortaleza.

Me ha compartido cierta frustración ante la aparente incomprensión que tuvo durante su primer encuentro con el Papa Juan Pablo II. Si fue así, ¿por qué razón visitó el Papa su tumba durante su visita a El Salvador?

Sé que le aconsejaron lo contrario, pero él insistió: "No, el Papa debe ir; se trata de un obispo que fue atacado precisamente en el corazón de su ministerio pastoral". Creo que para entonces el Papa había entendido lo delicado de nuestra misión. Después de todo, él mismo había vivido bajo la represión del comunismo en su Polonia natal. Lo que admiro de él fue su valentía para oponerse al gobierno, que había prohibido que visitara mi tumba. Él mismo desvió el papamóvil e hizo que trajeran la llave para abrir la catedral. Creo que fue un gran gesto de reconciliación y la gente así lo sintió. Sus mismas palabras aquel 6 de marzo de 1983 fueron contundentes: "El Papa está cerca de vosotros y comparte con dolor vuestros sufrimientos. ¿Cómo podría un padre y hermano en la fe permanecer insensible ante las penas de sus hijos? [...] He podido acercarme a tantos hijos que por diversas razones sufren y lloran. Quiera Dios que [el] perdón mutuo, [la] comprensión y [la] concordia vuelvan a encender la esperanza cristiana en los corazones". En lo personal, creo que esa esperanza sigue encendida.

Hablando de su propia muerte, monseñor, ¿alguna vez pensó que lo matarían?

Al ver a tus sacerdotes asesinados, recoger cadáveres y administrar la absolución a los moribundos, sería una vergüenza que tu vida no estuviera en peligro o que no pensaras en que podrías correr la misma suerte. Mi vida estaba en las manos de Dios. A él me encomendaba y oraba, pasaba momentos con él, en oración, con la lectura espiritual, el examen de conciencia, la adoración al Santísimo Sacramento y viviendo la Eucaristía en medio del pueblo. Por la noche, en el silencio de mi habitación, también practicaba mis devociones y luego preparaba mis homilías. Al final sabía que la palabra queda. Y este es el gran consuelo del que predica. Mi voz desaparecerá, pero mi palabra, que es Cristo, quedará en los corazones que la hayan querido acoger.

La muerte era algo con lo que había que vivir diariamente, era la vivencia misma del misterio pascual. De hecho, había sido frecuentemente amenazado de muerte. El martirio es una gracia que no creo merecer... pero si Dios acepta el sacrificio de mi vida, entonces que mi sangre sea semilla de libertad. Mi muerte, si es aceptada por Dios, que sea por la liberación de mi pueblo y como un testimonio de esperanza en el futuro. Si llegasen a matarme, perdono y bendigo a quienes lo hagan. Como cristiano, no creo en la muerte sin resurrección. Si me matan, resucitaré en el pueblo salvadoreño.

Monseñor, usted sabe que en realidad no ha muerto. Al parecer Dios lo ha plantado en el corazón de la Iglesia universal. No obstante, usted fue un hombre de oración, pero en su diario usted escribe que su oración no es suficiente. ¿Cómo explica eso?

El ministerio de un obispo y la vida de un cristiano no tienen la solidez de la cruz si no están cimentados en la oración. Entre más cerca estás de Dios, más lleno te sientes de él y más quieres de él. Te sabes a ti mismo abandonado en sus manos; lo descubres en todo y quieres más. Esa misma dinámica espiritual te lleva a buscar más momentos con Dios, a solas, con el pueblo, en las prácticas populares, en la celebración de los sacramentos, frente al Santísimo, en la dirección espiritual o en la contemplación. ¡Ese es Dios! Ese es el Dios que sacia nuestras necesidades más profundas. Es así como la oración se convierte en la parte esencial de tu vida y Dios pasa a ser el centro de tu ser.

Monseñor, le agradezco mucho la amabilidad y sencillez con la que ha abierto su corazón. Yo sólo quiero decirle que, cuando visité su tumba, pude ver el cariño que su pueblo le tiene. Los pobres siguen viendo en usted a su pastor. Recuerdo vívidamente aquellas mujeres que, antes de irse al mercado a vender sus artículos, se arrodillaban ante su tumba para pedir su intercesión.

Horas más tarde, en una verdadera procesión, vi cómo unió a la Iglesia en torno a su muerte y su ministerio. También pude ser testigo del respeto que tienen por usted los no católicos, y de cómo también en usted descubrieron a un padre y pastor. Unido a aquel pueblo, cuyos lamentos siguen subiendo hasta el cielo, recordamos que nadie hará callar su última homilía:

> En nombre de Dios, pues, y en nombre de este sufrido pueblo cuyos lamentos suben hasta el cielo cada día más tumultuosos, les suplico, les ruego, les ordeno en nombre de Dios: ¡cese la represión!

Por su palabra, Monseñor, mientras ofrecía la misa por el eterno descanso de doña Sarita Pinto, al proclamar la palabra que le quemaba dentro, su sangre se unió a la sangre de Cristo, derramada por su pueblo y con el pueblo. Su cuerpo fue traspasado por la bala de un francotirador, para que en su muerte y resurrección se uniera a la gloria de los santos.

Esas palabras son mucho para una persona tan pequeña como yo, que sólo buscó hacer la voluntad de Dios.

30

Virginia Blanco Tardío

1916 - 1990
Bolivia
23 de julio
Sierva de Dios
Laica, maestra, catequista y
dedicada a los pobres.

Bolivia

¡Señor!, ¿qué es lo que le pasa? ¿Acaso es un extranjero?

De que soy extranjero, es cierto. De saber qué me pasa, no tengo la más mínima idea. Lo único que sé es que no puedo respirar como quisiera.

Ahora veo por qué razón parece que ha bajado del cerro donde está el Cristo de la Concordia. Lo que le hace falta a usted es que ejercite un poco su cuerpo y, de paso, también su espíritu, para que los cambios no le afecten tanto.

Quizá tenga razón. Ambas cosas me serían muy útiles, pero por ahora tengo un pendiente que me ha traído hasta esta tierra de mil colores. Todos vivos y diferentes, encendidos y casi eternos. El grupo de músicos que me encontré en el centro de Cochabamba es impresionante, no sólo su música sino la pasión y espíritu con el que cantan. Es una mezcla de su fe en Dios y de su comunión con los antepasados. Al estar ahí en la plaza central, hubo un momento de que olvidé a qué vine a Bolivia.

Para que recuerde a qué viene, acompáñeme al comedor popular. Lo invito a que coma algo de arroz y beba agua fresca.

Por poco y lo olvido. ¿Quién es usted?

Virginia Blanco, para servirle.

Ahora que pronuncia su nombre, permítame recuperar el ritmo cardiaco y quitarme el sombrero frente a usted. No sólo porque uno de sus ancestros fue Vicepresidente de su país o porque su abuelo, don Benjamín Blanco, haya sido miembro de la Real Academia Española, sino por todo lo que la gente platica de usted. Señora, realmente, ¡su historia es para contarse! Y por tal razón, le pediría que mientras compartimos un poco de arroz y agua fresca, me comparta también la historia de cómo ha nacido toda esta obra de beneficiencia.

¡Gracias por tales palabras! Pero no te preocupes por usarlas, no hacen falta. Digamos que soy Virginia, una cochabambina que le gusta servir a los pobres y educar a los niños. Lo demás no afecta la salvación de mi alma o de la tuya, son cosas de familia que realmente no deben importar cuando se trata de ayudar a los demás

Entonces, ¿por qué razón renuncia una persona a su riqueza material y asume una vida de servicio a los más pobres?

Cuando sólo piensas en dinero y mides todo con el signo de pesos, te puede resultar muy difícil imaginar que la vida puede ser diferente. Tu corazón debe ir llenándose de otras cosas y no de más bienes, sintiéndose vacío a causa de tu apego a ellos. En todo caso, los bienes te ayudan a lograr ciertas cosas, pero no todas. Lo que no puede comprar el dinero, sólo tu corazón te lo puede dar. Eso es la felicidad. Es el encuentro de tus sueños con las necesidades ajenas. Ahí, en medio de una experiencia tan viva y silenciosa te encuentras a solas con Dios, con tu fuente de energía no para transformar al mundo, sino para transformar tu propio corazón.

¿Por esa razón se hizo maestra?

Lo de ser maestra no significó para mí una manera de hacer dinero, sino una manera de ser cristiana. Descubrí que al enseñar a los niños no sólo aprenderían a escribir su nombre y apellidos, sino que también aprenderían a ser buenos ciudadanos de su país, a ser responsables de sí mismos y a contribuir a un cambio en su propia vida familiar. A menudo los pobres siguen siendo pobres porque se les niegan oportunidades de crecimiento, no sólo material, sino humano. Se les niega ese crecimiento que se adquiere en un plantel educativo, ahí donde se necesitan maestros con vocación de forjar espíritus, mentes y corazones, y no sólo la facultad intelectual de un estudiante.

Gracias a Dios, cuando tenía 32 años me gradué con un bachillerato en humanidades, así fue que comencé como maestra. La experiencia de enseñar me hizo reconocer la necesidad de aprender quechua, que como sabrás, es otro de los idiomas oficiales de nuestra Cochabamba, y de esta manera fue que pude también enseñar a los niños en su propia lengua. Mi intención al aprenderlo era acercarme más a ellos y evitar, en la medida de lo posible, que se les siguiera marginando no sólo mediante la pobreza, sino también, mediante la falta de oportunidades para una buena educación. Aunque te diré, ellos también me enseñaron muchísimo.

¿Ya existía entonces la educación bilingüe?

No como lo entendería una persona de tu tiempo, pero la necesidad, sí. Esto lo sentía más mientras enseñaba el catecismo a los niños. El problema de una educación bilingüe, al menos en materia de fe, no es la incapacidad de las personas de aprender otro idioma, sino más bien la falta de espacio para ser ellos mismos y hablarle a Dios en el idioma de su fe. Aprender otro idioma es algo más que pronunciar palabras, es abrir tu persona a otra forma de ser y de vivir. Es experimentar un proceso diferente de aprendizaje y celebración. En cierta manera, es abrirte tú mismo a otra manera mediante la que Dios pueda comunicarse contigo. El idioma extranjero no es otra barrera más, sino un instrumento distinto para enseñar la fe y exponerte a la acción reveladora de Dios. Recuerda que la catequesis es precisamente eso, una continua inmersión en la experiencia de Dios que cada vez es más profundo y sorprendente.

Unas personas que me encontré en la plaza de Cochabamba me comentaron que de sus 40 años como maestra, por lo menos diez años trabajó sin salario. ¿Cómo fue que sobrevivió?

Dios no desampara a nadie, ni siquiera a los maestros. Para mí, el ser maestra era vivir mi vocación. Hay ocasiones en que el salario puede satisfacer la parte humana de tu profesión–vocación, pero no siempre. La felicidad se consigue cuando te consagras a ser lo que realmente deseas para el resto de tu vida; en última instancia es vivir el amor para el que has sido llamada. Sea en un salón escolar, en una oficina, en una carnicería o sirviendo la mesa de un restaurante, debes ser feliz, no tanto porque te paguen por lo que haces, sino porque, mediante lo que haces, contribuyes a que la gente viva mejor, a que experimenten más a Dios o bien, a que lo descubran en la quietud de su propia vida. Ningún trabajo debiera realmente ser para tu propio provecho. Sería una manera muy pobre de ver el mundo ocupacional de las personas. Si bien es cierto que es tu realización, también debería ayudar a la de los demás.

¿Cómo se combina, en una sociedad como la nuestra, el ser cristiano y ser profesional, sobre todo cuando la onda es hacer billetes y no necesariamente prestar un servicio?

¡No debe haber diferencia entre ambas cosas! Debes de ser cristiano mientras eres profesional y profesional mientras que eres cristiano. Ese es el problema, que hemos separado nuestro ser del quehacer humano. La fe se hace vida en tu propio ambiente, sea profesional u obrero, emigrante o sedentario. Cristo camina con todos, acompañándonos en nuestros trabajos y luchas por una mejor vida. Al final, todo, absolutamente todo, incluyendo tú mismo, ha de ser para el beneficio de los pobres. Esa práctica será parte del examen final.

¡Olvidé que es maestra! Pero, ¿a qué clase de examen final se refiere?

Al que me entendiste. Sin más. Pensando en ese examen es que a partir de 1954 fundamos una cocina económica y ahora ha pasado a ser un grupo de comedores sociales como este en el que estamos. La finalidad de ellos es alimentar a los pobres, indistintamente del lugar de procedencia. Hay que hacerles sentir que "nuestra casa es su casa", pues mi casa pasó a ser el primer comedor y con gusto he compartido lo que Dios me ha dado. Como los pobres no se han acabado, esta obra, que comenzó en mi casa, sigue funcionando hasta hoy en día y crece cada vez más. Así pues, si deseas quedarte a vivir aquí, quizá quieras ayudarnos como voluntario y ser parte de este cristianismo entre los pobres.

Mientras compartas tu pan con ellos, también compartirás tu propia fe. Serás parte de nuestro grupo de oración y amistad. Compartirás nuestra obra y también crecerás con nosotros en el conocimiento de la Biblia y la teología. De esta manera, podrás ser un buen catequista y ayudarás a que los mismos pobres salgan adelante, tanto en su vida humana como en el conocimiento y vivencia de su fe.

La obra que hemos comenzado es grande y continúa creciendo. Desde 1977 tenemos el poli consultorio "El Rosario", para dar atención médica a los pobres, porque, como sabrás, cuando se enferman a menudo no tienen los medios para pagar los servicios médicos requeridos para recobrar su salud. Porque la salud no sólo es un derecho humano, sino un deber moral que la sociedad tiene hacia cada persona por el hecho de que son hijos e hijas de Dios.

¿No cree que, para la época en que le tocó vivir su juventud y los inicios de su apostolado, fue una mujer de "avanzada"?

Todos los cristianos debemos ser de avanzada. El preocuparte por los pobres hasta el último aliento de tu vida no debe ser algo de avanzada, sino algo de todos los días. El contemplar el rostro de Cristo en los pobres que abundan en nuestras calles no es un cristianismo de avanzada, sino uno de base; es decir, algo que todos debemos y necesitamos hacer para ser fieles a nuestra vocación bautismal. El ir a misa diariamente, darle gracias a Dios por las bendiciones que nos concede y encomendarle a todas las personas que hacen posible esta acción social en beneficio de los más necesitados no debe ser de avanzada, sino que debe ser el pan de cada día. El estar dispuesto a abrir tu mano para dar de lo que tienes o para estrecharla con el prójimo, por muy de avanzada que parezca, debe ser una práctica que rija tu vida y la de los tuyos.

Ahora que has terminado de comer, para comenzar este servicio, ayúdanos a lavar los platos. Hará mucho bien a tu espíritu.

Muy bien, pero, ¿qué pasará cuando usted muera?

¿No estás viendo? Anda, termina de comer y concluyamos este encuentro con una oración que a diario dirijo a Jesús:

Todo, Jesús, te lo doy.
Es mi entrega sin reserva.
Sólo para ti conserva
cuanto tengo y cuanto soy.
Te entrego mi corazón.
Te entrego toda mi vida.
Mis resistencias olvida.
Dame tu gracia y perdón.
El timón te doy a ti.
Dirige tú mi barquilla,
más adentro o a la orilla.
¡No me consultes a mí!
Y mis pecados, Señor,
quémalos en tu costado.
En tu corazón llagado
con el fuego de tu amor.

Calendario de los santos

ENERO
4 Elizabeth Ann Seton
6 André Bessette, CSC
22 Pierre Toussaint
22 Laura Vicuña Pino

FEBRERO
9 Miguel Febres
Cordero, FSC
10 José Sánchez del Río
18 Félix Varela y Morales
25 Toribio Romo González

MARZO
3 Katharine Drexel
3 Concepción Cabrera de
Armida
24 Óscar Arnulfo Romero

ABRIL
1° Anacleto González Flores
13 Sabás Reyes Salazar

JUNIO
29 José Gregorio Hernández
Cisneros

JULIO
7 María Romero Meneses
13 Carlos Manuel Rodríguez
Santiago
13 Teresa de Jesús de los Andes
14 Kateri Tekakwitha
23 Virginia Blanco Tardío

AGOSTO
18 Alberto Hurtado
Cruchaga, SJ
23 Rosa de Lima

SEPTIEMBRE
18 Juan Bautista y Jacinto de
los Ángeles
22 Cristóbal, Antonio y Juan

OCTUBRE
3 André de Soveral, SJ
9 Héctor Valdivielso
Sáez, FSC

NOVIEMBRE
3 Martín de Porres
3 Solanus Cassey, OFM Cap

17 Roque González, SJ

23 Miguel Agustín Pro, SJ

DICIEMBRE

9 Juan Diego Cuauhtlatoatzin

Índice de santos, beatos, venerables y siervos de Dios

SANTOS

Alberto Hurtado Cruchaga, SJ
Elizabeth Ann Seton
Héctor Valdivielso Sáez, FSC (mártir)
Juan Diego Cuauhtlatoatzin
Katharine Drexel
Martín de Porres
Miguel Febres-Cordero, FSC
Roque González, SJ (mártir)
Rosa de Lima
Sabás Reyes Salazar (mártir)
Teresa de Jesús de los Andes
Toribio Romo González (mártir)

BEATOS

Andrés Bessette, CSC
Anacleto González Flores (mártir)
André de Soveral, SJ (mártir)
Carlos Manuel Rodríguez Santiago
José Sánchez del Río (mártir)
Juan Bautista (mártir)
Jacinto de los Ángeles (mártir)
Kateri Tekakwitha
Laura Vicuña Pino
Miguel Agustín Pro, SJ (mártir)
Cristóbal, Antonio y Juan (mártires)

VENERABLES
José Gregorio Hernández Cisneros
Pierre Toussaint

SIERVOS DE DIOS
Concepción Cabrera de Armida
Félix Varela y Morales
Solanus Casey, OFM Cap
Virginia Blanco Tardío
Óscar Arnulfo Romero

Índice de santos por país

Bibliografía

Arquidiócesis de Guadalajara, *Canonización de veintisiete santos mexicanos.* Guadalajara, Jalisco, México. Mayo de 2000.

Azuela, Fernando, SJ. *Jesuitas. 450 Años. Compañeros de Jesús.* México: Obra Nacional de la Buena Prensa.

Boletín de Pastoral, 180. Diócesis de San Juan de los Lagos, Jalisco, México. *Anacleto González Flores,* 81-86.

Briceño-Iragorry, Leopoldo. 2005 "Contribuciones históricas. José Gregorio Hernández, su faceta médica". *Gaceta Médica de Caracas,* 113 (4):535 - 529.

Center for Studies and Documentation, "Padre Hurtado". Pontificia Universidad Católica de Chile. *A Fire that Lights other Fires. Selected Pages from Father Alberto Hurtado, SJ.* Chile: Ediciones Universidad Católica.

Congregación para las causas de los santos. *De la beatificación o declaración del martirio de los siervos de Dios Anacleto González Flores y siete compañeros laicos cristianos (1927-1928).* Decreto acerca del martirio. 2006.

Correa-Castelblanco, Jaime, SJ. *Santos Roque González y Alonso Rodríguez.* Apuntes personales.

Ellsberg, Robert. *Todos los Santos.* New York: Crossroad, 1997.

Equipo Diocesano de Misiones, Diócesis de San Juan de los Lagos. *Héroes de la fe. Defensores de la libertad religiosa*. San Juan de los Lagos: EDIMISIO, 2006.

Fernández, David. *Este es el hombre. Vida y martirio de Miguel Agustín Pro, SJ*. México: Buena Prensa, 2001.

Gage, Julienne, 2000. "Romero's Children." *The Plough Reader*, April - May 2000, 10 - 16.

Gilfeather, M.M. A. Katherine, *Alberto Hurtado. A Man After God's Own Heart*. Chile: Fundación Padre Hurtado, 2004.

Márquez, María Teresa. *Anacleto González Flores. Un espíritu encendido*. Guadalajara: Asociación Pro-Cultura Occidental, A.C. 1998.

Metz, Judith, S.C. *A Retreat with Elizabeth Seton. Meeting Our Grace*. Cincinatti: Saint Anthony Messenger Press, 1987.

Meyer, Jean. *La Cristiada. Tres años de constante batallar en los que campearon tanto el valor como el oportunismo más abyecto*. México: Grijalbo, 1993. Vol. I.

Semanario Arquidiocesano, Arquidiócesis de Guadalajara. Año IX. Número 460. 27 de noviembre de 2005.

Semanario Arquidiocesano, Arquidiócesis de Guadalajara. *Beatificación de 13 mártires mexicanos. Valientes mártires de Cristo Rey*. Guadalajara: Semanario, 2005.

Torrens S. James. 2005. "Saint of the Streets." *America*, October 17, 2005: 23.

Valdez Sánchez, Ramiro. *De las actas de los mártires mexicanos en la primera mitad del siglo XX*. Guadalajara: Arquidiócesis de Guadalajara, Boletín eclesiástico. 1992.

Páginas digitales

www.africanamericans.com

www.ainglkiss.com

www.albahouse.org

www.americancatholic.org

www.ammsa.org

www.arzobispado.mexico.org

www.bartleby.com

www.beatificacionesmexico.com.mx

www.caminando-con-jesus.org

www.capuchinfriars.org.au

www.catholic.org

www.catholicculture.org

www.catholic-forum.com

www.catholic-forum.org

www.catholicsm.about.com

www.chnonline.org

www.clairval.com

www.deaconlaz.org

www.domestic-church.com

www.donbosco.asn.au

www.donbosco.es

www.emmitsburg.net

www.ewtn.com

www.familiadelacruz.org

www.hait.usa.org

www.helpfellowship.org

www.hma.cl

www.ideay.net.ni

www.inamu.go.cr

www.indiancountry.com

www.info.detnews.com

www.jesuitas.org.co

www.lacruzdecal.com

www.lasculturas.com

www.laverdadcatolica.org

www.leveillee.net

www.magnificat.ca

www.marys-touch.com

www.molalla.net

www.multimedios.org

www.nashvilledominican.org

www.newsaints.faithweb.com

www.ni.laprensa.com.ni

www.op.org

www.oremosjuntos.com

www.osb.org

www.padreabuela.com.ar

www.padrehurtado.com

www.pfvarela.org

www.pitt.edu

www.preb.com.ar

www.rcan.org

www.salesians.org.uk

www.sancta.org

www.sanhector.org.ar

www.santiebatie.it

www.santuarioteresadelosandes.cl

www.savior.org

www.sdb.org

www.sjmex.org

www.stmhouston.org

www.stthomasirondequoit.com

www.tlaxcala.gob.mx

www.traditioninaction.org

www.vatican.va

www.webcatolicodejavier.org

www.wyandot.org

Biografía de los autores

Miguel Arias nació en San José de Gracia, Jalisco, México. Es hijo de María de Jesús y José Luis. Creció en una familia de nueve miembros, misma en la que aprendió a amar a Dios y a las personas. Años después obtuvo su licenciatura en filosofía y letras. Posteriormente emigró a Chicago donde trabajó como ayudante de mesero, lavaplatos, cocinero, peón de construcción, editor de periódico, editor de textos litúrgicos y ahora como editor de multimedia en español en Loyola Press. Obtuvo su Maestría en estudios pastorales en Catholic Theological Union, en Chicago, con especialización en Liturgia. Asimismo, es parte de la facultad del Instituto Cultural del Medio Oeste, en South Bend, Indiana, y del Instituto Hispano de Liturgia de Chicago, donde enseña liturgia y cultura. Está casado con Alma Ferreira y ambos viven en Chicago. Sirve como catequista en la parroquia de San Francisco de Asís, en Chicago.

Entre sus obras escritas destacan *Palabra, vida y fe* (Oregon Catholic Press, 2007 – 08), *La Navidad Hispana* (LTP, 2000), en colaboración con Arturo Pérez y Mark R. Francis, además de otras colaboraciones editoriales en periódicos y revistas católicas, así como libros traducidos al castellano.

Arturo Pérez-Rodríguez es presbítero de la Arquidiócesis de Chicago. A lo largo de su ministerio se ha destacado como conferencista en materia de liturgia y espiritualidad hispana en el contexto estadounidense. Además, ha sido el creador de nuevos proyectos de pastoral, entre ellos *Casa Jesús* (fundada en 1987 junto con el padre Silvano Filipetto), una casa de discernimiento para jóvenes hispanos que están considerando la vida sacerdotal como una opción para su vida. Asimismo, fue parte del grupo fundador del Instituto Nacional Hispano de Liturgia y fungió como su primer Presidente.

Realizó sus estudios de postgrado en teología, con especialidad en liturgia, en la Universidad de Notre Dame, Indiana, con estudios en el Instituto Superior de Pastoral de la Universidad Pontificia de Salamanca, España.

Entre sus publicaciones destacan *Orando con los Santos* (Loyola Press, 2007), *La Navidad Hispana* (LTP, 2000) en colaboración con Miguel Arias y Mark R. Francis, *Primero Dios* (LTP, 1997) en colaboración con Mark R. Francis; *Así es: historias de espiritualidad hispana* (Liturgical Press, 1994) y *El catolicismo popular* (Liturgical Press, 1988).

Actualmente es Administrador de la parroquia de La Asunción de María y Director Interino de *Kolbe House*, hogar que atiende pastoralmente a los encarcelados y sus familias.